**셀프트래블**

# 라오스

Laos

이은영 · 한동철 지음

상상출판

# Prologue

발길 따라가는
자유로운 여행을 위한 길잡이

이 책은 10년 전 라오스 방비엥의 아련한 추억을 소중하게 간직해 온 남자, 한동철과 뒤늦게 라오스의 매력에 푹 빠지게 된 여자, 이은영이 함께 만들었습니다.
중국, 미얀마, 태국, 캄보디아, 베트남 사이에 끼어 열심히 살아가기에도 벅찬 작은 나라 라오스. 이곳은 배낭여행객들 사이에서는 늘 소박하고 따뜻한 여행지로 입소문이 나 있던 곳이었습니다. 한국에 갑작스레 알려져 그 매력이 사라질까 우려하는 많은 사람들이 있었지만, 대부분의 지역은 여전히 작고 한적하며 우아한 분위기가 넘치는, 라오스 본연의 모습으로 남아 있습니다. 오히려 라오스 정부의 규제로 인해 약과 술로 어지럽던 분위기가 사라져 진정한 라오스를 느끼기에는 더 좋아졌다는 평입니다.
유네스코가 지정한 세계문화유산의 도시 루앙프라방과 남부의 왓 푸 사원에서는 섬세한 라오스 전통 문화의 아름다움을, 북부와 남부의 보호구역에서는 울창한 숲을 넘나드는 짚라인과 화려한 자연의 경이로움을, 기암절벽과 시원한 계곡물이 흐르는 방비엥에서는 근사한 자연환경을 직접 체험할 수 있는 라오스. 여전히 열악한 인프라와 국토 대부분을 덮고 있는 산악지대 탓에 안 그래도 힘든 취재 길을 엉뚱한 선택으로 더 힘들게 만든 남편과 피곤과 배고픔에 굶주린 남편은 나 몰라라 제 살길 찾기 바쁜 아내였지만 여하튼 이번에도 한국에 오자마자 다시 달려가고 싶은 것을 보니 옛 명성이 어디 가진 않았던 모양입니다.
『미얀마 셀프트래블』 이후로 두 번째 취재 여행이었지만, 여전히 많은 부분이 서툴렀고 더 많은 아쉬움이 남습니다. 최고의 책이라고는 절대 할 수 없겠지만 늘 그렇듯이 이 책 역시 두 가지 원칙을 고수하였습니다.
첫째, 이 책에 나오는 모든 볼거리, 숙소, 레스토랑은 직접 발로 찾아가 확인한 곳으로 다른 이의 의견만을 듣고 수록하지 않았습니다. 또한 최고로 정확한 지도를 만들기 위해 확인에 확인을 거듭했습니다.
둘째, 물론 주관적인 호불호도 존재하겠지만 최대한 객관성을 유지하며 책을 쓰려고 노력하였습니다. 취재 도중 숙소나 식당에서 저희가 받은 것이라고는 비엔티안 어느 식당에서의 라오 맥주 한 병이었습니다. 계속해서 사양하였지만 어쩔 수

없어 그곳에서 일하는 종업원의 팁으로 썼습니다. 그러나 그 식당이 이 책에 실리지는 않았습니다.

저희 부부는 『미얀마 셀프트래블』 출판 이후 다시는 가이드북을 쓰지 않겠다고 다짐했건만, 출판사 사장님과의 회식 자리에서 호기롭게 약속한 한 순간의 객기에 의해 오늘의 이 결과가 만들어졌습니다. 그럼에도 불구하고 한동철보다 더 열심히 여행하고 취재해 준 이은영에게 감사의 말을 전합니다. 또한 어찌되었든 일을 저질러 오늘날의 결실을 얻게 해 준 한동철에게 구박 면제권(1년 유효)을 전합니다. 무엇보다도 이 고생길에 등 떠밀고 손 흔들어준 전 YTN 라오스 리포터 김미진 씨께 감사와 원망의 말씀을 전합니다.

웅장한 자연 속 섬세한 아름다움이 가득한 라오스. 맛있는 음식과 반짝이는 거리에서 몸과 마음이 편안한 여행이란 것을 실감했습니다. 잠시나마 모든 것을 잊고 그저 온전한 나 자신을 느끼고 싶은 많은 여행자들이, 이곳에서 진정한 힐링을 경험하고 라오스 사람들의 소박한 삶의 지혜도 얻어 가시길 기원합니다.

## 일러두기

### 1. 표기

프랑스 식민 지배의 영향으로, 지명이나 숙박 시설의 영문 이름과 발음이 일치하지 않는 곳이 많습니다. 되도록이면 현지 발음을 중심으로 표기하였으나, '방비엥'처럼 한국인에게도 많이 알려져 있는 지명은 알려진 대로 표기하는 것을 원칙으로 하였습니다.

### 2. 취재 시점과 각 숙소 요금 상황

2015년, 라오스가 가장 붐비는 시기 외에 가장 한적한 시기 등 몇 번의 취재가 있었으며 그 사이 요금 변동이 생각보다 심하다는 것을 알 수 있었습니다. 규모가 있는 호텔 외 대부분의 영세한 숙박 시설은 특별히 '정해진' 요금이 있는 것이 아니며 특히 여러 호텔 예약사이트에서 기준으로 하는 요금과 상당히 다른 곳도 종종 발견하였습니다. 따라서 이 책에 적힌 요금은 대략적인 기준점으로 참고하시길 바랍니다.

# c★ntents

**Photo Album** • 2

**Prologue** • 8

**Try Laos** • 14
Try 01 스타일별 라오스 여행 • 14
Try 02 4박 6일 쏙쏙 라오스 • 17
Try 03 9박 10일 라오스 한붓 그리기 • 18
Try 04 15일 라오스 북부 완전일주 배낭여행 • 19
Try 05 라오스 하이라이트 • 20
Try 06 맛있는 라오스 • 22
Try 07 라오스 쇼핑 아이템 • 24

**Guide in Laos** • 26
Guide 01 라오스의 일 년 • 26
Guide 02 라오스 브리핑 • 29

**Map of Laos** • 32

# Enjoy Laos • 34

### Vientiane
비엔티안 • 34
- ★ Map of Vientiane • 38
- ★ Map of Vientiane Downtown • 39

### Vang Vieng
방비엥 • 66
- ★ Map of Vang Vieng • 69

### Luang Prabang
루앙프라방 • 82
- ★ Map of Luang Prabang • 88
- ★ Map of Luang Prabang Oldtown • 90

### Northwestern Laos
서북부 라오스 • 124

Intro 훼이싸이 Huay Xai • 126
- ★ Map of Huay Xai • 126

Special Page 기번 익스피리언스 • 130

Intro 루앙남타 Luang Namtha • 135
- ★ Map of Luang Namtha • 135

Intro 우돔싸이 Oudomxay • 142
- ★ Map of Oudomxay • 142

Intro 농키아우 Nong Khiaw • 147
- ★ Map of Nong Khiaw • 148

Intro 므앙응오이 Muang Ngoi • 152
- ★ Map of Muang Ngoi • 152

## Eastern Laos  동부 라오스 • 156

Intro 폰싸완 Phonsavan • 158

★ Map of Around Phonsavan • 160

★ Map of Phonsavan Downtown • 160

Intro 쌈느아 Xam Neua • 167

★ Map of Xam Neua • 167

Intro 위앙싸이 Viengxai • 170

★ Map of Viengxai • 171

Special Page 라오스 역사의 한 축, 빠텟라오 • 174

## Southern Laos  남부 라오스 • 176

Intro 타켁 Thakhek • 178

★ Map of Thakhek • 178

Special Page 꽁로 마을과 꽁로 동굴 • 182

Intro 싸완나켓 Savannakhet • 185

★ Map of Savannakhet • 187

Intro 빡쎄 Pakse • 192

★ Map of Pakse • 197

★ Map of Around Pakse • 197

Intro 땃로 Tad Lo • 204
★ Map of Tad Lo • 204
Intro 짬빠싹 Champasak • 206
★ Map of Champasak • 207
Intro 씨판돈 Si Phan Don • 214
★ Map of Si Phan Don • 215
★ Map of Don Det & Don Khon • 216
✚ 돈 뎃 Don Det • 217
✚ 돈 콘 Don Khon • 224
✚ 돈 콩 Don Khong • 232

# Step to Laos • 236

Step 1 라오스 여행 준비 • 238
Step 2 라오스 들어가기 • 242
Step 3 지금은 여행 중 • 244
Step 4 SOS 라오스 • 247
Step 5 서바이벌 라오스어 • 249

Try Laos 01

# 스타일별 라오스 여행

신나는 액티비티를 즐기거나 혹은 느긋하게 여유를 느끼며
일상의 스트레스를 날려버리고 싶은 이들에게는 라오스가 적격이다.
가족 모두가 만족할 수 있는 다양한 모습의 라오스를 만나보자.

## 01 | 힐링 라오스

숨 막히는 하루하루에 한 줌의 오아시스가 되어줄 휴양 여행. 생생한 자연의 아름다움을 자랑하는 라오스는 풍성한 자연이 주는 천혜의 먹거리로 가득하다. 프랑스 식민 지배의 영향으로 각종 와인과 커피, 빵도 그야말로 수준급! 최고급 레스토랑을 저렴하게 즐기는 호사를 누려보자. 유유히 흐르는 메콩 강변에는 흐드러지게 피어 있는 흰색의 독짬빠 아래에서 우아하게 와인을 홀짝이는 유럽 사람들로 가득하다. 메콩 강에서 갓 잡아 올린 생선으로 만든 요리와 얼음이 들어간 찬 맥주를 한 잔 쭉 들이켜면 어느덧 일상의 근심은 저 멀리 강물과 함께 사라진다.

1 | 비엔티안
강변 레스토랑의 생선구이 맛보기

2 | 방비엥
방갈로 해먹에서 일몰 감상

3 | 방비엥
쏭 강에 발 담그고 맥주 한 잔

4 | 루앙프라방
올드타운 산책

5 | 루앙프라방
아름다운 푸 씨 산 일몰 감상

6 | 루앙프라방
에메랄드빛 꽝씨 폭포의 피크닉

7 | 농키아우
남우 강 보트 여행

8 | 씨판돈
여유로운 메콩 강에서의 일몰 감상

## 02 컬처 라오스

라오스에는 옛 크메르 왕국이 건설한 왓 푸 사원과, 도시가 통째로 유네스코 세계문화유산인 루앙프라방이 있다. 캄보디아의 앙코르와트 사원을 짓기 전에 지어진 왓 푸 사원은 주변의 자연환경을 이용하여 종교적인 상징성과 예술성을 극대화한 곳인데 이러한 의미를 인정받아 이곳 또한 유네스코 세계문화유산으로 지정되었다. 루앙프라방은 올드타운 전체에 가득한 옛 사원들과 프랑스 식민지 시절 지어진 아름다운 건축물들이 어우러져 가히 '동양의 파리'라 불릴만한 곳이다. 우아한 유적들을 돌아보며 옛 사람들의 이야기를 찾아다니는 흥미진진한 여행을 즐겨보자.

**1 | 비엔티안**
라오스의 상징, 탓 루앙

**2 | 비엔티안**
기기묘묘한 형상, 붓다 파크

**3 | 루앙프라방**
라오스 예술의 결정체, 왓 씨앙통

**4 | 루앙프라방**
유네스코 세계문화유산, 올드타운 거리

**5 | 짬빠싹**
유네스코 세계문화유산, 왓 푸 사원

**6 | 폰싸완**
고대의 신비가 살아 있는 항아리 평원

**7 | 타켁**
고대 크메르 왕국의 흔적이 남아 있는 탓 씩홋(시코따봉 사원)

**8 | 싸완나켓**
남부 라오스의 정신적인 중심, 탓 잉항

## 03 에코 라오스

라오스 국토는 울창한 산과 메콩 강 덕분에 천혜의 자연환경을 유지하고 있다. 이런 아름다운 자연에 해를 입히지 않고 있는 그대로의 자연을 느낄 수 있는 에코 투어야말로, 진정한 라오스를 느낄 수 있는 액티비티이다. 아름다운 정글과 그 속의 소수민족들을 만나거나, 메콩 강의 한적한 섬을 자전거로 돌아보며 자연을 보호하면서도 현지인들에게 도움을 줄 수 있는 에코 투어의 메카, 라오스로 떠나보자.

**1 | 루앙남타**
대나무 숲과 계곡, 소수민족 마을을 지나는 정글 트레킹

**2 | 어디든지**
자전거를 빌려 마을을 둘러보는 하이킹

**3 | 어디든지**
금세 친구가 될 수 있는 홈스테이

● 에코 투어의 선두주자 그린 디스커버리 여행사

14년의 역사를 가지고 라오스 여행 산업의 시작부터 함께한 전통 있는 여행사로, 자연환경을 보호하면서도 지역민들의 자립 기반을 마련하는 라오스 에코 투어의 선두주자이다. 현재 라오스에서 가장 큰 규모의 여행사로, 호주인과 라오스인이 공동 설립하였으며 특히 호주와 유럽인들의 기준에 맞는 안전성까지 갖추어 라오스 전역 7개 지점에서 특별한 여행 코스를 운영 중이다. 여행객들이 지불하는 경비의 일정 부분은 지역 공동체에 지급되며, 지역민들과 함께 일하는 것을 원칙으로 하고 있다. 열정 가득한 사람들과의 기분 좋은 여행을 함께 해보자.

## 04 익사이팅 라오스

라오스를 뒤덮고 있는 엄청난 규모의 자연환경은 그 자체만으로도 짜릿한 경험을 선물한다. 계곡이나 메콩 강의 스릴 넘치는 카야나, 화려한 석회절벽을 직접 느낄 수 있는 암벽등반, 혹은 울창한 정글과 폭포, 아름다운 강을 가로지르는 짚라인 투어와 아찔한 나무 위에서의 하룻밤. 일생에 단 한 번뿐일 멋진 경험을 만끽해보자.

**1 | 꽁로**
끝없는 동굴 속 신비한 세계, 동굴 탐험

**2 | 방비엥**
시원한 절벽 중간을 탐험하는, 남 쏭 카약

**3 | 타켁**
까마득한 석회절벽을 정복하자! 암벽타기

**4 | 훼이싸이**
끝없는 정글 위를 원숭이처럼 넘나드는 짚라인, 기번 익스피리언스

**5 | 빡쏭**
볼라벤 고원과 아찔한 폭포 위, 짚라인과 스카이 워킹, 트리 탑 익스플로러

## Try Laos 02
# 4박 6일 쏙쏙 라오스

● Tip 짧아도 알찬 여행! 라오스 국민코스인 비엔티안, 방비엥, 루앙프라방을 여행한다. 비엔티안으로 입국하고 루앙프라방에서 출국하는 라오항공을 이용하면 더욱 알차게 여행할 수 있다.

**1일차** 인천 ⋯▶ 비엔티안 ⋯▶ 방비엥
10:40 인천 출발
13:50 비엔티안 도착
 왓 씨싸켓, 탓 루앙, 빠뚜싸이, 붓다 파크 돌아보기
17:30 비엔티안 출발
20:30 방비엥 도착
 카약 일일투어 예약

**2일차** 방비엥
 방비엥 탐험
 재래시장과 오가닉 팜 방문, 남 쏭 강변 산책,
 블루라군에서 수영, 방비엥 바 즐기기

**3일차** 방비엥
 방비엥 액티비티 즐기기
 남 쏭 강 모터보트, 탐 남 동굴 튜빙과
 카약 일일투어, 남 쏭 강 튜빙

**4일차** 방비엥 ⋯▶ 루앙프라방
10:00 방비엥 출발
16:00 루앙프라방 도착
 몽족 야시장 투어

**5일차** 루앙프라방
 루앙프라방 즐기기
 새벽 탁발 참여, 꽝씨 폭포, 왓 씨앙통,
 왕궁박물관, 푸 씨 산 일몰

**6일차** 루앙프라방 ⋯▶ 인천
00:30 루앙프라방 출발
07:05 인천 도착

# Try Laos 03
# 9박 10일 라오스 한붓 그리기

● Tip 유네스코 세계문화유산인 루앙프라방과 왓 푸 사원을 모두 돌아보고, 배낭여행자들의 성지인 방비엥과 씨판돈, 커피 고원인 볼라벤 고원까지 라오스 남북 주요 여행지를 알차게 돌아보는 여행 코스

**1일차  인천 ⋯ 비엔티안 ⋯ 방비엥**
10:40  인천 출발
13:50  비엔티안 도착
       왓 씨싸켓, 탓 루앙, 빠뚜싸이, 붓다 파크
17:30  비엔티안 출발
20:30  방비엥 도착
       카약 일일투어 예약

**2일차  방비엥**
       방비엥 탐험
       재래시장, 탐 남 동굴 튜빙과 카약 일일투어, 블루라군 수영, 남 쏭 강변 바 즐기기

**3일차  방비엥**
10:00  방비엥 출발
16:00  루앙프라방 도착
       몽족 야시장 투어

**4일차  루앙프라방**
       루앙프라방 즐기기
       새벽 탁발 참여, 꽝씨 폭포, 왓 씨앙통, 왕궁박물관, 푸 씨 산 일몰

**5일차  루앙프라방 ⋯ 빡쎄 ⋯ 짬빠싹**
07:45  루앙프라방 출발
08:30  빡쎄 도착
       짬빠싹으로 이동

**6일차  짬빠싹**
       짬빠싹 여행
       왓 푸, 돈 뎅, 짬빠싹 둘러보기, ATOC 인형극 관람

**7일차  짬빠싹 ⋯ 씨판돈**
08:00  짬빠싹 출발
10:00  씨판돈 도착
       씨판돈 자전거 여행

**8일차  씨판돈**
       씨판돈 카약 일일투어
       콘 빠쏘이 폭포, 민물돌고래 구경, 콘 파펭 폭포

**9일차  씨판돈 ⋯ 비엔티안**
12:30  씨판돈 출발
13:45  비엔티안 도착
       공정무역가게와 메콩 강 나이트 마켓에서 쇼핑, 강변 레스토랑에서 저녁식사

**10일차  비엔티안 ⋯ 인천**
00:30  비엔티안 출국
07:05  인천 도착

Try Laos 04

# 15일 라오스 북부 완전일주 배낭여행

●Tip 울창한 숲과 정글, 그 사이를 흐르는 메콩 강의 아름다운 자연과
그 속에서 살아가는 소수민족의 삶에 가까이 다가가 볼 수 있다.
라오스 본연의 매력에 충실한 북부 완전일주 여행을 떠나보자.

**1일차  인천 ⋯ 비엔티안 ⋯ 방비엥**
10:40  인천 출발
13:50  비엔티안 도착
       왓 씨싸켓, 탓 루앙, 빠뚜싸이, 붓다 파크
17:30  비엔티안 출발
20:30  방비엥 도착
       카약 일일투어 예약

**2일차  방비엥**
       방비엥 탐험
       재래시장과 오가닉 팜 방문, 남 쏭 강변 산책,
       블루라군에서 수영, 방비엥 바 즐기기

**3일차  방비엥**
       방비엥 액티비티
       남 쏭 강 모터보트, 탐 남 동굴 튜빙과
       카약 일일투어, 남 쏭 강 튜빙

**4일차  방비엥 ⋯ 루앙프라방**
10:00  방비엥 출발
16:00  루앙프라방 도착
       몽족 나이트 마켓 투어

**5일차  루앙프라방**
       루앙프라방 즐기기
       새벽 탁발 참여, 꽝씨 폭포, 왓 씨앙통,
       왕궁박물관, 푸 씨 산 일몰

**6일차  루앙프라방 ⋯ 농키아우**
09:30  루앙프라방 출발
13:30  농키아우 도착
       농키아우 주변 산책

**7일차  농키아우 ⋯ 므앙응오이**
11:00  농키아우 출발
12:30  므앙응오이 도착
       남 우 강 보트 트립 & 므앙응오이 주변 산책

**8일차  므앙응오이 ⋯ 농키아우 ⋯ 우돔싸이**
09:30  므앙응오이 출발
10:30  농키아우 도착
11:00  농키아우 출발
16:00  우돔싸이 도착
       푸싸이 언덕, 왓 푸탓, 반틴 시장

**9일차  우돔싸이 ⋯ 루앙남타**
08:30  우돔싸이 출발
12:30  루앙남타 도착
       휴식, 루앙남타 나이트 마켓 구경

**10일차  루앙남타**
       모닝 마켓, 소수민족 마을 자전거 투어

**11일차  루앙남타 ⋯ 훼이싸이**
12:30  루앙남타 출발
16:30  훼이싸이 도착
       까놋 요새, 전통 시장, 왓 쫌 까우 마니랏 일몰

**12일차  훼이싸이**
08:00  1박2일 트리 탑 집라인 시작

**13일차  훼이싸이**
16:00  훼이싸이 귀환 후 휴식
       메콩 강변 레스토랑에서 일몰 감상

**14일차  훼이싸이 ⋯ 비엔티안**
10:20  훼이싸이 출발
11:20  비엔티안 도착
       여행자 거리, 공정무역가게와 메콩 강변 나이트
       마켓에서 쇼핑, 강변 레스토랑에서 저녁식사

**15일차  비엔티안 ⋯ 인천**
00:30  비엔티안 출국
07:05  인천 도착

Try Laos 05

# 라오스 하이라이트

울창한 숲 속에 아기자기한 소수민족 마을이 모여 있는 북부와 드넓고도 여유 넘치는 메콩 강과 남부 전쟁의 상흔이 아련한 동부까지 라오스 전역의 다양한 여행지들은 짧은 일정으로 라오스를 방문한 이들을 늘 아쉽게 만든다. 비교적 가까운 나라인 만큼 한 번에 모두 다 둘러보기보다는 여유를 가지고 라오스의 다양한 매력을 맘껏 느껴보자.

## 01 루앙프라방 올드타운

유네스코 세계문화유산으로 등록된 아름다운 도시이자 라오스의 수호신인 파 방 불상이 있는 곳. 우아한 유럽과 섬세한 라오스의 아름다움이 만나 '동양의 파리'라 불리는 거리. 시원한 강으로 둘러싸인 올드타운을 산책한 후 맛있는 크루아상이 있는 카페에서 유명한 라오스 커피와 함께 못다한 이야기를 나눠보자.

## 02 트리 탑 짚라인

라오스 에코 투어의 대표주자, 트리 탑 짚라인 투어. 계곡과 정글을 넘나드는 아찔한 짚라인 투어의 끝은 동화 속에나 나올 법한 나무 위에서의 하룻밤이다. 가만히 불어오는 바람 속에 들려오는 정글의 속삭임을 들으며 잊지 못할 추억을 만들어보자.

## 03 왓 푸

한적한 산 중턱에 자리한 유네스코 세계문화유산인 왓 푸 사원. 인적 드문 고대 유적은 탐험가의 모험심을 자극하는 곳으로, 캄보디아의 상징인 앙코르와트의 원형이 된 곳이기도 하다. 메콩 강변의 작은 마을 짬빠싹과 돈 뎅의 풍광도 너무나도 아름답다.

## 04 꽝씨 폭포

울창한 숲 가운데 흘러내리는 에메랄드빛 물줄기. 계단식으로 흘러내리며 온통 반짝거리는 폭포는 절대 수영만은 하지 않겠다는 수줍은 한국인들까지도 물속에 뛰어들게 만드는 묘한 매력을 지닌 곳이다. 꽤나 넓은 폭포와 물줄기, 그리고 울창한 숲까지 있어 한나절 피크닉을 즐기기엔 최고의 장소이다.

### 방비엥

청춘의 메카, 혹은 라오스 액티비티의 중심지, 방비엥. 카르스트 지형으로 둘러싸인 멋진 풍광의 계곡과 시끌벅적한 여행자 거리가 만나 다채롭고도 에너지 넘치는 곳이다. 유유자적하길 원하는 사람이나, 혹은 신나는 파티를 원하는 사람 모두 만족스러운 여행을 할 수 있는 곳.

### 씨판돈

서양 배낭여행객들의 메카는 최근 방비엥에서 씨판돈으로 옮겨지는 추세인 듯하다. 이곳에서는 흘러가는 구름만큼이나 천천히 시간을 보내는 젊은이들로 넘쳐난다. 부지런한 여행자에게는 섬 구석구석을 탐험할 수 있는 느긋한 자전거 여행을 추천한다.

### 볼라벤 고원

라오스 커피가 맛있는 이유는 이곳에 있다? 가로수에도 커피콩이 대롱대롱 매달린 모습을 볼 수 있는 이곳은 시원한 폭포와 녹차밭, 커피밭들이 어우러져 싱그러운 풍경을 선사한다. 여행자들이 많지 않아 순수한 라오스를 만날 수 있는 곳이다.

### 꽁로 동굴

라오스의 수많은 동굴 중에서도 단연 최고. 길고 캄캄한 동굴을 지나는 것은 지겨울 수도 있지만, 소심한 사람에게는 일분일초가 마음 졸이는 탐험이다. 꽁로 동굴을 지나야 닿을 수 있는 작은 마을은 라오스 전역에서 손꼽히는 오지 중의 오지이므로 진정한 라오스 홈스테이를 원한다면 한번 고려해보자.

### 폰싸완

정체를 알 수 없는 항아리가 넓은 평원에 깔려 있다. 이것만으로는 조금 심심하겠지만 이곳은 항아리 외에도 미국 CIA와의 비밀전쟁으로 인한 불발탄이 가장 많이 남아 있는 지역으로 유명하다. 사람들이 많이 다니는 도로나 길은 이미 불발탄이 제거되어 있다고는 하지만, 항아리 평원 옆 작은 공항에서 이륙하는 비행기 소리를 들으며 불발탄 표시를 피해 걷고 있자면 정말 스릴 넘치는 유적 탐험이라는 생각이 드는 곳이다.

### 위앙싸이

라오스 공산정부의 비밀기지로, 우리에게는 조금 더 의미 있는 여행지. 공산정부의 선전 문구가 거북하긴 하지만 수년간 동굴 속에서 살아남은 라오스 정부의 처절한 이야기가 이곳을 더 신비롭게 만든다. 거대한 폭격의 흔적이나 실제로 사용했던 탱크가 석회절벽과 어우러져 기묘한 아름다움을 만드는 이곳은 무척이나 외진 곳에 숨어 있으니 가는 길이 쉽지 않지만 그만큼 보람을 얻을 수 있다. 여행자들이 많지 않은 오지를 여행하는 기분도 쏠쏠하다.

Try Laos 06

# 맛있는 라오스

라오스는 비록 가난한 나라지만, 아열대 기후 지역이면서도 메콩 강을 끼고 있어 굶주리는 사람은 많지 않다. 불교의 영향으로 소박한 음식문화가 발달했지만 주요 도시의 수많은 레스토랑에서는 태국, 베트남, 프랑스 음식 등 다양한 음식을 맛볼 수 있다. 그러나 현지 라오스 사람들은 찰밥을 '째우'라는 장에 찍어 먹으며 간단하게 한 끼를 해결하는 것이 대부분이다. 요리에는 보통 라임, 허브, 고추, 마늘 등의 각종 향신료와 신선한 채소를 많이 쓰고 기름은 적게 사용한다.

**1 | 퍼** Pho
베트남 쌀국수에서 유래하였으나 지금은 대중적인 라오스 음식이 되었다. 국물에 구비된 소스를 넣고 각종 신선한 허브와 채소를 곁들여 먹는다.

**2 | 카우쏘이** Khao Soy
루앙프라방 방식으로 만든 쌀국수. 라오스식 고추장으로 양념한 다진 돼지고기를 국수에 얹어 먹는다. 약간 기름지지만 다시 찾게 되는 특유의 깊은 맛이 있다.

**3 | 방비엥 샌드위치&팬케이크**
라오스가면 꼭 먹고 와야 할 먹거리로 인기가 높아졌다. 원래 몇 개의 노점이 있었을 뿐이지만, 방비엥 여행자거리 곳곳에 있는 노점에서 라오스 최고의 바게트와 팬케이크를 맛볼 수 있다.

**4 | 커피**
라오스 커피는 1920년대 프랑스인이 들여온 아라비카와 로부스타 커피로, 모두 풍부한 강수량과 비옥한 화산토, 큰 일교차로 커피 재배에 최적화된 볼라벤 고원에서 재배된다. 주로 유기농 재배로 훌륭한 품질을 자랑하며 라오스 전역의 고급 커피숍에서 즐길 수 있다. 많은 커피 브랜드 중에서도 씨눅 커피 Sinouk Coffee는 고급 브랜드이며, 다오 커피 Dao Coffee는 좀 더 대중적인 브랜드로 많은 사람들의 사랑을 받고 있다.

**5 | 맥주**
라오스 맥주의 대표는 '라오 맥주 Beer Lao'로 칼스버그와 라오스 정부가 공동으로 경영하는 LBC에서 생산한다. 약간 묵직하고 진득한 맛을 내는 맥주라 라오스 사람들이 먹는 방식 그대로 얼음을 섞어 시원하게 마시는 것을 추천한다. 메콩 강변의 일몰을 바라보며 얼음과 함께 마시는 라오 맥주는 그 어느 맥주와도 비교할 수 없는 맛이다. 좀 더 깔끔한 맛의 '라오 맥주 골드 Beer Lao Gold'나 톡 쏘는 맛의 '남콩 맥주 Nam Khong Beer'도 추천한다.

**6 | 카우삐약** Khao Piak
라오스 전통 국수로 굵은 면발과 담백한 국물이 칼국수와 비슷하다. 여행이 길어 질수록 더 생각나는 맛이다.

**7 | 싸이우아** Sai Oua, **싸이꼭** Sai Kok
라오스식 소시지로, 루앙프라방 등 북부 지방에서 쉽게 찾을 수 있다.

**8 | 삥** Ping
'삥'은 '구이'를 뜻한다. 물고기 구이인 '삥빠', 닭 구이인 '삥까이', 삼겹살 구이인 '삥 무 쌈싼'을 먹어보자.

**9 | 카우팟** Khao Pat
밥과 다양한 재료를 볶은 것으로 한국의 볶음밥과 다를 바 없다. 가장 쉽고 무난 하게 선택할 수 있는 요리이다.

**10 | 땀막흥** Tam Mak Houng
채 썬 파파야를 젓갈, 고추, 마늘과 함 께 버무린 샐러드로 보통 구이와 함께 먹는다.

**11 | 카우니아우** Khao Niau
대나무통에 넣어 수증기로 찐 찰밥. 손으 로 조금씩 떼어 먹는다.

**12 | 랍** Laap
'귀한 손님에게 행운을 드린다.'는 뜻으 로 잘게 썬 고기나 생선을 갖은 양념과 함께 내놓는 잔치 음식이다.

**13 | 오람** Or Lam
루앙프라방에서 즐겨 먹는 국으로 소고 기나 닭고기에 레몬그라스, 바질 등의 향 신료를 넣고 살짝 맵게 끓인 음식이다.

**14 | 씬닷** Sin Dad
'한국식 구운고기'라는 뜻의 '씬닷 까올 리'라고 불리는 음식으로, 라오스 전역에 서 쉽게 먹을 수 있다.

**15 | 씬 싸완** Gin Savanh
싸완나켓 지방 음식으로 라오스식 육 포 중에서 특히 질감이 부드러운 고급 음식이다.

**16 | 째우** Jaew
라오스 전통 양념장으로 다양한 채소와 육류를 이용해 만들어 밥이나 소시지 등 을 찍어 먹는다.

**17 | 까이뺀** Khaipen
강의 녹조류를 말린 것을 살짝 튀겨 참 깨와 후추로 양념한 뒤 째우(라오스식 소스)와 함께 먹는다.

# Try Laos 07
# 라오스 쇼핑 아이템

변변한 쇼핑몰 하나 찾아보기 힘든 라오스지만 그렇기에 조금만 발품을 팔면 매우 독특한 쇼핑 아이템들을 발견할 수 있다. 저렴하면서도 아기자기한, 가격 대비 질 좋은 품목들은 가벼운 주머니에도 그리 부담되지 않으니 더 큰 즐거움을 선사한다. 시장에서 소소한 흥정의 재미도 느껴보자.

## 01 | 나이트 마켓

루앙프라방의 나이트 마켓은 명실공히 최고의 쇼핑 장소! 이곳에서 물건을 사면 수입이 현지인들에게 그대로 들어가므로 공정여행의 의미로도 좋은 곳이다. 알록달록한 수공예품을 득템해보자.
(예산 1만~5만k)

1 | 여행용 바지

2 | 지갑

3 | 인형

4 | 전통 의상

5 | 슬리퍼

6 | 작은 소품

## 02 | 시장

소소한 먹거리에서부터 라오스 특산품인 검은생강까지, 다양한 먹거리 쇼핑을 해보자. 검은생강 같은 약재는 주로 몽족 시장에서 구입할 수 있다.
(예산 1만~40만K)

1 | 까이뺀
1만K

2 | 육포
2만K

3 | 상황버섯
1kg/30만K~

4 | 검은생강
1kg/25만K~

5 | 벨프룻 차
1만K

6 | 히비스커스 차
1만K

7 | 뽕잎 차
1만K

### 마트

비엔티안은 쇼핑센터나 마트를 찾을 수 있는 라오스의 몇 안 되는 도시이다. 또한 저렴하면서도 알찬 물품을 쉽게 구입할 수도 있다. 직접 쓰기에도 좋고 친구나 가족들에게 줄 소소한 선물로도 적당하다. 먹거리나 화장품을 구입할 경우에는 유통기한을 먼저 확인하고 구입하자(예산 3만~12만K).

**1 | 말린 과일**
4만K

**2 | 천연 화장품**
5~6만K

**3 | 유기농 커피**
3만~11만K

**4 | 야생 꿀**
4만~10만K

**5 | 천연 모기 퇴치제**
5만4,000K

**6 | 천연 비누**
4만~5만K

### 공예품점

비엔티안이나 루앙프라방에는 좀 더 수준 높은 수공예품이나 그림을 구입할 수 있는 곳이 많다. 라오스 소수민족들이 직접 짠 스카프를 판매하는 공정무역가게에서 마음에 쏙 드는 실크 스카프를 골라보자(예산 5만~200만K).

**1 | 그림**

**2 | 가방**

**3 | 소품**

**4 | 실크 스카프**

**5 | 인형**

Guide in Laos 01

# 라오스의 **일 년**

라오스의 일 년은 한창 더운 4월을 식혀주는 물 축제와 함께 시작된다. 여행자들은 주로 건기인 10월에서 3월 사이에 많이 방문하지만, 만물이 소생하고 논밭에 활기가 넘치는 우기의 풍광 또한 매우 특별하다. 큰 지진이나 홍수, 태풍이나 해일 같은 자연재해가 없어서인지 라오스의 365일은 늘 잔잔하게 흐른다.

## 01 계절

라오스는 건기와 우기, 두 계절로 나뉘며 산악지대가 70%인 특성상 여타의 동남아 지역에 비하면 완만한 기후 변화를 보인다. 5월 말부터 9월 초가 우기이며 가장 비가 많이 내리는 7~8월에는 우리나라의 여름과 비슷한 강우량을 보이지만 비는 주로 밤이나 오전에 한꺼번에 내리므로 여행에 큰 지장을 주진 않는다. 주로 남부지방에 많은 비가 쏟아지고 좀 더 북쪽인 비엔티안이나 루앙프라방은 주로 밤이나 이른 아침에 비가 내린 후 그친다. 다만 도시 간 육로 이동은 주의해야 하며 비가 많이 내리는 야간에 이동하는 것은 되도록이면 피하자.

비가 오지 않는 건기 중반에는 흙먼지가 많으므로 썽태우를 타고 시 외곽으로 이동 시에는 마스크를 착용하는 것이 좋다. 4~5월이 가장 덥지만 여타의 동남아 지역에 비하면 건조한 편이라 습한 한국의 여름보다 훨씬 쾌적하다. 각 지역의 온도는 주로 고도에 의해 결정되는데 라오스 남부지방이라고 해도 볼라벤 고원의 기온은 무척 낮은 편이다. 가장 더운 지역은 남부 메콩 강 유역으로 3~4월에는 35도까지 오르지만 북부의 비엔티안이나 루앙프라방은 이 시기에도 평균 25~28도 정도에 그친다. 12~1월이 가장 추운데, 지역에 따라 영하의 기온을 보이는 곳도 있다.

## 02 축제, 공휴일

**공휴일**

라오스 독립이나 사회주의 공화국 설립과 관련된 공휴일이 많다. 라오스의 전통 축제 중에서는 유일하게 분 삐마이 신년축제가 양력 달력을 기준으로 공식적인 공휴일로 지정되어 있다.

| 날짜 | 공휴일 |
|---|---|
| 1월 1일 | 신정 New Year |
| 1월 6일 | 빠텟라오 기념일 Pathet Lao Day |
| 1월 20일 | 국군의 날 Army Day |
| 3월 8일 | 여성의 날 International Woman's Day |
| 3월 22일 | 인민혁명당의 날 Lao People's Revolutionary Party Day |
| 4월 중순 | 신년축제 분 삐마이 Lao New Year |
| 5월 1일 | 노동절 Labor Day |
| 6월 1일 | 어린이날 Children's Day |
| 8월 13일 | 독립운동기념일 Lao Issara Day |
| 10월 12일 | 광복절 Day of Liberation |
| 12월 2일 | 라오스 건국기념일 Lao National Day |

# 축제

라오스의 전통 축제 '분Boun'은 대체로 불교와 관련이 깊으며, 전통 달력을 기준으로 하기 때문에 정확한 날짜는 라오스 관광 웹 사이트(www.tourismlaos.org)에서 확인할 수 있다. 라오스의 전통 축제일에는 평소와 달리 활력 있는 분위기로 온 마을이 들썩인다. 가장 대표적인 축제는 새해를 맞이하는 분 삐마이 축제로 만물이 소생하는 계절에 맞춰 엿새 동안 잔치를 벌인다.

### 1월 말~ 분 쿤 카오 Boun Khun Khao 추수감사절

지역의 사원에는 수확한 벼가 높이 쌓이고, 수확에 감사하는 탁발 행사가 열린다. 많은 추수를 감사하는 바시 의식이 열리기도 한다.

### 2월 초~ 중국·베트남 설날

비엔티안과 싸완나켓에서는 화려한 등 축제가 펼쳐진다. 중국인이나 베트남인들이 운영하는 곳은 이 기간에 문을 닫는다.

### 2월 보름 분 마카 부싸 Boun Makha Bousa

부처의 설법이 열린 날을 기념하는 축제. 사람들은 촛불을 들고 탑과 사원을 순례한다. 이 축제의 일환으로, 남부 왓 푸 사원에서는 왓 푸 축제Boun Wat Phu Champasak가 열려, 전국 각지에서 이 축제를 위해 몰려든다. 3일간 열리는 이 축제 기간 동안 순례자들은 사원에서 기도를 드리고 촛불을 밝히며 밤에는 화려한 풍등을 띄우기도 한다. 전통 공연이 열리며, 킥복싱이나 닭싸움도 펼쳐진다. 태국과 캄보디아에서도 이 축제에 참여하기 위해 많은 사람들이 몰려든다. 남부 타켁의 탓 씩홋That Sikhot에서 열리는 축제도 유명하다.

### 3월 말~ 분 파벳 Boun Pha Vet

석가모니 부처의 두 번째 전생인 베산다라 왕자의 이야기에 관한 축제로, 동남아의 불교 국가에서는 매우 중요한 축제 중 하나이다. 3일간 열린다.

### 4월 중순 분 삐마이 Boun Pi Mai 신년축제

라오스 사람들은 만물이 소생하는 계절인 4월에 새해를 시작한다. 3일간 이어지는 축제의 첫날은 '쌍칸 루앙Sangkhan Luang'이라고 하는데 이날은 한 해의 마지막 날이자, '씻어내는 날'이다. 사람들은 먼저 집안과 사원 곳곳을 청소하고 도시를 장식한다. 둘째 날은 '쌍칸 나오Sangkhan Nao'라고 하는 새해와 묵은해의 중간날로, 이날에는 악령이 붙을 수 있으므로 일을 하거나 멀리 여행을 가는 일을 삼가야 한다고 한다. 셋째 날이 바로 '쌍칸 큰 삐마이Sangkhan Kheun Pi Mai'라고 하여 새해의 첫날이 되며, 친구나 친척들을 방문하고 어른들을 만나 손과 발에 물을 뿌리며 축복을 기원하는 날이다. 가족들의 건강과 행복, 부를 기원하는 바시 의식Baci Ceremony도 집집마다 행해진다.

전국에서 대규모의 축제가 펼쳐지지만 이 축제를 즐기기 가장 좋은 곳은 루앙프라방으로, 평소에는 한적하고 우아한 거리가 온통 물세례를 맞기 위한 행렬로 북적이게 된다. 축제가 시작되기 며칠 전부터 탓 루앙 인근 강변에 거대한 시장이 열리고 각종 전통 스포츠 경기와 전통 춤 공연이 열리며 전설의 여인 '낭 쌍칸Nang Sangkhan'을 뽑기 위한 미인대회가 열린다. 첫날인 13일 왓 마이와 왓 씨앙통에서 코끼리 축제가 열린 후 14일 오전에 인근 소수민족들이 대거 참여한 장터가 열리고, 오후에는 메콩 강 건너편에 모래로 작은 탑을 만든다. 15일인 새해 첫날에는 몸속의 영을 부르고 건강을 기원하는 바시 의식과 함께 하루를 시작하는데, 오후에는 미녀 '낭 쌍칸'과 승려, 전통 공연단, 소수민족들이 함께하는 거대한 퍼레이드가 왓 탓노이에서 왓 씨앙통까지 열린다. 16일에는 왕궁박물관에서 이뤄지는 탁발 행사에 참여한 후

푸 씨 산을 오르면서 가난한 사람들과 동물들에게 보시를 하고, 각종 새와 거북이, 물고기를 풀어주며 복을 기원한다. 오후에는 왓 씨앙통에서 다시 왓 탓노이까지 퍼레이드가 열리고 저녁에는 왕궁박물관에서 전통 공연이 열린다. 17일 오전 7시에는 루앙프라방과 라오스의 수호신인 '프라 방' 불상이 호 프라 방에서 왓 마이로 옮겨지는 의식이 열리고, 불상을 3일간 이곳에 모셔두어 사람들이 불상을 씻어내는 의식을 치를 수 있도록 한다. 이 날 오후에는 많은 사람들이 빡우 동굴을 방문한다. 공식적인 축제 기간은 3일이지만 1주일 넘는 기간 동안 각종 행사가 벌어지고 사람들은 이 기간 전후로도 계속 물을 뿌려대므로, 이 시기에 라오스를 여행하는 사람들은 마음의 준비를 단단히 하고 즐겁게 이 축제를 즐겨보자.

**5월 보름 분 위싸카 부싸**(석가탄신일)Boun Visakha Busaa
부처의 탄생과 죽음, 열반을 기리기 위해 열리는 축제로, 불교 국가인 라오스에서는 가장 중요한 축제 중 하나이다. 낮에는 사원마다 특별 설법이 열리고 밤에는 등불 행렬이 거리를 밝힌다.

**5월 중순 분 방 파이**(로켓 페스티벌)Boun Bang Fai
우기 직전, 모내기를 위해 비를 부르는 축제로, 하늘을 향해 로켓을 쏘고 춤과 음악 등 다양한 공연이 열린다.

**7월 초~ 분 카오 판싸**(하안거)Boun Khao Pansa
우기가 시작되면서 승려들의 안거 수행이 시작됨을 알리는 축제로, 라오스의 승려들은 보통 농번기를 피해 우기 기간인 3개월 동안 수행을 하게 된다. 이 기간 동안 일반인들도 단기간으로 절에 들어가 승려 생활을 하기도 하고, 그렇지 않더라도 좀 더 절제된 생활을 한다.

**8월 보름 분 호 카오 빠답 딘**Boun Haw Khao Padap Din
조상을 기리는 날로, 사람들은 조상들의 복을 기원하며 승려들에게 떡을 바친다. 캄무안 주와 루앙프라방에서는 배 경주도 열린다.

**10월 말~ 분 옥 판싸**Boun Ok Pansa
분 카오 판싸 이후 안거 수행의 끝을 알리는 축제로, 승려들은 새 옷으로 갈아입고 사람들은 강가에 나와 작은 촛불을 띄워 보내거나 화려한 연등을 밝히며 복을 기원하는데 그 모습이 장관을 이룬다. 절제된 생활을 마치는 시기인 만큼 많은 사람들이 먹고 마시며 흥겹게 즐기는 축제이기도 하다.

**11월 보름 분 탓 루앙**Boun That Luang
비엔티안의 탓 루앙에서 열리는 축제로 3일간 진행된다. 사람들은 비엔티안의 수호신이 있는 왓 씨므앙에서 먼저 경배한 뒤, 탓 루앙으로 이동하여 승려들에게 보시를 한다. 이곳에서는 전국의 다양한 부족들이 몰려들어 탑돌이를 하고 촛불을 밝히며, 불꽃을 쏘아 올린다. 탓 루앙 주변에는 거대한 장터가 열린다.

**11월 불규칙 분 쑤앙 흐아**Boun Suang Heua
전국 각지에서 다양한 시기에 열리는 배 경주로, 배는 인근 들판에 있던 전설의 뱀 나가를 강으로 돌려보내는 역할을 한다고 여겨진다.

**12월 초~ 분 탓 잉항**Boun That Ing Hang
싸완나켓의 가장 중요한 사원인 탓 잉항에서 열리는 축제로, 각종 공연이나 스포츠 경기가 펼쳐지며 대규모 장터도 들어선다.

**12월 불규칙 몽족 신년축제**Hmong New Year
라오스 소수민족인 몽족의 새해맞이 축제. 젊은 남녀가 전통 복장을 하고 서로 공을 주고받으며 짝을 찾는 행사가 흥미진진하다.

### Guide in Laos 02

# 라오스 **브리핑**

울창한 정글, 석회 동굴과 절벽 사이를 유유히 흐르는 메콩 강과 함께 다양한 소수민족들이 어우러져 살아가는 곳, 라오스, 이곳은 느림의 여유를 만끽할 수 있는 나라이다. 그래서인지 온갖 복잡한 문제 속에서 날카롭게 날을 세우며 아등바등 살아가는 한국인들에게 라오스는 더욱 매력적인 곳으로 다가온다. 사방의 드넓은 풍경과 그 속에서 살고 있는 여유로운 모습의 라오스들을 보고 있자면 답답했던 마음에서 벗어나 어릴 적 가볍고 순수했던 마음으로 돌아가게 된다.

## 국가개요

| | |
|---|---|
| 국명 | 라오 인민민주주의 공화국<br>Lao People's Democratic Republic |
| 수도 | 비엔티안(위앙짠)Vientiane |
| 면적 | 23만 6800㎢(한반도의 약 1.1배) |
| 언어 | 라오스어 |
| 인구 | 640만 명 |
| 국가형태 | 공화국 |
| 정부형태 | 1낭제 국가(라오 인민혁명딩) |
| 행정단위 | 16개 주 및 1개 특별시 |

## 역사

고대 라오스에는 많은 수의 소수민족들이 모여 살고 있었는데, 주요 민족은 원래 중국 남부에 살던 타이 민족이다. 전설에 따르면 쿤 보롬Khoun Borom이라는 신이 하얀 코끼리를 타고 내려와 현재의 디엔비엔푸에서 조롱박을 발견하였다. 조롱박에 구멍을 뚫자, 남자, 여자, 동물, 씨앗이 나와 라오스의 조상이 되었다고 한다.
'백만 코끼리와 흰 양산의 나라' 란쌍 왕국은, 크메르 공주와 결혼한 파응움 왕자Prince Fa Gnum가 세운 왕국이자, 기록에 남아 있는 라오스의 역사의 시작이다. 그는 무앙 수와(지금의 루앙프라방)에 돌아 왕위를 계승한 뒤 소승불교를 국교로 만들었고 주변의 많은 지역을 점령하여 라오족 최초의 통일 국가인 란쌍 왕국을 세웠다. 전쟁광으로 불리기까지 할 정도로 파응움 왕자의 정복욕은 대단하여 결국 오늘날의 치앙마이, 중국의 윈난성, 베트남 일부 지역까지 확장해 큰 번영을 누렸다. 그러나 파응움 왕자는 그의 호전성에 반발한 신하들에 의해 왕위에서 물러나게 된다.
파응움 왕자의 후계자는 '쌈쎈타이(30만 타이인의 왕)'로, 그는 호전적이던 파응움 왕과는 달리 평화주의자이자 통합자로서 불교를 공고히하고 국가 통치체제를 확립하는 데 많은 노력을 기울었다. 씨암 왕실과의 결혼 등을 통해 외교적인 안정을 꾀하며 한동안 태평성대를 이루었지만 아무래도 버마(현재의 미얀마)와 씨암(현재의 태국) 사이에서 양 국가의 침입을 피할 순 없었는지, 포티써랏 왕과 쎗타티랏 왕 이후에 라오스를 침공한 버마인들이 20년간 란쌍 왕국을 지배하기도 하였다. 이 시기에 미얀마의 침공을 피해 루앙프라방에서 비엔티안으로 수도가 옮겨진다.
라오스인들은 쏠리야 웡싸Souligna Vongsa의 재위 기간인 57년을 라오스의 황금기로 여긴다. 1637년에 란쌍 왕국의 왕으로 선출된 쏠리야 웡싸는 각 나라와의 평화 조약을 통해 국경을 안정화시키고 태평성대를 이루었다. '태양왕'이라고도 불리는 쏠리야 웡싸 재위 기간에는 다수의 유럽인들이 최초로 란쌍 왕국을 방문했으며 비엔티안의 아름다움과 매력적인 라오스 여행에 관한 책을 출판하기도 했다. 그러나 찬란했던 쏠리야 웡싸의 란쌍 왕국은 극심한 왕위계승 다툼으로 인해 루앙프라방, 찜빠싹, 비엔티안으로 분리된다.
라오스의 쇠락과 대조적으로 인근 중국과 버마, 씨암과 안남(현재의 베트남)의 세력이 확대되어 결국 비엔티안은 씨암과 안남에 예속되었고 비엔티안의 짜오아누 왕King Chaoanu은 씨암을 상대로 독립을 도모하다 실패하여 태국에 포로로 잡혀 우리에 갇힌 채 대중들에게 공개되는 치욕을 겪었다. 루앙프라방과 찜빠싹 역시 씨암의 지배에 예속되어 왕은 씨암인 행정관에게 복종해야만 하는 지위가 되었다.
이 시기에 캄보디아와 안남을 합병한 프랑스는 마지막으로 라오스를 합병하였으며, 씨암은 프랑스를 견제한다는 명목으로 씨앙쿠앙과 후아판 지역을 침략했다. 결국 씨암과 프랑스의 협상으로 1893년부터 프랑스는 루앙프라방에 부 영사를 유지할 권한을 얻게 되었다. 이후 라오스는 인도차이나 반도를 침공한 일본을 이용해 1945년 프랑스로부터의 독립을 선언했고, 인도차이나의 탈환을 위해 프랑스는 1946~1954년까지 인도차이나 전쟁을 일으키지만 결국 베트남군에게 패하고 만다. 1954년 열린 제네바 협정에서 드디어 라오스는 독립을 인정받지만, 라오스의 독립에 앞장섰던 라오스 공산당 '빠텟라오'에 의한 정권 수립에 불안을 느낀 미국은 빠텟라오의 반대 노선인 라오스 우익 세력을 지원하게 되고 결국 내전이 시작된다.

이 시기에 일어난 베트남 전쟁의 지원물자가 라오스를 통해 이동하였고 미국은 이를 봉쇄한다는 이유로 1964년부터 1973년, 9년 동안 라오스 전 국토에 50만 회, 200만 톤 이상의 폭탄을 투하했다. 이것은 8분마다 비행기 한 대 분의 탄약을 투하한 것으로 볼 수 있다. 그럼에도 불구하고 끈질기게 살아남은 빠텟라오는 드디어 미국이 북베트남과 정전 협의에 합의하고 물러난 뒤인 1975년, 비엔티안 정부를 제압하고 무혈혁명에 성공한 뒤 왕정을 폐지하고 '라오 인민민주주의 공화국'을 수립한다. 지금도 라오스 모든 지폐에는, 빠텟라오의 수장이자 초대 대통령인 까이손의 사진을 볼 수 있다. 라오스는 이후, 경제 발전을 위해 시장경제원리를 도입하였으며 1991년 라오스 헌법 제정, 1992년 최초로 이루어진 국회의원 선거 등을 통해 느리지만 꾸준히 발전하고 있다.

## ➕ 지리・자연환경

동남아시아 유일의 내륙국으로 태국, 캄보디아, 베트남, 중국, 미얀마 다섯 개 국가와 국경을 접하고 있다. 전 국토의 70% 이상이 산악지대로, 농경지는 전 국토의 1%에 불과하다. 중국 윈난성에서 발원해 라오스 전 국토의 90%가 연결되어 있는 메 남콩(메콩 강) Mae Nam Kong은 어머니의 강이라 불리며 라오스의 정체성을 형성하는 중요한 강이다.

울창한 밀림과 협곡, 가파른 골짜기와 아름다운 메콩 강이 장엄한 경관을 연출하는 라오스는 국토 대부분이 열대 우림지대로 각종 희귀종들이 서식하며, 오늘날까지도 개발되지 않은 채 원형 그대로의 모습으로 남아 있다. 비록 각종 도로나 전기, 하수시설 등 현대적인 시설이 부족해 여행하기가 편리하진 않지만 아름다운 자연과 여유로운 라오스 사람들 덕분에 오래전부터 배낭여행객들의 천국으로 알려져 있었다.

## ➕ 민족・종교

라오스 인구의 반 이상은 라오 룸족이며 그 외에 라오 텅족, 라오 쑹족으로 나뉜다. 이 세 범주 안에 포함되는 종족은 그 아래 다양한 하부 종족들로 구성되어 있다. 라오 룸족은 계곡을 의미하며 라오 텅족은 산허리, 라오 쑹족은 고지대를 의미한다. 국민의 90% 이상이 소승불교를 믿고 있지만 여전히 원시신앙이 불교와 어우러져 생활 깊숙이 자리한다. 그 외에 정령신앙을 믿는 부족이나 기독교, 이슬람교도들도 소수 존재한다. 라오스 사람들은 대체로 느긋하고 여유로운 삶의 방식을 고수하여 소리를 치거나 격렬한 싸움이 일어나는 일은 드물다. 라오스 사람들은 감정을 지나치게 드러내거나 다른 이의 의견에 공공연한 반대를 하는 것을 좋지 않게 생각하며 타인에 대한 배려를 중시한다. 공덕을 쌓고 내세의 복을 기원하는 라오스 사람들은 돈보다는 현재의 즐거움과 느긋함을 더욱 중시하며 살아가고 있다. 여행자는 라오스 전역 어디에서나 아침 탁발을 하는 승려들을 만날 수 있고, 일 년 내내 불교와 관련된 행사를 쉽게 접할 수 있다. 불교는 라오스에서 이미 중요한 문화로 자리 잡은 만큼 종교가 다르더라도 그 문화 자체를 존중하는 마음을 갖자.

## ➕ 경제

1975년 공산정권이 집권 후, 사회경제체제하에 진행된 정책이 대부분 실패하자 정부는 서서히 기존의 고립 외교정책을 폐기하고 시장경제체제를 받아들였다. 이후 ASEN 가입, 미국과 프랑스와의 수교 같은 개방정책을 진행하고 있다. 한국과도 1995년 재수교 이후 각종 지원사업이 진행되었다. 아직까지는 농업과 어업에 의존한 경제구조로 최빈국에서 벗어나지 못하고 있지만, 매년 높은 경제성장률(약 7%)을 보이고 있어 그 잠재력을 인정받고 있다.

## ➕ 에티켓

라오스인들의 머리는 결코 건드려서는 안 되는 부위이므로 아이들의 머리를 쓰다듬지 말아야 한다. 손가락으로 사람을 가리키거나 발끝이 누군가를 가리키는 것은 금기시되며 바닥에 앉는 경우 발을 보이지 않게 앉는 것이 좋다. 공공장소에서 여성의 신체를 만지는 행위도 금지되어 있으며 여성들은 어느 정도 보수적으로 옷을 갖춰 입을 것을 권한다. 라오스의 사원을 방문할 때는 민소매 옷이나 짧은 반바지를 입어서는 안 되며 신발을 벗어 가방에 넣거나 밖에 벗어두어야 한다. 불상을 촬영할 수는 있지만 장난스러운 포즈를 취하거나 불상을 건드리는 것은 삼가는 것이 좋다. 여자는 승려나 승려의 옷자락 혹은 발우를 건드려서는 안 되며 보시를 하고자 할 때에도 주의를 기울여야 한다.

## ➕ 라오스 여행 노하우

라오스에서는 마음을 씻어주는 경건한 탁발 행렬을 보며 아침 일찍 하루를 시작하자. 아름다운 프랑스 식민지풍 건물들 사이, 정갈하게 자리한 사원을 둘러보거나 유유히 흐르는 강을 따라 자전거를 타며 여유로운 하루를 보내는 것이 이곳을 제대로 여행하는 방법이다. 심심함에 익숙하지 않은 사람들을 위해 정글 속의 짚라인 탐험, 메콩 강 래프팅 등 다양한 액티비티도 준비되어 있다. 라오스 전통 음식뿐 아니라 프랑스 음식이나 태국 음식까지 다양한 레스토랑에서 취향에 맞는 저녁식사를 하고 깔끔한 라오 맥주를 한 잔 마시거나 마사지, 스파 등을 즐기며 시간을 보내자.

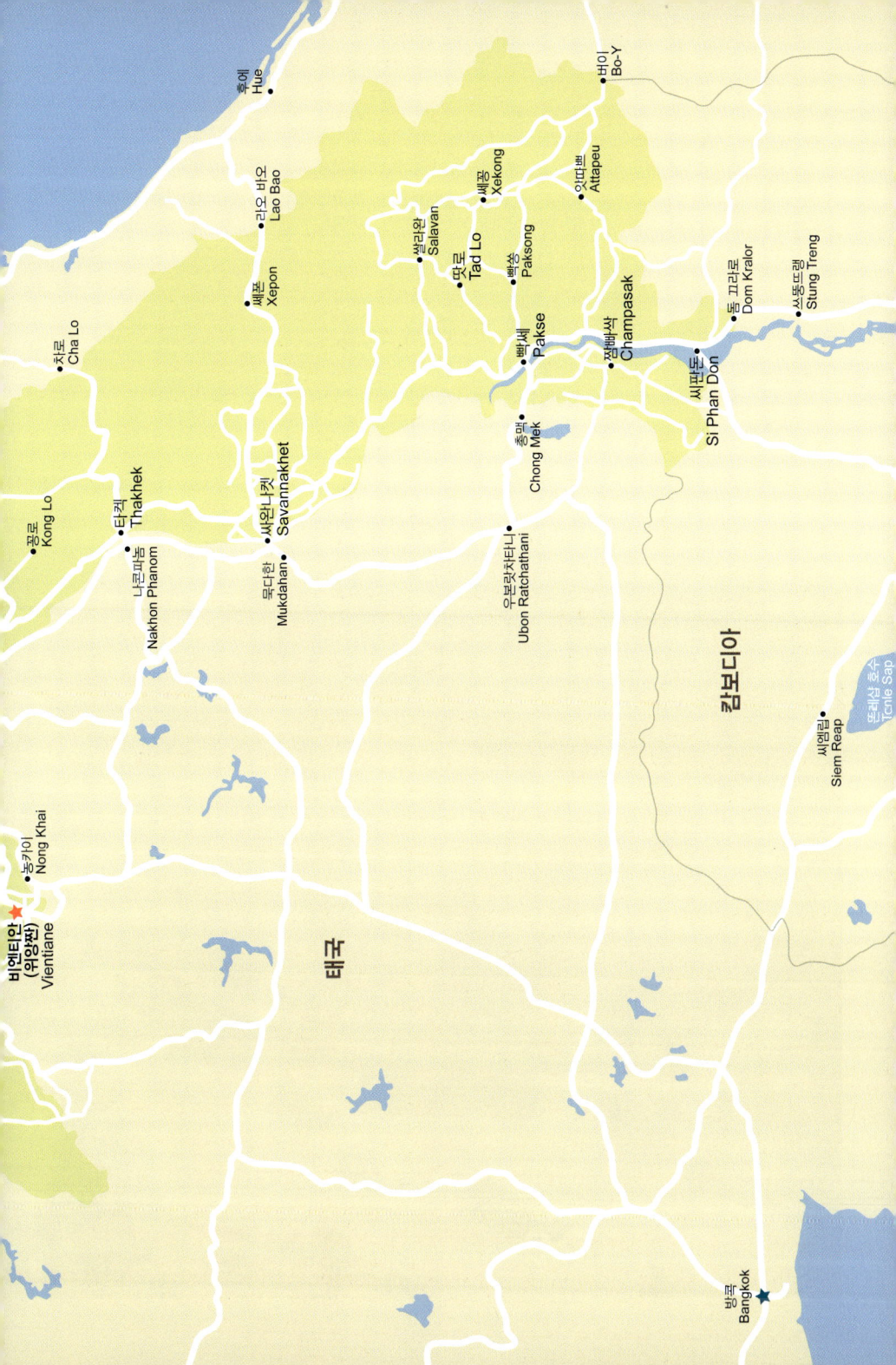

# Vientiane 비엔티안

Intro

★

# 비엔티안
Vientiane

라오스어로 '위앙짠'이라 불린다. '백단향' 혹은 '달의 도시'라는 뜻을 가진 라오스의 수도 비엔티안은 도시를 처음 건설할 당시, 백단향 나무를 주변에 빙 둘러 경계를 표시한 것에서 유래되었다는 설도 있고 라오스의 조상들이 달에서 내려왔다는 이야기에서 만들어진 이름이라는 설도 있다. 라오스 국기의 한가운데에 있는 달은 달의 후예인 라오스인을 상징한다.

나가 수반낙이 메콩 강 양쪽 기슭에 세운 것으로 전해지는 고대도시 비엔티안. 1357년 라오스를 처음 통일한 란쌍 왕국의 파응움 왕<sup>King Fa Ngum</sup>은 자신의 업적을 기념하기 위해 이곳에서 거대한 축제를 열었다고 한다. 1560년대 쎗타티랏 왕<sup>King Setthathirath</sup>이 버마(현재의 미얀마)의 위협을 피해 란쌍 왕국의 수도를 루앙프라방에서 이곳으로 옮긴 후부터 비엔티안은 라오스의 수도이자 정치, 경제의 중심지가 되었다. 그러나 태양왕 쑬리야 웡싸<sup>King Souligna Vongsa</sup>의 찬란했던 라오스는 1828년, 씨암(현재의 태국)군의 침략을 받아 도시 전체가 완전히 전소되면서 사라졌다. 비엔티안은 씨암에 의해 두 개의 도시로 분열되고, 메콩 강 한쪽만이 라오스 영토로 남겨져 본래의 절반 규모로 크기가 줄어들었다. 한 나라의 수도인 비엔티안이 메콩 강을 사이에 두고 타국과 국경을 마주하게 된 것은 이러한 아픈 역사 때문이었다. 비록 씨암과의 전쟁으로 인해 찬란했던 옛 영광을 되찾긴 쉽지 않겠지만, 오늘날 비엔티안 시내에는 프랑스식의 고풍스러운 건물과 많은 불교 유적들, 그리고 넓은 메콩 강과 소박한 라오스 사람들이 어울려 그 어느 나라의 수도보다도 평화로운 모습을 자랑한다. 모든 여행객들을 따뜻하게 맞아주는 라오스의 관문, 비엔티안. 메콩 강변에 비친 달과 함께 잔잔한 평화가 있는 라오스 여행을 시작해보자.

### ➕ 여행정보

6~8월이 우기이며 4~5월이 가장 덥지만, 전반적으로 건조하여 습한 한국의 여름보다는 훨씬 쾌적하다. 4월에는 라오스 최대의 신년축제인 분 삐마이가 있어 오히려 색다른 여행의 기회가 되기도 한다. 12~1월이 최성수기로, 밤에는 약간 추운 편이다. 이 시기에는 숙박과 교통편을 미리 예약하는 것이 좋다.

### ➕ 여행 안내소

수도인 비엔티안의 여행 안내소답게 비교적 넓은 공간에 라오스 전 지역의 정보가 가득하다. 시내버스 노선을 비롯한 각종 여행정보도 상세하게 안내해준다.

| | |
|---|---|
| Address | Lan Xang Avenue, Vientiane, Laos |
| Open | 월~금 08:30~12:00, 13:00~18:00 |
| Tel | 021-212-251, 021-212-248 |

### ➕ 그린 디스커버리 여행사

| | |
|---|---|
| Access | 남푸 분수대 옆 |
| Tel | 021-223-022 |

### ➕ 한국 대사관

| | |
|---|---|
| Address | Lao-Thai Friendship Road, Ban Watnak, Sisattanak District, P.O.Box 7567, Vientiane(라오스 국립대학교 공과대학 캠퍼스 옆에 위치) |
| Open | 월~금 08:30~12:00, 14:00~17:00 |
| Close | 공휴일 |
| Tel | 856-21-352-031~3 |
| | 856-20-5551-3152 / 856-20-5552-7765(긴급전화) |
| Web | lao.mofa.go.kr |

### ➕ 환전

라오스에 있는 은행에서 환전할 수 있다. 하지만 은행은 일찍 문을 닫는 편(월~금 08:30~15:30)이라 만일 환전이 필요할 때 은행 영업이 끝났다면 늦게까지 운영하는 사설 환전소를 이용하면 된다. 빵캄 거리에서 파응움 거리 가까운 곳에 위치한 BECL은행 환전소는 주말에도 문을 연다. 평일에는 08:30부터 19:00까지, 주말에는 08:30부터 15:30까지 운영한다. 공항에도 ATM과 환전소가 있으며 환전에 관한 추가 정보는 Step to Laos 환전 부분을 참고하자(p.240).

# 비엔티안 드나들기

## ➕ 비엔티안 시외교통

### ◎ 항공

한국에서 라오스 직항노선은 현재 라오항공, 진에어, 티웨이에서 운항 중이다(5시간 가량 소요). 이 외에도 태국 방콕이나 베트남 하노이, 호찌민 등을 경유하여 입국이 가능하다. 운항 스케줄은 홈페이지에서 확인하자. 라오항공의 경우 입국은 비엔티안에서 하고 출국은 루앙프라방에서 할 수 있어 좀 더 알찬 스케줄을 짤 수 있다. 대체로 라오항공은 오후 시간대에, 진에어와 티웨이는 밤 10시 이후에 비엔티안에 도착한다. 라오스 국내선은 라오항공, 라오센트럴항공, 라오스카이웨이항공에서 운항한다. 항공사 홈페이지는 Step to Laos를 참고할 것(p.239).

> **Tip 왓따이 국제공항에서 비엔티안 시내 드나들기**
>
> 왓따이 국제공항은 비엔티안 중심지에서 4km 정도 떨어져 있으며 차량 이동 시 10분 정도가 소요되는 국제공항이다. 국제선과 국내선 청사가 바로 옆에 붙어 있어 걸어서 이동할 수 있다. 출국장을 나서자마자 택시부스가 보이는 작은 공항이므로 헤맬 염려는 전혀 없다. 라오항공 이용 시 국제선에 있는 라오항공 사무실에 짐을 맡길 수 있다.
>
> • **공항시설** 환전소(08:30~21:30), ATM(24시간), 공항택시 서비스(마지막 비행기 도착 시까지 운영), 유니텔
>
>
>
> ❶ 왓따이 공항에서 공항버스는 운영하지 않으며, 공항 출입구에 위치한 택시부스에서 공항택시를 이용할 수 있다. 숙소 위치에 따라 차(4인승, 7인승) 한 대당 7~9$이며 늦은 시간에 도착할 경우에는 소액의 달러를 화폐로 미리 준비하는 것이 편리하다. 저렴하게 시내로 이동하고 싶다면 공항 부지를 빠져나가자마자 보이는 삼거리 길 맞은편 방향으로 건너가 시내 쪽으로 이동하는 버스(10번, 49번, 06:00~17:30 운행, 5,000K, 모든 버스는 시내 부근에 위치한 딸랏 싸오 버스 터미널이 종점이다)를 이용하거나, 지나가는 썽태우(픽업 트럭처럼 생긴 합승 버스, 1만K~)를 세워 '딸랏 싸오' 혹은 '남푸'를 외치면 된다. 라오스의 택시 역할을 하는 뚝뚝(오토바이를 개조한 3륜 택시나 택시용 썽태우. 2만K~)의 경우 바가지가 심해 흥정이 쉽지 않다.
>
> ❷ 시내에서 공항으로 이동할 경우에도 딸랏 싸오 버스 터미널에서 버스를 이용하거나, 지나가는 썽태우나 뚝뚝을 잡아타면 된다(4만K 정도). 게스트하우스나 숙소에서도 일정한 수수료를 내고 택시를 대절할 수 있다(수수료 포함 1인당 6~7$ 정도).

### ◎ 기차

태국 국경을 넘는 타나랭Tanaleng-농카이Nong Khai 국제열차는 라오스 유일의 기차이기도 하다. 2009년에 개통해 최신 차량에 출입국 심사도 기차역에서 편하게 할 수 있지만 타나랭 역에서 대중교통을 이용하는 것이 불편하고, 비엔티안 시내로 가는 뚝뚝 요금이 비싸기 때문에 저렴하게 여행하려는 배낭여행객들은 많이 이용하지 않는다. 농카이에서 타나랭으로 1일 2회(09:00, 14:45, 15분 소요, 20B~) 출발하며 타나랭에서 농카이로도 2회(11:15, 17:00, 5,500K~) 출발한다. 시간은 자주 변경되므로 직접 확인하는 것이 좋다.

타나랭에 도착해 입국 창구에서 입국 도장을 받으면 라오스 입국이 완료된다(30일 도착 비자도 받을 수 있다). 보통 기차 도착시간에 맞춰 뚝뚝이 호객 행위를 하는데, 적당한 선(1인당/100B)으로 흥정해보자.

◎ 국제버스

* **딸랏 싸오 버스 터미널**

비엔티안 시내의 딸랏 싸오 몰(모닝 마켓) 근처에 위치해 가장 편리하게 이용할 수 있다. 모든 비엔티안 시내버스의 출발점이다. 태국행 국제버스의 경우 간단하게 국경을 넘어 농카이로 향하는 여행자들이 주로 이용한다.

| 노선 | 출발시간 | 요금 | 소요시간 |
|---|---|---|---|
| 태국 농카이 Nong Khai | 07:30, 09:30, 12:40, 14:30, 15:30, 18:00 | 1만5,000K | 2시간 |
| 태국 우돈타니 Ddonthany | 08:00, 09:00, 10:30, 11:30, 14:00, 15:00, 16:30, 18:00 | 2만2,000K | 3시간 |
| 태국 방콕 Bangkok | 18:00 | 24만8,000K | 11시간 |

* **북부 버스 터미널**

최근 새로 건설되어 쾌적한 실내 공간을 자랑한다. 공항 근처에 있어 항공과 연계한 버스 이용에 편리하다. 북부행 시외버스나 중국행 국제버스의 기착점이다.

| 노선 | 출발시간 | 요금 | 소요시간 |
|---|---|---|---|
| 태국 방콕 Bangkok | 17:00 | 25만K | 11시간 |
| 중국 쿤밍 Kunming | 14:00 | 73만K | 32시간 |

* **남부 버스 터미널**

주로 남부행 시외버스가 출·도착하는 곳으로, 베트남행 국제버스의 출발점이기도 하다.

| 노선 | 출발시간 | 요금 | 소요시간 |
|---|---|---|---|
| 베트남 하노이 Hanoi | 19:00, 19:30, 20:00 | 25$ | 22시간 |
| 베트남 빈 Vinh | 19:00 | 20$ | 16시간 |
| 베트남 후에 Hue | 19:30 | 20$ | 22시간 |
| 베트남 다낭 Danang | 18:30, 19:00, 20:00 | 25$ | 24시간 |

* **여행사 버스(픽업서비스 포함)**

| 노선 | 교통편 | 출발시간 | 요금 | 소요시간 |
|---|---|---|---|---|
| 태국 방콕 Bangkok | 슬리핑 버스 | 14:00, 18:00 | 22만~28만K | 11시간 |
| 방콕(농카이 경유) | 기차 | 15:00 픽업 후 농카이 기차역에서 17:00 출발 | 14만~40만K | 14시간 |
| 태국 치앙마이 Chiang Mai | VIP / 미니밴 | 14:30 | 22만5,000K / 32만5,000K | 15시간 |
| 중국 쿤밍 Kunming | 슬리핑 버스 | 14:00 | 90만K | 38시간 |
| 베트남 하노이 Hanoi | 슬리핑 버스 | 18:30 | 20만K | 23시간 |
| 캄보디아 씨엠립 Siem Reap | 슬리핑 버스 | 08:30 | 42만K | 24시간 |

### Tip 농카이 국경

도보로 농카이 국경을 넘어보자. 국경은 아침 6시부터 저녁 10시 사이에 통과할 수 있다. 태국(무비자 90일)과 라오스(무비자 15일) 모두 무비자 체류가 가능하므로 쉽게 국경을 넘을 수 있다. 간혹 태국에서 한국인 장기 체류자들을 단속하기 위해 태국 출국 후 재입국을 허용하지 않는 경우가 있으므로 미리 정보를 확인하자. 라오스는 당일 출국 후 재입국해도 별 무리 없이 무비자 체류가 가능하다.

• 출국

딸랏 싸오 버스 터미널에서 14번 버스를 이용하면 국경 바로 앞에서 하차한다. 출국장 입구에 있는 세관수수료 창구 Custom Fee Point에서 플라스틱 카드 One Way Ticket를 구입한다(월~금 08:00~16:00 무료, 시간 외에는 1만K). 이후 출국 체크를 받고 요금정산소에 카드를 투입한 뒤 통과하면 된다. 그리고 우정의 다리를 건너는 셔틀버스 티켓(4,000K)을 구입하고 버스로 출국하면 끝! 태국 입국 시에는 무비자이므로 여권과 입국신고서만 작성하면 된다.

• 입국

농카이 국경까지 뚝뚝을 타고 이동한다. 태국 출국 시에는 별다른 준비물이 필요 없다. 우정의 다리를 건너는 셔틀버스 티켓(15B)을 구입한 뒤 버스를 타고 출국하면 되는데 먼저 라오스 입국장 입구 세관수수료 창구 Custom Fee Point에서 플라스틱 카드 One Way Ticket를 구입한다(월~금 08:00~16:00, 1,000K, 운영시간 외에는 1만1,000K). 구입을 한 뒤에는 구비된 입국신고서를 작성하고 입국 체크를 받은 뒤 요금정산소에 카드를 투입하고 통과한다. 입국장을 나오면 택시들이 호객 행위를 한다. 우측으로 길을 건넌 뒤 1분 정도 직진하면 보이는 버스 터미널에서 딸랏 싸오 버스 터미널행 14번 버스를 탈 수 있다.

## 비엔티안 시내교통

### 시내버스

모든 버스는 딸랏 싸오 몰 옆의 딸랏 싸오 버스 터미널을 기점으로 05:30~17:30 사이에 운행한다. 가격은 버스에 따라 3,000K~6,000K 정도. 버스 내에서 요금을 지불하면 된다. 버스에 쓰인 번호와 실제 배정 번호가 다르므로 버스 앞쪽 팻말에 쓰인 숫자를 미리 확인하도록 하자. 노선이 몇 개 없지만 새 버스라 상당히 쾌적하다.

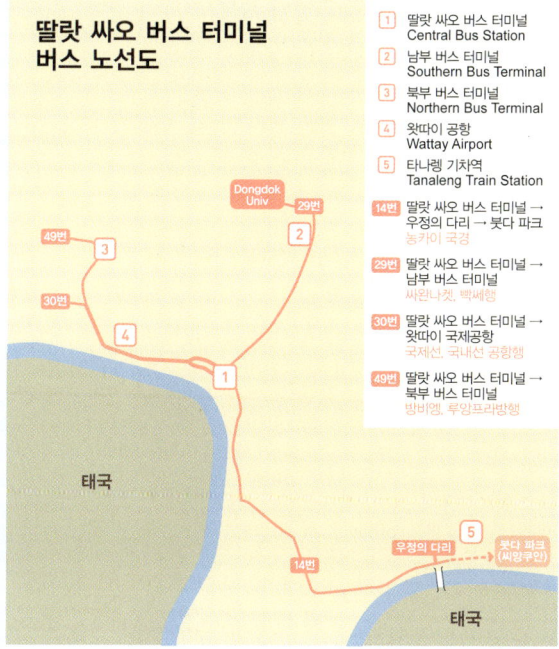

**딸랏 싸오 버스 터미널 버스 노선도**

1. 딸랏 싸오 버스 터미널 Central Bus Station
2. 남부 버스 터미널 Southern Bus Terminal
3. 북부 버스 터미널 Northern Bus Terminal
4. 왓따이 공항 Wattay Airport
5. 타나랭 기차역 Tanaleng Train Station

14번 딸랏 싸오 버스 터미널 → 우정의 다리 → 붓다 파크 *농카이 국경*

29번 딸랏 싸오 버스 터미널 → 남부 버스 터미널 *싸완나켓, 팍쎄행*

30번 딸랏 싸오 버스 터미널 → 왓따이 국제공항 *국제선, 국내선 공항행*

49번 딸랏 싸오 버스 터미널 → 북부 버스 터미널 *방비엥, 루앙프라방행*

### 뚝뚝

비엔티안 뚝뚝의 바가지 씌우기는 악명이 높다. 공인된 가격이라며 보여주는 요금표가 있지만 가짜이므로 이 요금표에서 최소한 반은 깎는 것이 좋다. 한 곳에 대기하고 있는 뚝뚝보다는 지나가는 뚝뚝을 잡는 것이 낫다. 각 버스 터미널에서 여행자 거리까지는 보통 2만~3만K 정도에 흥정이 가능하다.

### 오토바이, 자전거

비엔티안에서는 수동 오토바이나 스쿠터, 자전거 모두 쉽게 대여할 수 있다. 특별히 면허증을 요구하진 않지만 교통경찰들이 국제면허증 제시를 요구하며 벌금(혹은 뒷돈)을 물릴 수 있다. 헬멧은 반드시 착용해야 한다. 오토바이 대여 시 대체로 여권을 맡길 것을 요구하는데, 일부 대여점에서는 반납 시 각종 핑계를 대며 추가금을 요구하므로 신중하게 대여하는 것이 좋다. 주행 중 고장이나 펑크가 난 경우 자비를 들여 수리하고 반납해야 한다. 무엇보다 라오스의 교통사고율은 매우 높은 편이므로 늘 안전에 유의하자.

Cost 오토바이 대여 7만K~, 자전거 대여 1만K~

◎ 시외버스

라오스 여타 지역과 마찬가지로 북부 버스 터미널은 주로 북부행 버스가, 남부 버스 터미널은 주로 남부행 버스가 기착한다. 라오스의 도로 사정은 좋지 않은 편이어서 비가 오는 경우 종종 연착되기 일쑤다. 북부지방의 경우에는 우기 시에는 산사태의 위험성도 있으므로 웬만하면 야간 이동은 피하는 것이 좋다.

**북부 버스 터미널**

공항 근처에 있는 터미널이다. 시내와 터미널을 드나들 때 시내버스 49번을 이용하면 5,000K, 썽태우 합승 시에는 2만K, 뚝뚝 이용 시에는 3만K를 지불해야 하며 모두 편도 요금이다.

| 노선 | 교통편 | 출발시간 | 요금 | 소요시간 |
|---|---|---|---|---|
| 루앙프라방 Luang Prabang | 일반버스 | 06:30, 07:30, 08:30, 11:00, 13:30, 16:00 | 11만K | |
| | 슬리핑 버스 | 20:00, 20:30 | 15만K | 11시간 |
| | VIP | 08:00, 09:00, 19:30 | 13만K | |
| 우돔싸이 Oudomxay | 일반버스 | 06:45, 13:45, 17:00 | 15만~17만K | 17시간 |
| | 슬리핑 버스 | 16:00 | 19만K | |
| 루앙남타 Luang Namtha | 일반버스 | 08:30, 17:00 | 20만K | 21시간 |
| 훼이싸이(보께오) Bokeo | 일반버스 | 17:30 | 23만K | 26시간 |
| | VIP | 10:00 | 25만K | |
| 퐁쌀리 Phongsaly | 일반버스 | 07:15 | 21만K | 28시간 |
| | 슬리핑 버스 | 18:00 | 23만K | |
| 폰싸완/씨앙쿠앙 Phonsavan/Xiang Khouang | 일반버스 | 06:30, 07:30, 09:30, 16:00, 18:40 | 11만K | 11시간 |
| | 슬리핑 버스 | 20:00 | 15만K | |
| 쌈느아 Xam Neua | 일반버스 | 07:00, 09:30, 12:00, 17:00 | 17만K, 19만K | 20시간 |
| | 슬리핑 버스 | 14:00 | 21만K | |
| 빡쎄 Pakse | 일반버스 | 20:30 | 17만K | 12시간 |

**남부 버스 터미널**

비엔티안 북동쪽 9km 지점에 있다. 시내버스 29번을 이용하면 3,000K으로, 썽태우 합승 이용 시에는 2만K으로, 뚝뚝을 이용하면 3만K으로 시내에서 터미널까지 이동할 수 있다. 편도 요금이다.

| 노선 | 교통편 | 출발시간 | 요금 | 소요시간 |
|---|---|---|---|---|
| 꽁로 동굴 Tam Kong Lo | 일반버스 | 10:00 | 8만K | 7시간 |
| 락싸오 Laksao | 일반버스 | 05:00, 06:00, 07:00, 18:30 | 8만5,000K | 9시간 |
| 타켁 Thakhek | 일반버스 | 04:00, 05:00, 06:00, 12:00 | 6만K | 6시간 |
| | VIP | 13:00 | 8만K | |
| 싸완나켓 Savannakhet | 일반버스 | 05:30, 06:00, 06:30, 07:00, 07:30, 08:00, 08:30, 09:00 | 7만5,000K | 9시간 |
| | VIP | 20:30 | 12만K | |
| 빡쎄 Pakse | 일반버스 | 07:15, 10:00, 12:30, 13:00, 13:30, 14:00, 14:30, 15:00, 15:30, 16:00, 18:00, 19:00, 20:00 | 11만K, 14만K | 12시간 |
| | VIP | 20:30, 21:00 | 17만K | |

**여행사 버스(픽업서비스 포함)**

여행사마다 가격이 조금씩 다르다. 미니밴도 종류가 다양하므로 차종을 미리 확인하는 것이 좋다.

| 노선 | 교통편 | 출발시간 | 요금 | 소요시간 |
|---|---|---|---|---|
| 방비엥 Vang Vieng | VIP, 미니밴 | 08:00, 10:00, 14:00 | 4만5,000K | 3~4시간 |
| 루앙프라방 Luang Prabang | VIP, 미니밴 | 08:00 | 16만K | 11시간 |
| | 슬리핑 버스 | 20:00 | 19만K | |
| 폰싸완 Phonsavan | 슬리핑 버스 | 20:30 | 19만K | 11시간 |
| 빡쎄 Pakse | 슬리핑 버스 | 10:00 | 14만K | 12시간 |
| | 일반버스 | 20:00 | 16만K | |
| 돈 뎃/씨판돈 Don Det/Si Phan Don | 슬리핑 버스 + 미니밴+보트 | 20:30 | 22만K | 14시간 |

# Sightseeing

동남아에서 가장 작은 수도인 비엔티안은 메콩 강을 낀 한적한 도심이 여유롭고 편안한 곳이다. 주요 볼거리는 뚝뚝이나 여행사의 투어를 이용하여 둘러보고 각종 맛집과 야시장, 태국이 보이는 메콩 강변을 여유롭게 산책하며 둘러보자.

Sightseeing

## 다운타운(시내 중심가) Downtown

비엔티안 다운타운의 중심을 관통하는 타논 쎗타티랏('타논'은 '거리'라는 뜻의 라오스어)에는 서쪽에서부터 왓 옹뜨, 왓 미싸이, 왓 임펭, 왓 씨싸켓, 왓 프라깨우, 왓 씨므앙과 탓 담, 대통령궁이 있으며 1960년대에 건설된 남푸 분수가 중심지 역할을 하고 있다. 여행자용 숙소와 레스토랑, 여행사 역시 남푸 분수를 중심으로 걸어 다닐 수 있는 곳에 대부분 위치하고 있으므로, 자전거를 이용하거나 혹은 걸어서 가볍게 산책하는 기분으로 둘러보자.

### 왓 옹뜨 Wat Oneteu
왓 옹뜨는 쎗타티랏 왕이 건립한 것으로, 비엔티안에서 가장 큰 황동 불상인 '프라 옹뜨'를 모시고 있으며 현재의 모습은 20세기에 재건된 것이다. 루앙프라방 스타일 사원의 전형적인 특징을 하고 있으며 본래 왕에 대한 충성 의식을 행하던 공간이었으나, 후일 승가대학으로 바뀌어 오늘날에도 이곳에서 불법을 공부하는 승려들을 많이 볼 수 있다.

### 왓 미싸이 Wat Mixay
왓 미싸이는 버마와의 전쟁에서 승리(미싸이)한 것을 기념하기 위해 건설되었으며 태국 사원의 건축 양식을 따르고 있다. 사원 한쪽에는 초등학교가 있어 평일 오전에는 어린 학생들이 공부하는 모습을 볼 수 있다.

### 탓 담 That Dam
'검은 탑'이라는 뜻의 탓 담은 비엔티안에서 가장 오래된 탑으로 원래는 금으로 덮여 있었다고 한다. 1828년 태국과의 전쟁에서 라오스를 지키려 했던 전설 속 일곱 머리의 용, 나가가 자고 있는 탑이라고 전해지며 나가는 오늘날까지도 비엔티안의 수호신으로 여겨진다.

### 대통령궁 Presidential Palace
대통령궁은 1973년에 왕가의 거주지로 지어지기 시작했으나 1975년에 라오 인민민주주의 공화국이 건설된 이후 한참 동안 완성되지 않고 있다가 1986년 완공된 이후 국가적인 행사에만 가끔 사용되고 있을 뿐, 대중에게는 공개되지 않고 있다. 대통령궁 앞 파응움 길 건너편 메콩 강변에는 태국으로부터 독립을 도모했던 짜오 아누웡 왕(King Chao Anouvong)의 동상이 있는 공원이 조성되어 있다.

### 돈 짠 Done Chan
메콩 강에 있는 '짠 섬'이라는 뜻의 섬이다. 전설에 따르면 라오스의 어느 왕이 돈 짠과 비엔티안의 육지가 연결되면 비엔티안은 영원히 번영하고 창대하리라는 유언을 했다고 한다. 결국 중국 자본으로 돈 짠과 비엔티안이 연결되고 섬에는 돈 짠 팰리스 호텔이 들어서게 되었다.

# Sightseeing ❷

## 왓 씨싸켓 Wat Sisakhet

비엔티안 왕조의 마지막 왕인 짜오 아누웡 왕(King Chao Anouvong)이 1818년에 건설했다. 첫 이름은 '쌋따싸핫쌀람(Stasahatsaram)', 즉 왓 쌘(Wat Saen)이었다. 사원 건립 후 3일 밤낮으로 잔치가 열렸다고 전해지는데 원래 황궁 앞뜰에 세워졌으며 현재도 대통령궁(Presidential Palace) 앞에 있는 왕실 사원으로서 사원 전체가 금, 은, 사파이어 등으로 화려하게 꾸며졌지만 불행하게도 모두 소실되고 현재는 그 흔적만 남아 있다. 19세기 초 씨암의 공격으로 비엔티안이 함락됐을 때 점령군 본부로 사용되었기 때문에 도시 전체가 완전히 전소되었을 때도 원형을 그대로 유지할 수 있었고 비엔티안에서 가장 오래되고 유일한 사원 유적으로 남겨졌다.

이곳에는 15~19세기 이전에 만들어진 다양한 불상들이 있어, '불상 박물관'으로도 불린다. 대법전 중앙의 큰 좌불상과 양옆의 쌍둥이 황동 불상은 19세기 라오스의 수준 높은 주조술을 보여주고 있는데 두 황동 불상은 짜오 아누웡 왕을 모델로 만든 것이라고 전해진다. 높이 1.88m, 넓이 2.1m의 활엽수로 조각된 촛대는 19세기에 만들어진 것이다. 또한 대법전 내부의 벽화는 18~19세기에 조성된 것으로 파냐 복깔랏팟 설화를 그려 놓은 것인데 서양 스타일의 모자를 쓰고 있는 남자가 등장하는 등 씨암 미술의 영향을 받은 것으로 보인다. 사원의 회랑에 놓여진 19세기의 좌불상 120기를 비롯해, 300여 기의 청동 입불상, 긴 팔을 길게 늘어뜨리고 서 있는 〈비를 부르는 부처(Calling the Rain)〉상, 15세기 루앙프라방 마놀롬 사원의 유명한 공예가가 만든 문화재 등기번호 93호인 1m 높이의 불상(비엔티안에서는 몇몇 사원에서만 이런 양식의 불상을 볼 수 있다) 및 회랑 벽에 조성된 윗부분이 반(半)돔형으로 파여 있는 벽감(壁龕)들 속에 안치된 다양한 모습의 작은 불상들까지 대법전 밖에 놓여 있는 불상들만 6,840기, 총 만여 기의 불상이 모셔져 있다. 또한 이 사원은 군주들이 국왕에게 충성을 서약하는 장소였으며, 승려들의 수계식이 열린 곳이기도 하다. 1960년대 조성된 란쌍 대로 때문에 외벽에 걸쳐 있게 된 장서각(장경각)은 원래 지붕이 사파이어로 장식되어 있었다고 한다.

| Access | 쎗타티랏 거리 & 란쌍 거리 교차점에 위치 |
|---|---|
| Open | 08:00~12:00, 13:00~16:00 |
| Cost | 외국인 5,000K |

## Sightseeing

## 호 프라깨우(호 파 깨우) Hor Phra Keo

'탓 루앙'을 세운 쎗타티랏 왕이 1565년에 에메랄드 불상(파 깨우)을 모시는 왕실 사원으로 건립했으며 현재의 건물은 1936년에 재건한 것이다. 회랑은 없고 본당만 기단 위에 높이 솟아 있는 양식인데, 본당 지붕은 깔끔하고 소박한 지붕 선에 비교적 위로 솟구치며 폭이 좁은 단층 지붕 형태를 한 비엔티안 양식으로 지어졌다.

회랑에는 14~19세기에 만들어진 청동 불상들이 쭉 둘러서 있고, 내부에는 라오스, 미얀마, 수코타이, 크메르 등 다양한 양식의 불상이 전시되어 있다. 회랑 외벽 쪽에 안치된 청동 좌불상은 대부분 법의를 오른쪽 어깨를 드러내어 입고 있는데 유두의 유무나 법의의 길이에 따라 주조된 세기를 추정하기도 한다. 대부분의 불상이 한쪽 다리를 위로 올리고, 오른손을 오른쪽 무릎에 얹고 손가락으로 땅을 가리키는 항마촉지의 손 모양을 하고 있다. 안타깝게도 황금 혹은 보석으로 장식되어 있었을 관들은 모두 약탈당했고, 심지어 보석이 박혀 있던 눈이 끔찍하게 파여 있는 부처의 모습과 비엔티안 전소 때 녹아내린 불상들의 모습도 볼 수 있다.

### 파 깨우 Pha Keo

폭 48.3cm, 높이 66cm의 아담한 크기인 에메랄드 불상을 '파 깨우'라 한다. 그러나 실제로는 에메랄드빛을 띤 벽옥으로 만들어졌다고 한다. 기록에 의하면 1434년, 태국 북부 란나 왕국 치앙라이의 불탑이 낙뢰로 파괴되었는데, 그 안에서 회반죽에 싸여진 불상이 발견되었다고 한다. 코의 긁힌 부분이 초록색을 띠는 것을 보고 회반죽을 제거하니 이 불상이 나타났다. 당시 란나 왕국의 왕은 이 불상을 수도 치앙마이로 옮기기 위해 3번이나 코끼리를 보냈으나, 코끼리들은 치앙라이 근처까지 와서는 도로 돌아가 버렸다고 한다. 결국 불상이 치앙라이에 있기를 원하는 것이라 여겨, 그대로 32년간 머물게 된다. 그러나 1468년, 불상은 결국 치앙마이로 옮겨져 체디 르앙이라 불리우는 대불 탑의 동쪽 벽에 안치되었다.

1551년, 란나 왕국의 왕이 후계 없이 승하하자, 란쌍 왕국(라오스)의 왕과 결혼한 공주의 아들, 쎗타티랏 왕자를 란나 왕국의 왕으로 추대하였다. 하지만 이후 라오스 왕이 사망하자 쎗타티랏 왕은 라오스로 돌아가길 원하였고, 1552년 당시 라오스의 수도인 루앙프라방으로 파 깨우를 가지고 돌아왔다.

이후 불상은 12년간 루앙프라방에 머물다가 수도를 비엔티안으로 천도할 때 같이 옮겨져 214년간 비엔티안에 안치된다. 1778년에 태국에 의해 빼앗긴 에메랄드 불상은, 현재 태국 방콕의 왓 프라깨우(에메랄드 사원)에 안치되어 있다. 그 이후, 태국 국민들은 이 에메랄드 불상을 본존불로 추앙하고 있다. 1년에 세 번, 불상의 옷을 갈아입히는 행사가 열리는데 이때에는 왕이 직접 불상의 옷을 갈아입히고 국민들에게 성수를 뿌려 축복을 나눈다. 현재 치앙라이, 치앙마이, 비엔티안, 방콕에 있는 왓 프라깨우는 모두 이 불상을 모셨던 사원이다.

| Access | 왓 씨싸켓 맞은편. 대통령궁 옆. 쎗타티랏 거리에 위치 |
|---|---|
| Open | 08:00~12:00, 13:00~16:00 |
| Cost | 외국인 5,000K |

## Sightseeing
### ❹
# 탓 루앙 That Luang

| | |
|---|---|
| Access | 탓 루앙 거리에 위치. 빠뚜싸이에서 북동쪽 2km 지점 |
| Open | 08:00~12:00, 13:00~16:00 |
| Cost | 외국인 5,000K |

'위대한 탑' 탓 루앙은 국장과 지폐에 사용될 정도로 라오스에서 가장 신성시 되는 탑이다. 1566년, 미얀마의 침공으로 인해 루앙프라방에서 비엔티안으로 수도를 이전하게 된 쎘타티랏 왕이 새로운 수도에 불심을 모으려 건설하였다. 전해지는 이야기에 따르면 3세기경 인도의 아소카 왕이 파견한 승려와 학자가 부처님 골반 사리를 모시기 위해 푸 루앙 언덕에 처음 탑을 세웠다고 한다. 당시 라오스의 왕은 기념비 너머에 탑을 세우고 '세상에서 가장 귀중한 탑'이라고 새겼다. 현생에서 30가지의 선행을 실천하라는 의미인 30개의 작은 탑이 직사각형의 기단부 위에 연꽃 봉오리를 형상화한 첨탑을 둘러싸고 있다. 탑 안에는 아소카 왕의 유물이 있고 84,000개의 작은 탑들 안에 부처 제자들의 유골재를 넣어 네 귀퉁이의 둥근 탑에 분산 배치했다고 전해진다. 탓 루앙 입구에 쎘타티랏 왕의 동상이 있다.

탓 루앙은 버마와 씨암, 청나라 흑기군의 침략을 받아 대부분 파괴되었는데, 1935년 짜오 아누웡 왕이 복원했으며 1900년 프랑스 통치기에 복원 공사가 완료되었지만 1930년대에 재공사가 이루어졌고, 1995년(라오인민민주주의 공화국 탄생 20주년)에 황금색을 입혀 번쩍이는 탑을 만들었다. 건설 당시에는 450kg의 금을 사용해 매우 화려했으나, 재건축된 탓 루앙은 콘크리트 건물에 금색을 칠한 것이라 화려함이 덜하다. 기단에는 네 곳의 참배 사당이 있고, 남쪽 사당에 사리탑과 부처님 사리를 봉안했다는 의미의 금색 칠 된 표석이 있다. 탓 루앙 탑을 중심에 두고 동서남북 방향으로 네 개의 수호 사원을 건설했지만 현재는 왓 탓 루앙 느아(북쪽)와 왓 탓 루앙 따이(남쪽)만 남아 있다. 원래 정문은 남쪽문으로, 기념비가 세워져 있으며 망자의 문인 북쪽 공터가 탓 루앙 광장이 되었다. 11월 보름에 열리는 탓 루앙 축제에는 전통 복장을 입은 많은 참배객들이 전국에서 모여드는데 축제 기간에는 승려들이 대거 참여하는 탁발 의식이 행해지고, 참배객들은 프라쌋 프앙(바나나 줄기에 꽃을 장식해 만든 탑 모양의 꽃다발)을 들고 탑돌이를 하며 기원을 한다. 불교 신자인 라오스인들은 탓 루앙 축제의 탑돌이에 평생 한 번이라도 참여하는 것이 소원이라고 한다. 지면은 지하세계, 기단부 위는 인간세계, 그 위는 천상계인데 탓 루앙 축제 때만 열리며 유일하게 이곳 출입이 가능한 대종정 승려가 대중들을 향해 축원과 설법을 한다.

## Sightseeing

## 빠뚜싸이 | Patuxai

| | |
|---|---|
| Access | 란쌍 거리 끝에 위치 |
| Open | 08:00~16:00 |
| Cost | 빠뚜싸이 건물 입장료 3,000K |

라오 인민민주주의 공화국(1975년~현재)의 상징적인 건축물로, 제2차 세계 대전과 프랑스 독립전쟁으로 사망한 라오스인들을 추모하기 위해서 로열 라오 정부(1949년~1975년 라오스 왕국 시대) 시절에 만들었다. 1975년 12월, 빠텟라오 정권이 들어선 후 로열 라오 정부 시절의 명칭인 '아누싸와리(기념물) Anousawary' 대신 '빠뚜싸이'로 명칭을 바꾸었다. '빠뚜(문)'와 '싸이(승리)'라는 이름대로 라오스의 개선문으로 알려져 있다. 1950년대 인도차이나에 대한 미국의 대외 원조법에 따라 미국 정부가 당시 '로열 라오 정부'의 공항 건설을 위해 시멘트를 지원하였지만 공항 대신 이 빠뚜싸이를 만들었기 때문에 '서 있는 활주로'란 별명이 있다.

빠뚜싸이는 프랑스 개선문과 라오스의 전통 양식을 혼합해 만들었는데, 정사각형의 구조로 동·서·남·북 네 방향으로 문이 있고, 각 문의 모서리에는 나가가 장식되어 있다. 동·서·남·북 거리의 기준점이 되는 빠뚜싸이는 비엔티안 도로의 출발점이기도 하여 '동양의 샹젤리제'로 불리기도 한다. 새와 사람이 합쳐진 신인 낀나리 Kinnari 를 비롯하여 1층의 천장과 벽면에는 가루다, 비슈누, 시바, 브라마, 인드라 같은 힌두교 신들과 힌두 신화인 라마야나에 등장하는 인물들과 연꽃, 코끼리 등을 조각해 놓았으며 실내에 있는 계단을 오르면 기념품 가게도 있다. 빠뚜싸이의 묘미는 꼭대기에 올라 동·서·남·북 비엔티안의 전망을 만끽할 수 있다는 점이다. 근처에 주요 관공서가 밀집해 있는 관계로 사진 촬영은 금지되어 있다. 2004년, 중국이 두 개의 분수대를 포함한 공원을 조성한 후 비엔티안 시민들이 아침, 저녁 운동 장소로 즐겨 찾으며 공원 내 벤치는 젊은 연인들의 데이트 명소가 되었다. 낮이면 시원한 물줄기를 뿜어내고 밤이면 아름다운 빛과 음악이 흐르는 곳이리 비엔티안 시민들과 관광객들에게 인기가 많다.

Sightseeing

# 왓 씨므앙 Wat Si Muang

비엔티안에서 가장 인기 있는 사원 중 하나인 왓 씨므앙은, 쎗타티랏 왕에 의해 1563년에 건설되었으나 태국의 침략으로 전소된 이후 20세기에 오늘날의 모습으로 재건되었다. 전설에 따르면 씨므앙이라는 젊은 임산부가 화난 영혼을 달래기 위해 스스로 중앙기둥을 세울 자리에 몸을 던졌고 그 위로 거대한 기둥이 세워졌다고 한다. 씨므앙 여인의 동상이 사원 뒤쪽에 작게 세워져 있다. 또한 이 중앙기둥은 왓 씨므앙 주변에 생긴 마을의 중심지이기도 하며, 비엔티안의 어머니 사원으로 여겨진다.

탓 루앙 축제 때 이 사원은 사람들이 모이는 곳이기도 하며 도시의 수호신으로 여기는 곳이기도 한다. 사람들은 이 사원에서 행운의 힘을 얻기 위해 이곳에 모인다. 이곳에서 대가를 약속하며 소원을 빌면, 소원이 이루어지는 동시에 약속도 행해진다고 한다. 사원은 특별히 볼만한 것은 아니지만 두 개의 방으로 이루어진 사원 건물의 안쪽에서는 기도 중인 많은 사람들을 볼 수 있다. 사원 옆쪽으로는 씨싸왕웡 왕의 동상이 서 있다.

| Access | 쎗타티랏 거리. 호 프라깨우에서 남동쪽으로 500m에 위치 |
| Open | 06:00~19:00 |
| Cost | 무료입장 |

Sightseeing

# 라오스 국립박물관 Lao National Museum

본래 프랑스 주지사의 저택이었던 건물을 라오스 혁명 박물관으로 사용하다가 2000년에 라오스 국립박물관으로 개명하였다. 약간은 어두컴컴한 편이며 전반적으로 국립박물관이라고 하기에는 상당히 빈약한 편이지만, 한낮의 더위를 피해 라오스 역사와 문화를 전체적으로 둘러보기에 나쁘지 않은 곳이기도 하다.

1번 방은 고대 유물이나 공룡의 뼈 조각들, 고대 비석들과 왓 푸 사원으로 대표되는 크메르 유적이 전시되어 있으며 특히 두꺼비가 장식된 거대한 청동 북(동쏜 북 Dong Son Drum)이 눈길을 끈다. 여전히 일부 부족에서 사용되는 청동 북 중심에는 태양이 있는데 이 주위를 물고기와 꽃, 새가 장식하고 있으며 가장자리에는 두꺼비의 부조가 있다. 두꺼비는 우기를 상징하는데 더 많은 두꺼비가 있을수록 그 해에는 더 많은 비가 내린다고 한다.

2층의 2번 방은 소수민족의 의복이나 생활용품, 란쌍 왕국 이후의 불상이나 도자기 등이 전시되어 있다. 3번 방은 프랑스와 일본, 미국의 침략에서 살아남은 흔적들을 당시의 생활용품이나 무기, 사진으로 엿볼 수 있어 흥미를 끈다. 라오 인민민주주의 공화국의 투쟁이 특별히 부각되어 거북할 수는 있지만, CIA의 비밀전쟁에 의해 아직까지도 불발탄의 잔여물들로 고통받는 라오스인들의 상흔이 안타깝게 느껴진다.

일반적인 국립박물관에서 흔히 볼 수 있는 고대 유물이나 예술품을 보기 힘들 뿐 아니라, 전시 퀄리티도 그다지 좋지 않아 많은 여행자들이 찾는 곳은 아니므로, 시간이 많지 않다면 굳이 찾아갈 필요는 없다.

| Access | 쌈쎈타이 거리. 왓 미싸이에서 북쪽 첫 사거리에 위치 |
| Open | 08:00~12:00, 13:00~16:00, 토·일요일 08:30~ |
| Close | 공휴일 |
| Cost | 1만K |

#### Sightseeing

### 붓다 파크(씨앙쿠안) Buddha Park(Xieng Khuan)

'영혼의 도시'라 불리는 씨앙쿠안은 1958년, 루앙 분르아 쑤리랏 (Luang Bunleua Sulilat)이 불교와 힌두의 원리를 형상화한 공원으로 흔히 '붓다 파크(Buddha Park)' 라고 불린다. 루앙 분르아 쑤리랏은 동굴에서 그의 스승인 깨우 꾸(Keo Ku)를 만나 사사했다고 전해진다. 농카이에서 태어났으나 라오스에서 먼저 조각공원을 짓기 시작했으며, 라오 인민민주주의 공화국이 성립된 후 메콩 강을 건너 조금 더 큰 규모의 '쌀라 깨우 꾸(Sala Keo Ku)' 조각공원을 맞은편에 조성하였다. 메콩 강변에 길이 50m, 높이 12m의 와불상과 각종 석가모니 붓다, 힌두의 신 등 총 200여 개의 시멘트 조각상들이 전시되어 있다.

입구에 들어서면 입을 크게 벌리고 있는 '호박 탑'이 우측에 자리한다. 호박 탑의 내부는 3층(지옥, 현생계, 천국을 상징한다)으로 되어 있고, 꼭대기에는 다음 생을 결정짓는 열매가 열리는 '생명의 나무'가 있다. 붓다의 탄생과 출가, 수행에서 열반까지 불교 관련 조각상들이 가장 많으며, 이 외에도 라후, 인드라, 비슈누, 대지의 여신 낭 토라니, 라오스의 신년축제 때 선발되는 루앙프라방 아가씨와 관련된 낭 쌍칸, 힌두신인 시바와 칼리, 가네샤, 인도의 대서사시 라마야나의 시타 공주 납치 이야기 등 조각상에 얽힌 이야기들을 알면 훨씬 흥미롭게 감상할 수 있는 곳이다. 공원 한쪽에는 간단한 음식과 함께 시원한 메콩 강 전망을 즐길 수 있는 간이식당도 마련되어 있으므로 시간을 갖고 여유롭게 둘러보자.

| | |
|---|---|
| Access | 비엔티안 동쪽 25km 지점 우정의 다리를 지나 위치 딸랏 싸오 버스 터미널에서 14번 버스 이용 |
| Open | 08:00~16:30 |
| Cost | 5,000K (카메라 휴대 시 5,000K 추가) |

# Food

중국, 태국, 베트남과 국경을 맞닿고 있는 라오스의 수도이자 프랑스 식민지 시대의 향수가 남아 있는 도시답게 비엔티안에서는 라오스 전통 음식에서부터 고급스러운 프랑스 음식까지 다양한 맛집을 손쉽게 찾아볼 수 있다. 저렴하면서도 맛있는 음식을 입맛에 따라 골라 먹을 수 있는 것. 이것이 바로 비엔티안의 또 다른 매력이다.

## Food

### 퍼 쌥 Pho Zap

1958년에 오픈한 베트남 쌀국수 식당으로 깔끔하고 깊은 맛의 육수와 쫄깃한 쌀국수가 현지인은 물론 한국인의 입맛에도 꼭 맞는다. 현대식 식당은 아니지만 전체적으로 청결한 공간에서 식사를 할 수 있다. 비엔티안에 모두 세 개의 점포가 운영되고 있는데 분위기나 맛 모두 1호점이 더 만족스럽다. 작은 사이즈의 국수도 양이 많으므로, 큰 것을 주문할 때는 마음의 준비를 할 것.

| | |
|---|---|
| Access | 탓 담 북쪽에 1호점과 2호점이 위치 |
| Open | 06:00~15:00(1호점은 16:00까지) |
| Cost | 베트남 국수 2만~3만K |

## Food

### 한 똔 국수 & 딤섬집

여러 종류의 딤섬이나 돼지고기 덮밥, 만두국수, 카우삐약 등을 판매하는 작은 가게. 특히 딤섬 판에 든 작은 족발들이 쫀득한 식감을 자랑해 인기가 많다. 저녁 시간에만 문을 열지만 작은 가게라 자리가 금방 동날 정도로 인기 만점이다. 영어 간판이 없지만 워낙 손님이 많으므로 대체로 한눈에 알아볼 수 있다. 라오스 현지 방송에도 출연한 맛집이다.

| | |
|---|---|
| Access | 타논 쎘타티랏, 왓 옹뜨 맞은편 |
| Open | 17:00~24:00 |
| Cost | 딤섬 5,000K, 카우삐약 1만~1만5,000K |
| Tel | 020-9933-9655 |

### 도가니 국숫집

도가니가 들어간 국숫집으로 한국인 여행자들 사이에서 입소문이 자자하다. 쫄깃한 도가니가 듬뿍 들어가 식감이 무척 좋다. 맞은편의 Tucky 완탕 국숫집(07:00~14:00, 국수 1만K~)도 꼬들꼬들한 면발과 부드러운 완탕의 조화로 현지인들에게 인기 있는 곳이므로 취향에 따라 식사를 즐겨보자.

| | |
|---|---|
| Address | Th Hengboun, Baan Anou, Vientiane |
| Open | 07:30~14:00, 17:30~20:30 |
| Cost | 작은 것 1만8,000K, 큰 것 2만2,000K |

## Food ④
### 한쌈으아이넝 Han Sam Euay Nong

라오스 음식을 맛보기 좋은 현지 식당으로 퍼, 카우삐약, 비분, 땀막홍 등을 저렴하게 맛볼 수 있다. 무난한 맛의 음식들을 저렴하면서도 비교적 깔끔하게 먹을 수 있어 생각보다 더 많이 찾게 되는 곳이다.

| | |
|---|---|
| Access | 짜오아누 거리, 메콩 강변에 가까운 곳에 위치 |
| Open | 08:00~20:00 |
| Cost | 카우삐약 1만K, 비분 1만K |
| Tel | 020-2367-7899 |

## Food ⑤
### 위앙싸완 Vieng Savanh

베트남 음식인 넴으엉으로 유명한 식당이다. 1985년부터 운영된 맛집으로 여행자나 현지인들 모두에게 인기 있는 집. 약간 지저분해 보일 수는 있지만, 라오스식 떡갈비 짜조를 두 가지 종류의 소스에 찍어 각종 허브와 야채, 마늘, 칠리고추를 넣은 뒤 라이스페이퍼에 싸먹는 넴으엉의 맛은 역시 남다르다. 짜조는 어묵과 소시지의 중간쯤으로 볼 수 있다. 특히 특별한 맛의 소스가 유명세의 원인인 듯하다.

| | |
|---|---|
| Access | 행분 거리에서 짜오아누 거리에 가까운 곳에 위치 |
| Open | 08:00~21:00 |
| Cost | 스프링롤 1만K 짜조세트 1만8,000K~ |
| Tel | 021-213-990 |

## Food ⑥
### 라오 키친 Lao Kitchen

저렴하지만 깔끔하면서도 분위기 좋은 식당에서 라오스 음식을 먹고 싶다면 이곳을 한번 방문해보자. 각 지방의 음식들이 대체로 무난하게 나온다. 기호에 따라 매운맛도 적절하게 조절할 수 있으며 여러 가지 반찬과 국을 골라 나눠먹을 수 있다.

| | |
|---|---|
| Address | 140/01, Unit 15, Th Hengboun, Baan Anou, Vientiane |
| Open | 11:00~22:00 |
| Cost | 메인 2만5,000K~ 라오 맥주 1만4,000K |
| Tel | 021-254-332 020-5484-6421 |
| Email | noi@lao-kitchen.com |
| Web | www.lao-kitchen.com |

## Food ⑦
### 막펫 Makphet

청소년교육센터를 겸하는 레스토랑이다. 전체적으로 싼 가격은 아니지만 수익금 전액을 청소년들을 위해 사용하는 사회적 기업이므로 라오스 현지인들에게 도움이 되고 싶다면 방문해보자. 주기적으로 메뉴가 바뀌는데, 서양인의 입맛에 맞게 변형한 라오스 음식을 맛볼 수 있다. 가게 한쪽에는 소수민족 가정에서 만든 인형이나 지갑 등의 수공예품을 판매하므로 소소한 기념품을 구매하기 좋으며, 잘 꾸며진 넓은 야외 레스토랑의 분위기도 무척 편안하다. 음식은 늦게 나오는 편이므로 여유를 갖자.

| | |
|---|---|
| Address | 78 Ban Impeng, Vat Chanh Tha, Vientiane |
| Open | 11:00~22:30 |
| Cost | 메인 40,000K~ 잔 와인 40,000K |
| Tel | 021-260-587 |
| Email | contact@makphet-restaurant.org |
| Web | www.makphet-restaurant.org |

### Food
**⑧**

## 쿠아 라오 Kua Lao

라오스를 방문한 국빈들이 꼭 방문하는 라오스 전통 궁중 음식 전문점. 메뉴를 단품으로 주문해도 좋지만 대나무 쟁반 그득히 차려주는 세트메뉴가 일품이다.

| | |
|---|---|
| Address | 141 Road Samsenthai |
| Open | 11:00~14:00, 18:30~22:00(공연은 19:00부터) |
| Cost | 라오스 정식 12만K~, 라오 맥주 1만K |
| | 잔 와인 2만5,000K(세금 10% 별도) |
| Tel | 021-214-813 |
| Email | reservation@kualaorestaurant.com |
| Web | www.kualaorestaurant.com |

### Food
**⑨**

## 컵 짜이 더 Khop Chai Deu

인티라 그룹에서 운영하는 인기 많은 레스토랑 겸 바. 건물 전면에 호화로운 전등을 달아 화려한 분위기를 연출하는 곳으로 저녁에 특히 사람들로 붐빈다. 야외 테라스는 경쟁이 치열하므로 이곳에서 저녁식사를 하려면 서두르는 것이 좋다. 라오스나 태국 음식 외에 피자, 파스타, 아이스크림까지 판매하는데 비교적 높은 가격이지만 전반적으로 깔끔한 맛이다.

| | |
|---|---|
| Address | 54 Sethathirat Road Namphou, Vientiane, Laos |
| Cost | 생맥주 1만K, 생과일 주스 1만7,000K, 피자 5만5,000K |
| | 버거 3만K, 레트카레 3만K |
| Tel | 021-263-829 |
| Email | info@khopchaideu.com |
| Web | www.inthira.com |

### Food
**⑩**

## 뚜모 레스토랑(나이트 마켓)
Tummor Restaurant

비엔티안에서 가장 핫한 강변 레스토랑. 세련된 태국 음식점이며 시원한 생맥주도 팔지만 그보다 더 유명한 것은 단연 갖은 양념을 한 메콩 강 생선구이 Fried Tilapia Fish Served with Herb and Thai Chili Paste Sauce다. 메콩 강변에서 라이브 연주를 하는 저녁 시간엔 야외 테라스와 레스토랑 내부 모두 빈자리를 찾기 힘들다.

| | |
|---|---|
| Address | Quai Fa Ngum |
| Cost | 메인 4만K~ |
| Tel | 020-23-000-029 |

### Food
**⑪**

## 르 꼬떼 다주르 Le Cote D'Azur

약간은 촌스럽고 낡은 느낌이 나는 오래된 프랑스 음식점으로 비엔티안 현지인에게도 사랑받는 곳이다. 메뉴가 전반적으로 괜찮지만 특히 매일 바뀌는 3코스의 런치 세트 메뉴(7만K)가 알차므로 가게 앞의 칠판을 확인해보자. 특히 비프 바비큐나 스테이크의 풍부한 육즙이 만족스럽다. 프랑스 음식점답게 티라미수 등 디저트 메뉴도 훌륭하며 가게 한쪽에 있는 화덕에서 구워지는 피자도 일품이다.

| | |
|---|---|
| Address | 62-63 Fa Ngum Road, Vientiane, Laos |
| Open | 월~토 11:00~14:00, 17:30~22:30 |
| Tel | 021-217-252 |

### Café ❶
## 르 바네통 Le Banneton

비엔티안에서 가장 유명한 프렌치 카페이다. 라오스에서 가장 맛있는 크루아상을 만드는 곳으로 유명하다. 분위기 역시 유럽풍으로 아침이면 간단하게 식사를 하러 온 여행자들로 늘 붐비는 곳이다. 프랑스의 향기가 가득한 비엔티안의 아침을 즐겨보자.

| | |
|---|---|
| Address | Nokeokoumane Road, Vientiane |
| Open | 07:00~18:30(일요일은 13:00까지) |
| Cost | 카푸치노 1만9,000K, 아이스 커피 1만4,000K |
| | 크루아상 8,000K, 조식메뉴 4만K~ |
| Tel | 021-217-321(1호점), 020-55-508-498(2호점) |
| Email | bpricco@laopdr.com |

### Café ❷
## 조마 베이커리 Joma Bakery

루앙프라방에서 에어컨이 있는 깔끔한 실내 인테리어로 유명해진 이후 비엔티안에도 분점을 냈다. 모든 메뉴가 만족스럽지만 현대적이고 깔끔한 맛의 치즈 케이크가 특히 인기가 있다. 우리 입맛에 맞는 깔끔한 아이스 커피와 편안한 의자, 시원한 에어컨과 비교적 빠른 와이파이 덕에 생각보다 더 자주 찾게 되는 곳이기도 하다.

| | |
|---|---|
| Address | Setthathilath Road, Vientiane |
| Open | 07:00~21:00 |
| Cost | 아이스 아메리카노 1만8,000K |
| | 초콜릿 크루아상 1만6,000K |
| | 조식 2만7,000K~ |
| Tel | 021-215-265 |
| Email | info@joma.biz |
| Web | www.joma.biz |

### Café ❸
## 카페 씨눅 Café Sinouk

30년간 프랑스에서 거주하던 창업자가 1994년, 볼라벤 고원에 농장을 개발하면서 시작한 커피 브랜드로 2009년에 유기농 커피 인증을 받았다. 라오스 전역에서 유명한 씨눅 커피는 졸린 아침을 확실히 깨워주는 깊은 맛을 지니고 있지만, 연한 아메리카노를 선호한다면 물을 추가해야 한다. 고풍스러운 인테리어와 강변에 접한 위치 덕분에 아침부터 사람들로 북적대는 곳이며 조식메뉴도 괜찮다.

| | |
|---|---|
| Address | Francois Ngin Road, Vientiane |
| Cost | 커피류 2만K~, 조식 3만2,000K~ |
| Web | www.sinouk-cafe.com |

### Café ❹
## 네이키드 에스프레소 카페
Naked Espresso Café

홍대에 있어도 잘 어울릴 듯한 노란 간판의 세련된 커피숍으로 2012년에 오픈한 이후 비엔티안에 벌써 두 곳의 점포를 추가 오픈했다. 각종 커피콩과 커피 도구가 구비되어 있고 세계 커피 지도가 벽면에 그려져 있어 커피 전문점의 분위기가 물씬 풍긴다. 넓고 시원한 실내에서 마시는 커피는 진한 맛이 일품이며 각종 샌드위치도 맛있다.

| | |
|---|---|
| Address | Manthatourath Road, Vientiane |
| Open | 월~금 07:00~17:00, 토·일 08:00~17:00 |
| Cost | 커피 1만4,000K~, 아이스 커피 2만1,000K |
| Tel | 030-538-3392 |
| Email | info@naked-espresso.com |
| Web | www.naked-espresso.com |

### Café ❺

## 누이 하우스 오브 프루트 셰이크
Nui House of Fruit Shakes 📶

약간 허름하고 단순한 가게지만 셰이크의 맛만은 어디에도 뒤지지 않는다. 가격도 다양하며 전반적으로 저렴한 편. 아침에는 오믈렛과 과일 샐러드가 있는 저렴한 조식메뉴도 있다. 많은 여행자들에게 이미 입소문이 나 있는 곳이다.

| | |
|---|---|
| Address | Samsenthai Road, Vientiane |
| Open | 월~토 07:30~19:30, 일요일 09:00~17:00 |
| Cost | 생과일 스무디 8,000K~, 조식메뉴 1만8,000K~ |
| Tel | 021-212-200 |

### Café ❻

## 노이스 프루트 헤븐 Noy's Fruit Heaven

진한 과일 주스와, 셰이크가 유명한 집으로 신선한 과일로 만든 과일 셰이크는 라오스 어디에서도 맛보기 힘들 정도로 뛰어난 맛을 자랑한다. 각종 과일이 가득 전시된 가게 분위기도 무척이나 좋다. 간단한 케밥부터 샌드위치, 조식 메뉴도 판매한다. 맛과 양 모두 놀라운 아이스 바나나 커피 셰이크를 마셔보자.

| | |
|---|---|
| Address | Heng Boun Road, Vientiane |
| Open | 07:00~19:00 |
| Cost | 생과일 스무디 1만K~, 바게트 샌드위치 2만5,000K~ |
| Tel | 030-526-2369 |

### Café ❼

## 스위트 무 아이스크림 & 버블티
Sweet Moo Icecream & Bubble Tea 📶

남푸 분수 옆에 있는 젖소 문양이 귀여운 아이스크림집. 시원한 에어컨 바람을 쐬며 맛있는 아이스크림과 버블티, 밀크티를 맛볼 수 있다. 맛은 그리 특별하다 할 수 없지만 아기자기하고 예쁜 가게에 앉아 데이트를 하는 평범한 라오스 청소년들을 구경하는 재미가 있다.

| | |
|---|---|
| Address | Setthathilath Road, Vientiane |
| Open | 11:00~22:00 |
| Cost | 아이스크림 1만2,000K, 버블티 1만2,000K~ |
| Tel | 021-413-533 |

### Café ❽

## 비아 비아 레스토랑 Via Via Restaurant 📶

프랑스인이 운영하는 덕분인지 분위기와 맛 모두 훌륭한 이탈리아 피자집으로, 화덕에 구운 바삭한 씬 피자도 맛있고 생과일 셰이크 또한 다른 어느 곳과 비교해도 빠지지 않는다. 강변에 가까운 골목 한구석에 위치해 맥주 한 잔하기도 좋다.

| | |
|---|---|
| Address | Nokeokhoumane Road, Vientiane |
| Cost | 비아 비아 피자 5만5,000K, 과일 셰이크 1만K 라오 맥주 1만2,000K |
| Tel | 021-252-068, 020-281-77-931 |
| Web | www.viaviapizza.com, facebook.com/viaviapizza |

### Night Life

## 보 뺀 냥 레스토랑 & 바
Bor Pen Nyang Restaurant & Bar

저녁에 메콩 강의 일몰을 바라보며 맥주 한잔하기 좋은 곳으로 당구대와 바도 갖추고 있다. 4층의 전망 좋은 테라스에는 수많은 여행객들이 가득해 시끌벅적하고 유쾌한 분위기이지만 주문이 어려운 단점이 있으며 음식의 맛은 그리 기대하진 말자.

| | |
|---|---|
| Address | Fa Ngum Road, Vientiane |
| Open | 11:00~24:00 |
| Cost | 라오 생맥주 1만K, 라오 병맥주 1만2,000K |
| | 스프링 롤 2만5,000K, 위스키세트 4만K |
| Tel | 020-5580-8281 |

### Night Life

## 윈드웨스트 펍 Windwest Pub

라오스와 서양의 록을 중심으로 라이브 공연이 열리는 라오스 최초의 미국 스타일 바로 1993년에 오픈한 뒤 그 명성을 여전히 유지하고 있다. 보통 저녁 9시부터 새벽 1시 사이에 수준 있는 밴드의 공연이 열린다. 그날그날 분위기가 달라지지만 아늑하면서도 비엔티안 현지인들이 즐기는 좋은 분위기의 펍을 원한다면 이곳이 제격이다. 음료 가격도 적당한 수준이다.

| | |
|---|---|
| Address | Luang Prabang Road, Vientiane(쉘 주유소 옆) |
| Open | 17:00~01:00(공연은 보통 21:00에 시작한다) |
| Cost | 라오 맥주 1만5,000K~ |
| Tel | 020-200-0777, 021-21-7275 |

### Night Life

## 촉디 Chokdee Café Belgian Beer Bar

벨기에 음식으로 유명한 맥줏집. 솔직히 라오스에서는 부담스러운 가격인 벨기에 맥주지만. 특별한 벨기에 음식을 먹어볼 수 있다. 이곳의 타이거 생맥주 역시 왠지 모르게 다른 곳보다 훨씬 깔끔하고 맛있다. 강변에 위치해 저녁 시간에 술 한잔하기 좋다.

| | |
|---|---|
| Address | Fa Ngum Road, Vientiane |
| Open | 09:30~23:00 |
| Cost | 타이거 맥주 1만K, 벨기에 맥주 4만5,000K |
| | 벨기에 소시지 6만5,000K |
| Tel | 020-5610-3434 |
| Email | celvin144@hotmail.com |
| Web | www.chokdeecafe.com |

### Night Life

## 마크2 펍 Mark2 Pub

화려한 조명과 신나는 태국 음악으로 요즘 비엔티안에서 가장 인기 있는 나이트클럽이다. 세련된 분위기가 전형적인 강남 클럽을 연상시키는데, 태국과 비엔티안의 부유층 청년들이 발산하는 에너지 가득한 밤을 즐길 수 있다.

| | |
|---|---|
| Address | Luang Prabang Road, Kilometer 2, Vientiane |
| Open | 20:00~01:00 |
| Cost | 라오 맥주 1만2,000K~, 메인 2만5,000K~ |
| Email | mark2_vt@hotmail.com |

Shopping
❶
# 시장

현대적인 분위기가 물씬 풍기는 3층 건물의 딸랏 싸오 몰Talat Sao Mall은 비엔티안 최초의 쇼핑몰이라는 이름값에는 못 미치지만, 저렴한 옷이나 가방, 신발, 인형 등의 일상용품에서부터 작은 기념품, 금이나 보석을 파는 가게까지 다양한 점포가 들어서 있다. 모닝 마켓은 08:30부터 16:00까지 열린다. 딸랏 싸오 몰 맞은편 우체국 쪽에는 몽족 시장이 있어 몸에 좋은 흑생강 등 각종 약재들을 구입할 수 있다. 딸랏 싸오 몰 주변에도 재래시장이 들어서 있지만, 재래시장의 분위기를 좀 더 느끼고 싶다면, 딸랏 싸오 버스 터미널의 북쪽에 있는 딸랏 쿠아딘 시장을 찾아가자. 베트남이나 중국 사람들이 주로 모이는 곳으로 옷이나 생활용품 외에 채소나 과일, 각종 생선과 육류까지 다양한 좌판이 깔린다. 메콩 강변에는 저녁마다 큰 규모의 야시장이 열리며, 온갖 종류의 물건들과 먹거리 점포를 볼 수 있고 운동이나 데이트를 나온 많은 비엔티안 시민들로 붐빈다. 현지인과 어우러진 유쾌한 분위기를 느낄 수 있는 나이트 마켓과 메콩 강변을 둘러보며 비엔티안의 저녁을 보내기 알맞은 곳이다.

Shopping
❷
# 마켓

좀 더 소소한 라오스 기념품을 사기에는 홈아이디얼 마트Homeideal Mart나 핌폰 마켓Phimphone Market이 적당하다. 우리나라의 슈퍼 분위기가 나는 곳으로, 천연 모기약이나 화장품, 꿀, 라오스 커피나 차도 명시되어 있는 가격으로 구입할 수 있어 편리하다. 프랑스 식민지였던 곳답게 다양한 종류의 와인과 치즈도 구비되어 있다.

Shopping
❸
# 사오 반 Sao Ban

라오스 소수민족의 경제적 자립을 돕는 공정무역가게 중 저렴하면서도 좋은 품질의 수공예품들을 볼 수 있는 곳이다. 가게 입구는 작지만 내부는 비교적 넓은 편이며 무척 세련된 디자인의 스카프와 가방, 전통 의상을 합리적인 가격으로 구입할 수 있다. 라오스 전역에서 보기 드문 가게이므로 꼭 한번 들러보자.

**Address** Th Chao Anou, Vientiane
**Open** 월~토 09:00~20:00, 일요일 14:00~19:00
**Tel** 020-5510-0034

# Stay

비엔티안의 숙소들은 대개 남푸 분수와 쎗타티랏 거리 주변에 위치하고 있으며 은행이나 ATM, 환전소, 여행사도 이 부근에 몰려 있다. 낮에는 볼거리를 찾아 부지런히 돌아다니며 저녁에는 여유롭게 메콩 강변을 산책하거나 야시장을 구경하고 맥주나 와인을 즐기는 여행자들로 작은 도심은 늘 활기가 넘친다. 라오스의 숙소는 특이하게도 아침식사에 별로 신경을 쓰지 않는 곳이 대부분이므로, 아침식사 제공 여부보다는 시설과 위치를 고려해서 숙소를 정하는 것이 좋다.

## Stay

### 쎗타 팰리스 호텔 Settha Palace Hotel 📶

고풍스럽고도 우아한 분위기의 비엔티안 최고급 호텔 중 하나이다. 한층으로 된 호텔 객실은 크고 고풍스러우며 나무가 우거진 정원 한가운데에 있는 수영장도 운치 있다. 평범하지 않은 클래식 카를 사용한 픽업서비스가 제공된다.

| | |
|---|---|
| Address | Pang Kham Road, PO Box 1618, Vientiane |
| Cost | 180~480$ / 부대 서비스 조식 |
| Tel | 021-217-581 |
| Email | reservations@setthapalace.com |
| Web | www.setthapalace.com |

## Stay

### 다와라 부티크 호텔
Dhavara Boutique Hotel 📶

비교적 새로 오픈한 부티크 호텔로 규모가 크진 않고 외관은 약간 유치해 보일 수 있지만 호텔 내부는 전반적으로 잘 갖춰진 고급 호텔이다. 특히 여행자 거리의 중심부에 위치한 덕분에 주변의 레스토랑이나 여행사, 메콩 강변을 돌아보기 편리한 것이 장점이다. 수영장이나 레스토랑, 정원이 없어 가격 대비 비싼 느낌이 들지만 객실과 위치를 고려한다면 괜찮은 선택이 될 것이다.

| | |
|---|---|
| Address | Manthaturath Road, Ban Xieng Ngeun, Chanthabury District, Vientiane |
| Cost | 112~600$ / 부대 서비스 조식 |
| Tel | 021-222-238 |
| Email | dhavarahotel@gmail.com |
| Web | www.dhavarahotel.com |

## Stay

### 라오 오키드 호텔 Lao Orchid Hotel 📶

강변과 가까운 여행자 거리 중심에 있는 중급 호텔. 아늑하면서도 편안한 이미지의 외관에 비해 내부는 약간 밋밋하다. 나무로 된 마루나 깨끗한 침대 등으로 편안하게 이용할 수 있는 곳이다. 2층의 레스토랑에 앉아 맞은편의 사원을 바라보며 여유로운 시간을 보내기에 좋다.

| | |
|---|---|
| Address | Chao Anou Road, Vat Chanh, Vientiane |
| Cost | 싱글 65~95$ 더블 75~105$ 부대 서비스 조식 |
| Tel | 021-264-134~6 |
| Email | info@lao-orchid.com |
| Web | www.lao-orchid.com |

## Stay
### ④
### 보 리바지 메콩 호텔
Beau Rivage Mekong Hotel

겉보기엔 약간 촌스러운 3층짜리 갈색 건물이지만 문을 들어서면 놀랍도록 다른 공간이 나타난다. 아름다운 인테리어와 건물 중심에 있는 고풍스러운 계단을 오르면 층마다 다른 색깔의 콘셉트를 갖춘 리버뷰 객실이 놀랍도록 아름답다. 정원은 약간 어수선한 편이지만 비엔티안에서 특별한 시간을 보내기엔 충분한 곳이다.

Address Fa Ngum Road, Ban Seetarn Neua, Vientiane
Cost 스탠더드 52~57$, 디럭스 59~69$ / 부대 서비스 조식
Tel 021-243-350
Email contact@hbrm.com
Web www.hbrm-laos.com

## Stay
### ⑤
### 안싸라 호텔 Ansara Hotel

중심지에 있지만 조용한 호텔이다. 골목 안쪽에 넓은 수영장과 정원이 잘 갖춰진 고풍스러운 분위기로, 큰 규모는 아니지만 여유롭고 아늑하다. 발코니와 넓은 창이 딸린 객실은 약간 오래된 느낌이 나는 방도 몇 개 있지만 전반적으로 밝고 청결하며 조식뷔페도 만족스럽다. 직원들도 친절한 편으로 전반적으로 수준 높은 서비스를 제공한다.

Address Fa Ngum Road, Ban Vat Chan, Hom 5, Muang Chanthabury, Vientiane, Laos
Cost 더블 124~329$ 부대 서비스 조식
Tel 021-213-514~8
Email info@ansarahotel.com
Web www.ansarahotel.com

## Stay
### ⑥
### 완싸나 리버사이드 호텔
Vansana Riverside Hotel

라오스에서 조금 오래된 호텔답게 전반적으로 약간 어둡고 낡은 느낌이 있지만 상당히 넓고 고풍스러운 침실과 테라스, 원목가구가 만족스러운 곳이다. 무엇보다도 시원한 메콩 강변에 위치한 덕분에 저녁에 일몰을 보며 식사를 할 수 있어 무척 편리하다. 2층에는 메콩 강변을 향해 있는 작은 수영장도 있다. 욕조 유무나 메콩 강이 보이는 전망 여부 상관없이 가격이 동일하다.

Address Ban Sithane Neua, Sikhottabong District, Vientiane
Cost 스탠더드 더블 70$, 디럭스 90$ / 부대 서비스 조식
Tel 021-252-090-7
Email vansanahotel@live.com
Web www.vansanahotel-group.com

## Stay
### ⑦
### 캄윙싸 호텔 Khamvongsa Hotel

작은 규모의 호텔이지만 가격 대비 방이 아주 훌륭한 편이며 인테리어도 고풍스럽다. 위치도 다운타운 중심부에서 가까운 편이어서 편리하게 이용할 수 있지만 직원들의 친절도는 다소 떨어진다. 요금 계산이나 개인 물품 관리도 스스로 해야 한다.

Address Khun Bu Lom Road, Ban Vat Chan, Vientiane
Cost 싱글 40$, 더블 45$, 트리플 80$ / 부대 서비스 조식
Tel 021-223-257
Email hotel.khamvongsa@gmail.com
Web www.hotelkhamvongsa.com

## Stay
⑧
### 오버주 쌀라 인뺑 Auberge Sala Inpeng

복잡한 여행자 거리에 있으면서도 입구에 들어서면 각종 열대나무와 작은 화분, 꽃 넝쿨들이 가득한 정원 속의 방갈로가 마치 다른 세상에 입장한 듯한 느낌을 선사한다. 정원을 향한 테라스에 차려져 여유롭게 먹을 수 있는 조식도 특별하다. 에어컨과 미니바, 각 방갈로마다 설치된 와이파이로 여유와 편리 두 가지 모두를 누릴 수 있다. 각종 편의시설이나 레스토랑과의 접근성도 좋다. 저렴한 스탠더드 방갈로도 나쁘지 않지만 정원이 바로 보이는 수피리어 방갈로를 추천한다.

| | |
|---|---|
| Address | 063 Unit 06, Inpeng Road (Mekong Riverside Road), Ban Wat Chanh, Vientiane |
| Cost | 스탠더드 35$, 수피리어 45$ 부대 서비스 조식 |
| Tel | 021-242-021 |
| Email | salapeng@laotel.com |
| Web | www.salalao.com |

## Stay
⑨
### 와야꼰 인 Vayakorn Inn

넓은 방에 밝은 창문, 마룻바닥이 깔린 복도와 계단 양옆의 고급스러운 장식이 부드럽고도 아늑한 분위기를 풍긴다. 좁은 테라스와 약간은 어수선한 로비, 엘리베이터가 없다는 점이 조금 불만족스럽지만 객실이 모든 단점을 커버한다. 조식은 없지만 주변의 국수 식당과 가까워 오히려 비엔티안의 맛집 여행을 하기에 좋은 숙소다.

| | |
|---|---|
| Address | Hengboun Noy Road, Ban Haysoke, Chanthabouly District, Vientiane |
| Cost | 더블 35$ / 조식 불포함 |
| Tel | 021-215-348~9 |
| Email | info@vayakorn.biz |
| Web | www.vayakorn.biz |

Stay
⑩

## 마놀롬 부티크 호텔 Manorom Boutique Hotel 📶

방과 욕실이 상당히 비좁은 편이지만 고급스러운 침대와 넓은 창문이 아쉬움을 달래준다. 전망이 시원스러운 7층 식당에서 뷔페식 아침식사를 제공하며, 엘리베이터가 있어서 편리하다.

Address  Hengboun Noy Street,
         Ban Haysoke, Chanthabouly
         District, Vientiane
Cost     더블 40~50$
         부대 서비스 조식
Tel      021- 250-748

Stay
⑪

## 시티 인 City Inn 📶

건물 외관부터 내부까지 목조와 전통 장식품들을 적절히 배치하여 아늑하면서도 단정한 인테리어를 자랑하는 곳이다. 내부 공간도 넓은 편이며, 고급스럽지는 않아도 단정한 가구들로 꾸며져 있다. 욕조, 소파, 밝은 창을 갖추고 있어 전반적으로 아늑하지만 테라스가 없는 점이 조금 아쉽다.

Address  Pangkham Road, Vientiane
Cost     더블 80~140$
         부대 서비스 조식
Tel      021-218-333
Email    info@cityinnvientiane.com
Web      www.cityinnvientiane.com

Stay
⑫

## 빌라 마놀리 Villa Manoly 📶

숙소가 비엔티안 여행자 거리와 조금 멀어도 상관없다면, 저렴한 가격에 수영장까지 갖춘 이곳을 한번 고려해보자. 나무가 우거진 정원 안에는 테라스에 테이블이 놓여 있고 크진 않지만 아늑한 방에 푹신한 침대, 깨끗한 욕실이 무척 쾌적하다. 정원 곳곳에는 책을 읽으며 여유를 즐기는 여행자들이 눈에 띈다.

Address  Banh Phyavath, Vientiane
Cost     더블 35$ / 부대 서비스 조식
Tel      021-218-907
Email    manoly@hotmail.com

### Stay
### ⑬
### 웡캄쎈 호텔 Vongkhamsene Hotel

여행자 거리 중심에 있는, 외관도 깔끔한 중저가 숙소이다. 비교적 새로 지은 건물 덕에 전체적으로 깔끔하고 가격도 저렴하다. 방도 넓고 창도 크지만 침대는 딱딱한 편이며, 전체적으로 관리가 부실하므로 되도록이면 여러 방을 보고 결정하는 것이 좋다. 1층에 있는 넓은 응접실에서 시끌벅적하게 노는 여행객들이 많으므로 3층 이상으로 방을 잡는 것이 좋다.

| | |
|---|---|
| Address | 17/01 Manthaturath Road, Xieng Yeun Village, Vientiane |
| Cost | 싱글 26$ 더블 29~32$ 트리플 42$ 조식 불포함 부대 서비스 에어컨 |
| Tel | 021-219-922 |
| Web | www.vongkhamsenehotel.com |

### Stay
### ⑭
### V 호텔 V Hotel

강변을 향한 넓은 창문이 있는 호텔로, 위치도 나쁘지 않고 외관이나 로비도 쾌적하다. 그러나 객실 내부는 허술하게 꾸며져 있어 실망스럽다. 방음도 잘 되지 않는 밋밋한 방이지만 비교적 새 건물이며 엘리베이터도 갖추고 있고 메콩 강변에 위치해 그 편리함만 고려한다면 나쁘지 않은 선택이 될 것이다.

| | |
|---|---|
| Address | Nokeo Koummane Road(비아 비아 레스토랑 맞은편) |
| Cost | 더블 20만~30만K 조식 불포함 부대 서비스 에어컨 |
| Tel | 021-255-999, 020-5828-8822 |
| Email | vhotel@live.com |

### Stay
### ⑮
### 씬나콘 호텔 Sinnakhone Hotel

게스트하우스의 분위기는 싫지만 비교적 저렴한 숙소에서 묵고 싶은 사람들이 선택할 수 있는 곳으로, 고급스럽진 않아도 단순한 객실이 청결하게 관리되어 있다. 침대도 두꺼운 매트리스를 사용하고 흰 시트도 쾌적하다. 주변에 카페나 레스토랑이 많아 입지가 좋은 편이며 강변에서도 가깝다.

| | |
|---|---|
| Address | Frandois Ngin Road, Ban Mixay, Vientiane |
| Cost | 더블 18만K / 조식 불포함 / 부대 서비스 에어컨 |
| Tel | 021-217-299, 020-5551-0988, 020-228-6889 |
| Email | sinnakhonehotel@gmail.com |

### Stay
### ⑯
### 쑤파폰 게스트하우스 Souphaphone Guesthouse

저렴하면서도 쾌적하게 지낼 수 있는 곳으로, 단순한 객실이지만 냉장고까지 갖춘 깔끔하고 편리한 숙소다. 메콩 강변이나 카페, 레스토랑에 가까운 점도 매력적이다.

| | |
|---|---|
| Address | 145 Ban Wat Chan, Chanthabouly District, Vientiane |
| Cost | 더블 16만K / 조식 불포함 / 부대 서비스 에어컨 |
| Tel | 021-261-468, 021-264-931 |
| Email | info@souphaphone.net |

### Stay ⓱
## 문라이트 짬빠 Moonlight Champa 🛜

캐나다에서 온 주인이 운영하는 게스트하우스이다. 블링블링한 여행지의 느낌이 물씬 풍기는 여행자 전용 게스트하우스로 1층의 넓은 휴식 공간과 각 층의 쉼터가 더욱 여유로운 분위기를 만든다. 방 역시 전통 장식품으로 아늑한 분위기를 냈지만 대체로 크기가 작은 편이고, 메콩 강변에서 떨어져 있는 위치가 단점이다. 커피와 차를 무료로 제공한다.

| | |
|---|---|
| Address | 13 Pangkham Road, Chanthaboury District, Vientiane, Laos |
| Cost | 29~33$ / 조식 불포함 / 부대 서비스 에어컨 |
| Tel | 021-264-114 |
| Email | moonlight_champa@yahoo.com |
| Web | moonlight-champa.com |

### Stay ⓲
## 스포트 게스트하우스 Sport Guesthouse 🛜

'유스 인 2호점 Youth Inn 2'으로 이름 지었다가 금방 이름을 바꾸었다. 게스트하우스 중 가장 최근에 오픈한 곳답게 저렴한 가격에도 상당히 깨끗한 객실을 이용할 수 있다. 에어컨룸도 저렴하지만 스프링이 그대로 느껴지는 침대 매트리스는 좀 불편하다. 따뜻한 물이 잘 나오지 않는다는 단점이 있다.

| | |
|---|---|
| Address | Francois Ngin Road, Ban Mixay, Vientiane |
| Cost | 팬 더블룸 10만K, 에어컨룸 12만K, 창문 있는 방은 1만K 추가 / 조식 불포함 |
| Tel | 021-241-352, 020-7701-3456 |
| Email | sportguesthouse_sg@hotmail.com |

### Stay ⓳
## 미싸이 게스트하우스 · 파라다이스
Mixay Guesthouse · Paradise 🛜

8명씩 자는 2층 침대의 도미토리가 싫다면 미싸이 게스트하우스의 도미토리도 괜찮다. 단순하지만 비교적 깨끗한 시설에 묵을 수 있다. 가격이 조금 더 비싸지만 쾌적한 미싸이 파라다이스는 둘 이상이 저렴하게 묵을 수 있는 곳이다. 공동욕실도 전반적으로 무척 청결한 편이며 아기자기한 화분으로 꾸며진 공동 테라스도 갖추고 있다. 그러나 창문이 없는 방은 피하도록 하자.

**게스트하우스**

| | |
|---|---|
| Address | Norkeakumman Road, Ban Mixay, Chanthabouly District, Vientiane |
| Cost | 도미토리 5만K, 더블 11만K 조식 불포함 |
| Tel | 021-213-679 / 243-400 |

**파라다이스**

| | |
|---|---|
| Address | No02 unit 01, Frangcois Ngin Road, Ban Mixay, Chanthabouly District, Vientiane |
| Cost | 팬 싱글룸 9만5000K 팬 더블룸 11만K, 에어컨룸 13만K 부대 서비스 조식(3만K) |
| Tel | 021-254-223~4 |
| Email | laomixayparadise@yahoo.com |

## Stay ⑳
### 미쏙 인 · 게스트하우스
Mixok Inn · Guesthouse 🛜

저렴한 숙소의 대명사이자 카페들이 많은 메인도로에 위치한 덕분에 늘 여행객들로 붐비는 곳이다. 미쏙 게스트하우스가 조금 더 저렴하지만 사실, 두 숙소 간에 큰 차이는 없다. 방마다 상태가 천차만별이므로 미리 몇 개의 방을 체크하는 것이 좋다.

| | |
|---|---|
| Address | Setthathilat Road (두 숙소가 바로 인근에 붙어 있다) |
| Cost | 미쏙 인 16만K, 미쏙 게스트하우스 13만K 부대 서비스 조식, 에어컨 |
| Tel | 021-251-606 |

## Stay ㉑
### 비엔티안 백패커스 호스텔
Vientiane Backpackers Hostel 🛜

비교적 오래된 호스텔인지라 낡은 느낌이 있지만, 친절한 스태프들 덕분에 편안하게 묵을 수 있다. 시설은 평범한 편이지만 위치가 좋다.

| | |
|---|---|
| Address | No. 13 Norkeokoummarn Road, Ban Mixay, Chanthabouli District, Vientiane |
| Cost | 팬룸 5만K / 부대 서비스 조식 |
| Tel | 020-2800-0207 |
| Email | info@vientianebackpackershostel.com |
| Web | www.vientianebackpackershostel.com |

## Stay ㉒
### 드림 홈 호스텔 2호점
Dream Home Hostel 2 🛜

비교적 새 건물이라 깨끗하게 묵을 수 있는 저렴한 호스텔이다. 에어컨을 쐴 수 있는 방을 별도로 만들어 놓아 이곳에 옹기종기 모여 와이파이를 사용하는 진기한 경험도 할 수 있다. 샤워실은 좁지만 깨끗한 편이며 당구대도 갖추고 있다. 그러나 여행자 거리에서 멀다는 단점이 있다.

| | |
|---|---|
| Address | Sihome Road, Ban Sihome, Vientiane |
| Cost | 팬룸 5만K / 부대 서비스 조식 |
| Tel | 020-9551-2668 |
| Email | info@sihomebackpackershostel.com |

## Stay ㉓
### 펑키 멍키 호스텔 Funky Monkey Hostel 🛜

도미토리 시설이 평범한 편이지만 전반적으로 널찍한 방과 휴게실이 편안한 분위기를 풍긴다. 위치도 여행자 거리와 메콩 강변 야시장의 중간에 있어 이동하기 편리하다.

| | |
|---|---|
| Address | Francois Ngin Road, Ban Mixay, Chanthabouly District, Vientiane |
| Cost | 팬룸 5만K / 부대 서비스 조식 |
| Tel | 021-254-181 |
| Web | www.funkymonkeyhostel.com |

# Vang Vieng 방비엥

Intro

# 방비엥
Vang Vieng

한적한 시골길 너머에 있는 울퉁불퉁한 석회절벽과 그 사이를 흐르는 쏭 강의 시원한 물줄기, 푸른 논을 배경으로 한 분위기 좋은 방갈로를 갖춘 방비엥은 신나면서도 여유로운 여행을 꿈꾸는 여행자들을 유혹하는 곳이다. 동양화를 연상시키는 풍경이 마치 중국의 계림과 비슷하다고 해서 '라오스의 소계림'이라고 불리는 방비엥은 수많은 종류의 나비 서식지로 주목받는 곳이기도 하다.

한적한 풍경과 분위기 탓에 많은 여행자들이 몰려들기 시작하여 한때는 대마초와 술로 인해 통제가 불가능한 상태에 이르기까지 하였으나, 많은 사망자가 발생하였던 2012년 이후, 라오스 정부가 바와 나이트클럽, 대마초 등을 적극적으로 규제하기 시작하여 지금은 오히려 그 본연의 매력을 되찾고 있는 추세다. 또한 각종 액티비티는 여전히 안전하게 즐길 수 있으므로 지금이야말로 진정한 방비엥의 매력을 느끼기에 안성맞춤인 시기이다. 방비엥 마을을 벗어나 한적한 방갈로에 앉아 화려한 일몰을 감상하며 느긋하게 이곳을 즐겨보자.

### ✚ 여행정보
6~8월이 우기이며 4~5월이 가장 덥다. 전체적으로는 비엔티안과 비슷하지만 조금 더 낮은 기온을 보인다. 방비엥의 경우 건기에는 지나치게 강수량이 적어서 오히려 우기에 각종 액티비티를 즐기려는 많은 여행자가 모인다. 저렴한 숙소는 충분한 편이지만 어느 정도 수준을 갖춘 숙소를 원한다면 미리 예약하는 것이 좋다.

### ✚ 주의 사항
술과 함께 각종 액티비티를 즐기려고 모여든 젊은 여행자들이 넘쳐나는 곳이니 만큼 그에 대한 대비가 필요하다. 저렴한 숙소에 묵을 경우 소지품을 잘 챙기고, 술과 물놀이로 인해 일어날 수 있는 사건·사고에 주의하자. 방비엥 중심에 위치한 24시간 병원과 가까운 곳에 있는 약국을 미리 확인할 것.

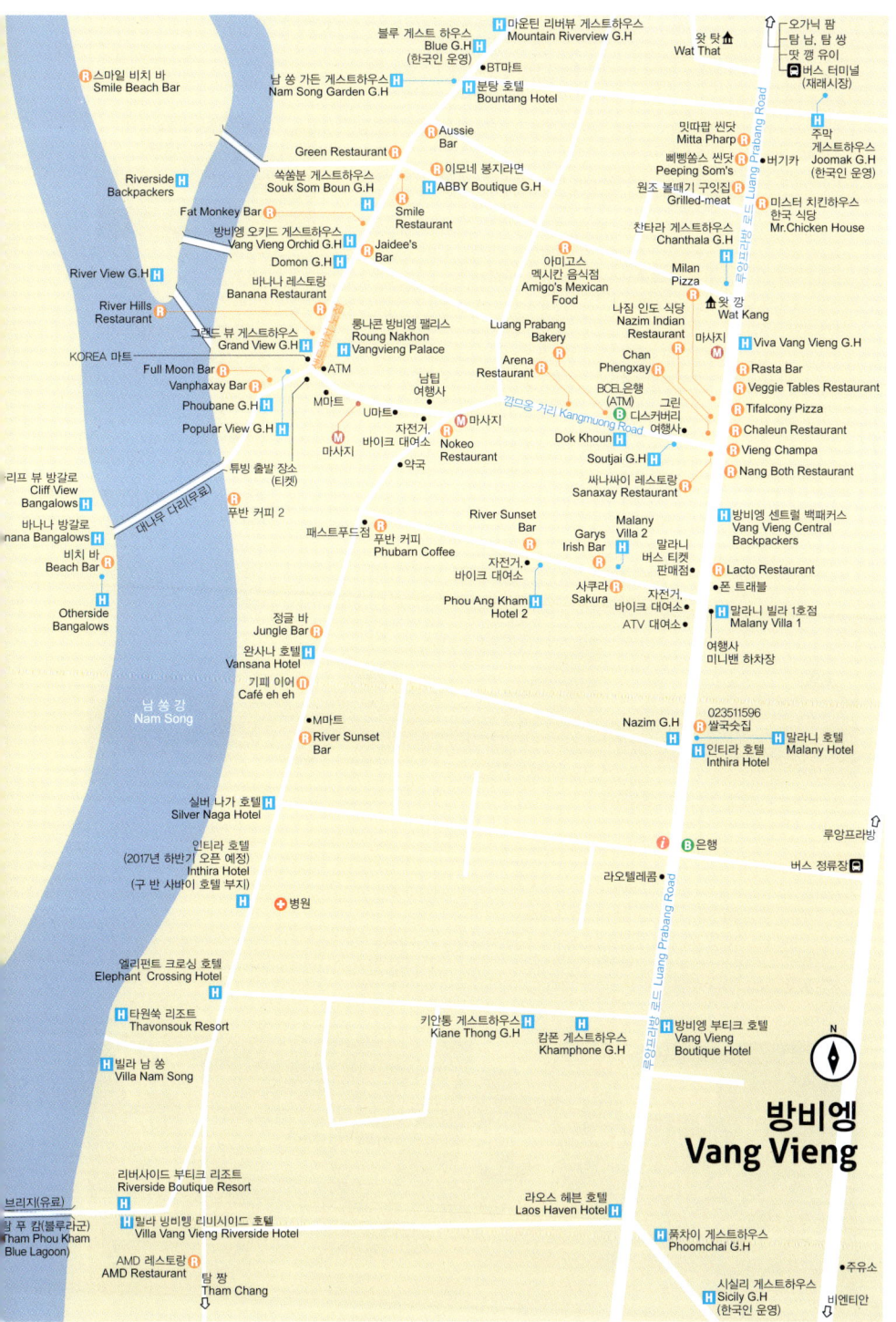

## 방비엥 드나들기

### ➕ 방비엥 시외교통

방비엥에는 시내에서 북쪽 2km 지점에 위치한 버스 터미널과 방비엥 마을 옆에 위치한 남부 버스 터미널이 있지만 여행객들이 이곳을 이용할 일은 별로 없다. 여행사마다 조금씩 다른 가격이지만 터미널보다 더 싼 가격에 픽업서비스까지 이용할 수 있어 대부분의 여행객들은 여행사에서 간편하게 버스 티켓을 구매한다. 방비엥에 도착하면 대부분의 숙소는 걸어갈 수 있다(도보 10분 이내).

| 노선 | 교통편 | 출발시간 | 요금 | 소요시간 |
|---|---|---|---|---|
| 비엔티안 Vientiane | 일반버스 | 05:30, 06:00, 07:00, 12:30, 14:00 | 4만K | 4시간 |
| | 미니밴 | 09:00 | 3만5,000K | |
| | VIP | 10:00, 13:30 | 4만5,000K | |
| 루앙프라방 Luang Prabang | 미니밴 | 09:00, 14:30 | 10만K | 7시간 |
| | VIP | 10:00 | 9만5,000K | |
| | 슬리핑 버스 | 21:00 | 12만K | |
| 폰싸완 Phonsavan | 미니밴 | 09:00 | 11만K | 6시간 |
| 빡쎄 Pakse | 슬리핑 버스 | 13:30 | 18만K | 16시간 |
| 농카이 Nong Khai | 미니밴 | 09:00 | 8만K | 5시간 |
| 태국 방콕 Bangkok | VIP | 09:00 | 23만K | 12시간 |
| | 태국 슬리핑 기차 | 10:00 | 21만K | |
| | 슬리핑 버스 | 13:30 | 28K | |

### ➕ 방비엥 시내교통

낡고 저렴한 자전거에서부터 가장 비싼 버기카까지, 방비엥에는 교통수단이 다양해 취향에 맞게 골라 탈 수 있다. 늘 그렇듯이 문제는 안전이다. 특히 4륜 오토바이가 의외로 위험한 편이다. 운전을 잘 못하는 사람도 빌릴 수는 있지만 건기의 경우 미끄러운 모래에서 회전을 하다 쓰러지면 큰 사고가 일어나기 쉬우니 주의해야 한다. 좁은 마을길을 구석구석 탐험하기에는 마운틴 바이크가 제격이다.

| Cost | |
|---|---|
| | 자전거 1만K~ |
| | 마운틴 바이크 2만K~ |
| | 오토바이 5만K~ |
| | 스쿠터 8만K~ |

Sightseeing

## 방비엥 마을 Vang Vieng Town

M마트와 KOREA마트를 중심으로 수많은 숙소와 레스토랑이 있다. 건기에는 쏭 강을 건너는 대나무 다리가 설치되고 강 중간 섬의 북쪽 끝에는 강변이 넓게 형성되어 대낮에도 여유롭게 일광욕을 즐길 수 있다. 대나무 다리 건너편에는 소규모의 방갈로형 숙소가 자리하고 있는데, 그 앞에도 강물에 발을 담그고 놀 수 있도록 평상을 설치해 놓는다. 카르스트 지형의 석회절벽 아래 넓게 펼쳐진 논 사이로 난 길을 따라 산책을 하거나 하이킹을 즐길 수도 있고, 마을을 조금만 벗어나면 라오스의 시골을 둘러볼 수도 있다. 이른 아침에는 방비엥 시내에 있는 사원에서 아침 공양을 끝낸 승려들이 마을을 돌며 탁발을 하고, 마을 한쪽에는 찬거리나 채소, 물고기 등을 파는 작은 좌판도 깔리므로 아침 일찍 일어나 한적한 방비엥을 즐겨보는 것도 좋다.

### 파 뎅(붉은 산) Pha Den
방비엥 근교를 수호하는 신령이 사는 곳이다. 파 뎅은 방비엥의 절경을 찍은 모든 사진에 빠지지 않고 등장하는 대표적인 랜드마크다. 이 산에 깃든 신령의 기운 덕분에 인도차이나 전쟁 당시 방비엥을 폭격하려던 비행기가 추락했다고 전해지며, 사람들은 신년축제나 중요한 불교 행사를 진행할 때면 고승을 모시고 이곳에서 제를 지낸다.

Sightseeing

## 재래시장 Market

방비엥 인근 마을 사람들의 소박한 일상을 함께 해보자. 시장 뒤쪽에 채소나 과일, 정육점 등의 좌판이 깔리는데, 이른 아침에는 분주하게 장을 보는 사람들과 상인들을 만날 수 있다. 우리에게 익숙한 채소에서부터 인근에서 잡아온 생선이나 개구리, 뱀 같은 야생동물까지 없는 것 빼고 다 있는 곳이다.

Access 북부 버스 터미널 길 건너편

# Activity

방비엥 시내 중심에 24시간 운영하는 병원이 있다는 것은 그만큼 이곳에서 사고가 많이 일어난다는 걸 의미한다. 물놀이를 하거나 오토바이를 타는 도중 자칫 방심하면 큰 사고가 발생할 수 있으니 수영을 못 하는 사람은 반드시 구명조끼를 착용하고, 물놀이 도중 술에 취하지 않도록 주의하자. 또한 라오스 사람들은 인도와 도로의 개념이 희박하여 한적한 시골 길이라도 교통사고가 발생할 위험이 크다는 점도 기억하자. 방비엥 인근에 있는 동굴을 탐험할 경우에는 가능하면 안내인을 섭외하는 것이 좋고, 반드시 두 개 이상의 성능 좋은 손전등과 여분의 건전지를 구비해야 한다. 캄캄한 동굴 중간에서 손전등이 꺼져 큰 사고로 이어지는 일이 비일비재하다. 동굴 바닥은 매우 미끄러우므로 슬리퍼를 신고 들어가는 것도 절대 금물이다. 기본적인 안전 수칙만 잘 지킨다면 방비엥은 그 어디보다도 신나는 여행지가 될 것이다.

### Activity

## 남 쏭(쏭 강) Nam Song River

남 쏭에서는 튜빙과 모터보트를 즐길 수 있다. M마트 옆에 튜브 대여소 Tubing Station가 있다. 보증금 6만K과 튜빙 요금 5만5,000K을 내면 튜빙 출발지까지 썽태우로 태워다준다. 보증금 6만K은 튜브를 반납할 때 다시 돌려받는다. 6시 전까지 튜브를 반납해야 하며 이를 어기거나 튜브를 잃어버릴 시에는 벌금을 내야 한다. 건기에는 유속이 지나치게 느려 지루한 감이 있고 우기에는 물이 불어나 좀 더 스릴 있게 즐길 수 있지만 그만큼 안전에 더욱 주의해야 한다. 여행자들은 강을 내려오는 길 중간에 있는 바에 들러 맥주를 마시곤 하는데 물놀이 도중이므로 취하지 않도록 주의해야 한다. 여성의 경우에는 혼자서 튜빙을 즐기는 일은 삼가도록 하고, 유속에 따라 튜브를 타고 내려오는 시간이 3시간 이상 걸리기도 하므로 미리 시간을 확인해 일몰 전에 물놀이를 마치자. 물놀이가 싫다면 간편하게 모터보트를 타고 아름다운 경치를 돌아보는 것도 좋다. 모터보트는 타원쏭 호텔 맞은편에 탑승장이 있으며, 이 외에도 강변 곳곳에서 모터보트를 대절할 수 있다. 모터보트는 왕복 1시간 정도가 소요되며 8만~10만K를 지불해야 한다. 운영시간은 아침 7시부터 저녁 6시까지다.

Activity

## 탐 푸 캄(블루라군) Tam Phou Kham(Blue Lagoon)

방비엥의 액티비티를 대표하는 블루라군은 사실, 탐 푸 캄 동굴 입구를 흐르는 작은 개울에 불과한 곳이라 직접 보면 실망할 수도 있다. 그러나 에메랄드 빛의 맑은 물웅덩이 위로 나무가 드리워져 있고 깊이도 충분해서 점프를 하며 놀기에 안성맞춤이다. 옆에는 작은 간이음식점도 있고 일광욕을 즐길 수 있는 공터도 있다. 방비엥 마을에서 이곳까지는 작은 마을과 한적한 시골길을 지나게 되므로 복잡한 마을을 벗어나고자 하는 사람에게도 안성맞춤인 곳이다. 다만, 비포장도로이므로 건기에는 흙먼지가 심하게 일어나고 우기에는 땅이 질척거리므로 여럿이서 뚝뚝을 대절하거나 여행사 상품을 이용하는 것을 고려해보자. 썽태우 합승을 이용한다면 왕복 13만K이 들고, 여기에 다리 통행료 4,000K, 입장료 1만K은 별도로 준비해야 한다.

Activity

## 탐 남 Tham Nam, 탐 쌍 Tham Xang

방비엥 인근에 있는 수많은 동굴 중에서도 '물 동굴Water Cave'로 유명한 탐 남 동굴은 동굴 내부를 흐르는 물을 이용해 튜빙을 하면서 탐험을 할 수 있는 곳이라 많은 사람들에게 인기가 좋다. 개별적으로 방문하면 1만K에 튜브를 빌려주지만 안전을 위해서 여행사 상품을 이용하는 것을 추천한다. 또한 비가 많이 온 경우에는 탐험을 할 수 없는 경우도 있으니 미리 확인하자. 시내의 많은 여행사에서는 10만K 정도에 작은 코끼리 동굴 탐 쌍을 구경하고, 탐 남 동굴 튜빙을 마친 뒤 카약으로 강을 내려오면서 중간 지점에 있는 강변의 바에서 잠깐 쉴 수 있는 일일투어를 제공한다. 건기에는 유속이 심하게 느려 지루할 수 있으며, 우기에는 빠른 유속으로 스릴 있지만 안전에 유의해야 한다. 각 여행사의 상품은 비슷하지만 구명조끼와 손전등, 식사 제공 여부를 미리 확인하자. 탐 쌍 동굴 주변에 탐 호이, 탐 룹 동굴도 있으며 각각 1만K의 입장료를 받는다. 탐 남 동굴의 입장료는 1만K, 탐 쌍 동굴의 입장료는 5,000K이며 다리 통행료는 5,000K이다. 두 동굴 모두 방비엥에서 14km 북쪽에 위치한다.

## Activity ❹
### 탐 짱 Tham Chang

방비엥에서 가장 유명한 동굴인 탐 짱 동굴은 방비엥 마을에서 1.5km 떨어져 있어 인근 현지인들의 피크닉 장소로도 매우 인기 있는 곳이다. 외침을 받았을 때 이곳을 대피처로 사용했기에 '견고한 동굴'이라는 이름이 붙여졌다고 한다. 동굴은 석회절벽 중간쯤에 있어 쏭 강을 포함한 주변 전망이 근사하다. 탐 짱으로 향하는 입구부터 소소한 음식을 파는 노점들이 줄지어 있고 동굴 앞에는 넓은 잔디밭이 있으며 한쪽에는 동굴에서 흘러내리는 맑은 지하수가 있고 조명이 설치되어 있어 가족들과 한나절을 보내기에 안성맞춤인 곳이다. 아침 8시부터 오후 4시 30분까지 문을 열며, 방비엥 리조트 통행료 2,000K과 탐 짱 동굴 입장료 1만 5,000K을 미리 준비하도록 하자.

## Activity ❺
### 짚라인, 벌룬

나무 사이사이에 설치된 강철 줄을 이용해 공중을 누비는 짚라인은 방비엥의 새로운 명물로 각광받고 있지만 안전 문제가 염려될 수 있으므로 믿을만한 여행사를 찾는 것이 좋다. 현재 방비엥에는 그린 디스커버리, 폰 트래블, 남팁 투어 세 여행사에서 짚라인 투어를 운영하고 있다. 각기 다른 지역에 짚라인을 설치하고 프로그램도 다양하므로 직접 여행사에 자세한 정보를 문의해보자. 방비엥의 아름다운 풍광을 높은 하늘에서 감상할 수 있는 벌룬도 일출과 일몰 시각에 운행되는데 몇번의 불시착이 있었다고 하므로 안전상 추천하지는 않는다.

Cost 짚라인 25$~, 벌룬 79$(1일 2회)

## Activity ❻
### 땃 깽 유이 Tad Kaeng Yui

두 개의 폭포 중 규모가 더 큰 것이라 하는 것도 높이가 30m 정도 밖에 되지 않는 작은 폭포지만, 방비엥 인근의 유일한 폭포이다. 건기에는 수량이 줄어 보잘것없어지지만 비가 온 날이나 우기에는 우거진 나무 사이로 시원하게 떨어지는 폭포가 제법 볼만하다. 가는 도중에 들르게 되는 작은 마을을 구경하는 재미도 있다. 방비엥 마을에서 6km 정도 떨어져 있고, 입장료는 1만K이다.

### Food ❶
## 노점

방비엥에서 가장 흔한 음식은? 샌드위치! 원래 몇 개의 노점이 있었을 뿐이지만 날이 갈수록 그 수가 늘어나고 있다. KOREA마트 맞은편을 중심으로 방비엥 마을에 산발적으로 흩어져 있는 노점에서는 라오스 최고의 바게트와 팬케이크를 맛볼 수 있다. 물론, 최악의 노점도 있기 마련이므로 노점 주인의 관상을 잘 살펴보자. 노점에서 파는 커피나 과일 주스는 솔직히 별로다.

Access  KOREA마트 인근 여행자 거리
Cost  샌드위치 2만K~, 팬케이크 1만K~

### Food ❷
## 쌀국숫집

인티라 호텔 주변에 여러 쌀국숫집이 흩어져 있어서 아침이면 뜨끈한 국물을 맛보기 위해 모인 현지인과 여행자들로 근방이 매우 붐빈다. 카우삐약이나 계란을 넣은 쌀죽도 이른 아침을 맞이하기 위한 아침식사로 안성맞춤이다. 사람들이 가장 붐비는 국숫집을 고르는 걸 추천한다.

Address  Luang Prabang Road(인티라 호텔 입구)
Open  07:00~09:00
Cost  쌀국수 1만5,000K~, 쌀죽 1만K~, 빵 1,000~2,000K

### Food ❸
## 원조 볼때기 구잇집

저녁에는 역시나 라오 맥주와 어울리는 구잇집이 최고다. 돼지고기나 닭고기, 오리고기를 즉석에서 구워 채소와 곁들여 먹는다. 한국인들이 많이 찾아 한국어 안내판이 있지만 인근 현지인들 사이에서도 유명한 맛집이다.

Address  Luang Prabang Road(왓 깡 사원 남쪽)
Tel  020-5532-2463
Cost  구운 돼지 볼때기 2만K, 라오 맥주 1만K

### Food ❹
## 씬닷집

한국인이 처음 고안했다고 알려진 '씬닷 까올리(한국의 구운고기)'. 그러나 한국인뿐만 아니라 라오스 현지인에게도 무척 인기 있는 씬닷을 파는 곳이다. 방비엥에는 여러 씬닷 가게가 한쪽에 옹기종기 모여 있다. 그중 삐삥쏨스 씬닷집(Peeping Som's, 020-2241-4672)이 가장 깔끔하고 분위기도 좋은 편이다. 그 옆에 있는 밋따팝 씬닷집(Mitta Pharp, 020-2225-4515)은 약간 허름하지만 그만큼 더 저렴하고 친절하다.

Address  Luang Prabang Road(왓 깡 사원 남쪽)
Open  09:00~21:00
Cost  삼겹살 씬닷 3만5,000K~

Food
❺
## 바나나 레스토랑 Banana Restaurant

KOREA마트 옆, 일몰을 보기 좋은 강변에 몇 개의 식당이 있는데 그중 가장 준수한 수준의 레스토랑이다. 간단한 볶음국수 등 서양 여행객들의 입맛에 맞는 무난한 음식을 맛볼 수 있다. 낮에는 낡은 방석에 뒹굴거리며 더위를 피해 시간을 때우는 장소이기도 하다. 옆에 있는 아더사이드 레스토랑Otherside Restaurant 도 비슷한 수준이지만 직원들이 조금 불친절하다.

| Access | 방비엥 북쪽 남 쏭 강변, KOREA마트 북쪽에 위치 | |
|---|---|---|
| Open | 09:00~21:00 | Cost 볶음국수 2만5,000K~ |
| Tel | 020-5665-9242 | |

Food
❻
## 나짐 인도 식당 Nazim Indian Restaurant

라오스 전역에서 유명한 체인 식당으로 괜찮은 인도 음식을 맛볼 수 있다. 인도 음식을 좋아한다면 한번 들러 볼만하다.

| Address | Luang Prabang Road(그린 디스커버리 여행사 옆) |
|---|---|
| Open | 09:00~21:00 |
| Cost | 카레 3만K~, 난 7,000K~ |
| Tel | 023-511-214 |

Food
❼
## AMD 레스토랑 AMD Restaurant

고급스럽진 않지만 작고 분위기 좋은 레스토랑으로, 소박하게 운영되는 곳이다. 라오스 음식이나 태국, 유럽 음식을 판매하는데 맛도 분위기만큼 괜찮다. 덜 상업적인 곳에서 여유롭게 식사를 하기에 좋다. 한 사람이 요리를 하는 곳이니 만큼 느긋하게 기다릴 수 있는 여유가 있을 때 방문하는 것을 추천한다.

| Access | 방비엥 남쪽 남 쏭 강변, 방비엥 병원에서 남쪽으로 300m 지점 |
|---|---|
| Open | 09:00~22:00 |
| Cost | 생과일 주스 1만K~, 메인 3만K~ |
| Tel | 020-5530-1238 |

Food
❽
## 싸나싸이 레스토랑 Sanaxay Restaurant

중국인이 운영하는 비교적 큰 규모의 식당으로 많은 단체 여행객들이 주로 방문하는 곳이라 전반적으로 어수선한 분위기지만 맛은 꽤나 검증된 곳이다. 생선을 바삭하게 튀겨 매콤한 양념을 바른 메콩 생선요리를 맛보자.

| Access | Kangmuong Road와 Luang Prabang Road의 교차점 |
|---|---|
| Open | 09:00~22:00 |
| Cost | 생선요리 5만K, 모닝글로리 3만5,000K |
| Tel | 023-511-440 |

### Food ⑨
## 오가닉 팜 Organic Farm

유기농 멀버리(오디) 농장으로 방비엥 마을에서 4km 떨어진 곳에 있다. 튜빙의 시작점이라 쉽게 지나치곤 하지만 강변을 바라보며 이곳만의 맛있는 유기농 오디 차나 셰이크를 마셔보자. 라오스 아이들의 교육사업도 운영하고 있고, 방갈로 타입의 숙소도 있어 한적하게 쉬고 싶은 여행객들이 많이 찾는다. 이곳에서 파는 유기농 뽕잎 차나 히비스커스 차는 저렴하면서도 효능이 좋아 한국에 기념품으로 사 가기에도 안성맞춤이다.

| | |
|---|---|
| Access | 방비엥 북쪽 4km 지점, 남 쏭 강변 |
| Open | 08:00~21:00 |
| Cost | 멀버리 차 5,000K, 과일 셰이크 1만K |
| Tel | 023-511-220, 020-5590-9132 |
| Web | www.laofarm.org |

### Food ⑩
## 푸반 커피 Phubarn Coffee

방비엥에서 가장 맛있는 커피를 파는 작고 세련된 커피숍으로 특히 시원하고 깔끔한 아메리카노를 마시고 싶을 때 안성맞춤이다. 운이 좋다면 주인장이 직접 구운 폭신한 크루아상을 맛볼 수 있다. 대나무 다리가 있는 남송 강변에 2호점을 오픈하여 함께 운영 중이다.

| | |
|---|---|
| Access | 방비엥 마을 센터 |
| Open | 07:00~19:30 |
| Cost | 020-5667-6677 |
| Tel | 아이스 아메리카노, 아이스 카페라테 1만8,000K |

### Food ⑪
## 비치 바 Beach Bar

방비엥에는 건기가 되면 곳곳에 넓은 강변이 생긴다. 이 시기에는 물에 발을 담그고 유유자적하며 놀기 좋은 바가 몇 군데 생기는데, 강 중심에 있는 섬의 북쪽 강변에 있는 스마일 비치 바Smile Beach Bar 나 혹은 대나무 다리 건너편 아더사이드 방갈로 앞의 비치 바Beach Bar가 놀기 좋다. 시원한 라오 맥주와 함께 여유로운 시간을 즐겨보자.

| | |
|---|---|
| Access | 아더사이드 방갈로 입구, 강 중심 섬의 북쪽 끝 |
| Open | 11:00~18:30 |
| Cost | 맥주 1만K, 칵테일 2만5,000K~ |

### Food ⑫
## 사쿠라 Sakura

화끈한 밤을 원하는 모든 청춘들이 저녁마다 모이는 곳으로, 세월에 따라 메인이 되는 바가 바뀌고는 있지만 현재는 사쿠라가 그 열기의 중심에 있는 곳 같다. 전 세계에서 모인 여행자들은 비좁은 공간과 시끄러운 음악 속에서도 잘도 즐거운 대화를 나눈다. 시끄러운 음악에 지치면 골목 맞은편의 게리스 아이리시 바에서 조금 쉬기도 하고, 문을 닫는 밤 12시 이후에는 다시 V Room101 등으로 옮겨가 밤새도록 청춘의 에너지를 발산한다.

| | |
|---|---|
| Access | 말라니 빌라 1호점 맞은편 거리 |
| Open | 18:00~24:00 |
| Cost | 주류 1만K~ |
| Tel | 020-650-6993 |

# Stay

한동안 수많은 저가 게스트하우스가 난립하다 라오스 정부의 단속 이후 배낭여행객들이 감소하여 현재는 100여 개의 게스트하우스가 여행자들을 기다리고 있는 처지에 놓여 있다. 반면 몇 안 되는 중급 이상의 호텔에 사람들이 몰리고 있으므로 만약 호텔 급의 숙소를 원한다면 미리 예약을 하는 것이 안전하다. 강변 숙소의 경우 KOREA마트를 기준으로 북쪽으로는 저렴한 숙소가, 남쪽으로는 중급 이상의 고급 호텔들이 있고 마을 안쪽으로는 저렴한 게스트하우스들이 자리한다. 강 건너편의 소규모 방갈로도 번잡한 마을 중심가에서 벗어나 편히 쉴 수 있는 좋은 선택이 될 것이다(최근 한국인 여행자에게 인기 있는 게스트하우스의 가격이 크게 오르고 있는 추세다).

### Stay

## 리버사이드 부티크 리조트 Riverside Boutique Resort

방비엥에서 가장 고급스러운 시설을 자랑하는 호텔답게 작지만 아늑한 객실 내부와 근사하게 꾸며진 욕실이 눈에 띄는 곳이다. 수영장을 둘러싼 나지막한 호텔에서 바라보는 방비엥의 풍경이 더욱 아름답다. 호텔 내부의 레스토랑과 바 역시 수준 높은 동·서양 요리를 제공하니 아름다운 일몰을 바라보며 고급스러운 식사를 하기에 안성맞춤이다.

| | |
|---|---|
| Address | Viengkeo Village, Vang Vieng |
| Cost | 스탠더드(2개) 127$ |
| | 디럭스(23개) 150$ |
| | 스위트(2개) 266$ |
| | 부대 서비스 조식, 에어컨, 수영장 |
| Tel | 023-511-726~8 |
| Web | www.riversidevangvieng.com |

### Stay

## 타원쑥 리조트 Thavonsouk Resort

보트 투어 시작과 끝 지점에 위치하여 입지가 좋은 편이다. 메콩 강변이 내려다보이는 리버뷰룸은 고급스럽고 아늑하지만 안쪽의 저렴한 방은 눅눅한 냄새가 날 수 있으므로 피하자. 수영장은 없지만 넓은 강변에 위치하여 탁 트인 정원이 매력적이다. 레스토랑은 조금 밋밋한 편이지만 조식은 잘 나온다.

| | |
|---|---|
| Address | Viengkeo Village, Vang Vieng |
| Cost | 가든뷰 40$, 리버뷰 65$ |
| | 반 라오 리버 프론트 100~150$ |
| | 부대 서비스 조식, 에어컨, 가든 |
| Tel | 020-7760-7111 |
| Email | thavonsouk.resort@gmail.com |
| Web | www.thavonsouk.com |

## Stay ③

### 빌라 방비엥 리버사이드 호텔
Villa Vang Vieng Riverside Hotel

아름다운 정원에 들어서면 먼저 잘 꾸며진 스파 건물이 눈에 띈다. 우거진 나무 아래에 있는 테이블에서 여유를 즐길 수 있는 전망 좋은 레스토랑과 그 옆에 자리한 아늑한 수영장이 운치 있다. 나무 방갈로로 된 객실 내부는 기본적인 시설뿐이지만, 욕실에는 고급스러운 욕조가 있어 단순하지만 아늑하다.

| | |
|---|---|
| Address | Viengkeo Village, Vang Vieng |
| Cost | 리버뷰(9개) 85$, 가든뷰(22개) 65$ 부대 서비스 조식, 수영장, 스파, 리버뷰, 정원 |
| Tel | 023-511-460, 023-511-188 |
| Email | info@villavangvieng.com |
| Web | www.villavangvieng.com |

## Stay ④

### 인티라 호텔 Inthira Hotel

라오스 호텔 그룹 인티라의 방비엥 지점. 2층 건물 중 1층에 있는 스탠더드룸은 좁고 어두운 편이지만 2층의 수피리어와 디럭스룸은 좀 더 넓고 채광이 좋아 훨씬 쾌적하다. 1층에 있는 레스토랑도 그 명성대로 깔끔한 라오스와 유럽 음식을 제공한다. 강변에 있는 것은 아니지만 버스 터미널이나 야시장과도 가까워 편하게 이동할 수 있다. 이곳은 2016년 하반기, 남 쏭 강변에 새롭게 호텔을 오픈할 때까지 운영될 예정이다(구, 반 사바이 호텔 부지).

| | |
|---|---|
| Address | Luang Prabang Road, Savang Village, Vang Vieng |
| Cost | 스탠더드 32$, 수피리어 43$, 디럭스 54$ / 부대 서비스 조식 |
| Tel | 023-511-070 |
| Web | www.inthira.com |

## Stay ⑤

### 그랜드 뷰 게스트하우스 Grand View Guesthouse

방비엥 시내에서 매우 가까운 위치이며 방비엥의 산천이 어우러진 아름다운 풍경을 감상할 수 있다. 내부도 상당히 깔끔한 편이라 인기가 많지만 주변에 각종 레스토랑과 바가 포진되어 있어 비교적 늦은 시간까지도 소음이 있을 수 있다. 최근 지나친 요금 인상으로 원성이 자자하기도 하다.

| | |
|---|---|
| Access | 방비엥 마을 KOREA마트 북쪽, 남 쏭 강변 |
| Cost | 시내뷰 20$, 리버뷰 25$ 조식 불포함 / 부대 서비스 에어컨 |
| Tel | 020-5533-5599 020-5665-5990 |

Laos | Vang Vieng

Stay
**❻**

## 마운틴 리버뷰 게스트하우스
Mountain River View Guesthouse 

시내에서 북쪽 끝에 위치한다. 깔끔하게 타일이 깔린 바닥과 나무벽면에는 에어컨과 테라스까지 갖추고 있으면서도 비슷한 수준의 주변 숙소들에 비해 상당히 저렴한 편이다. 깨끗하면서도 저렴한 가격에 아름다운 경치도 감상할 수 있다.

Access 방비엥 마을 북쪽, 남 쏭 강변
Cost 리버뷰 12만K, 시티뷰 15만K
조식 불포함 / 부대 서비스 에어컨
Tel 020-5566-6513, 023-511-699

Stay
**❼**

## 방비엥 오키드 게스트하우스
Vang Vieng Orchid Guesthouse 

시내 중심과 가까운 북쪽에 위치한 게스트하우스로, 주변보다 상대적으로 저렴한 가격에 준수한 수준의 방에서 묵을 수 있다. 룸 내부나 욕실은 조금 낡았지만 비교적 깨끗하고 넓다. 테라스에서 내려다보이는 전망이 아름답지만 아래층 테라스 바깥으로 보이는 짓다 만 건물이 풍경을 해치므로 되도록 위층에 있는 방을 요구하자.

Access 방비엥 마을 KOREA마트 북쪽, 남 쏭 강변
Cost 1층 6만K, 2층 이상 8만K
에어컨룸 13만K / 조식 불포함
Tel 023-511-172, 020-2220-2259

Stay
**❽**

## 말라니 빌라 1호점 Malany Villa 1 

약간 오래된 건물로 타운 안쪽에 위치해 있지만 높은 층이 전망이 좋고 여전히 저렴한 가격에 묵을 수 있다는 점이 장점이다. 저렴한 침대와 어두운 방에 물이 잘 빠지지 않는 욕실이긴 하지만 타일 바닥으로 된 객실은 전반적으로 깨끗하게 관리되는 편이다. 비엔티안에서 출발하는 여행사 미니밴의 도착 지점이며 사쿠라 바와 야시장도 가까워 편리하다.

Address Luang Prabang Road, Savang Village, Vang Vieng
Cost 팬룸(콜드샤워) 6만K
에어컨룸(핫샤워) 8만K / 조식 불포함
Tel 023-511-750

Stay
⑨
## 방비엥 센트럴 백패커스 Vang Vieng Central Backpackers

방비엥 마을 중심에 위치한, 비교적 잘 지어진 쾌활한 분위기의 게스트하우스. 깔끔한 시설과 저렴한 도미토리 덕에 많은 여행객들로 늘 붐비는 곳이다. 1층의 레스토랑은 세계 각국에서 몰리는 여행객들의 만남의 장소이다.

| | |
|---|---|
| Address | Luang Prabang Road, Savang Village, Vang Vieng |
| Cost | 도미토리 4만K, 더블 10만K 조식 불포함 |
| Tel | 023-511-593 |
| Email | vangvieng-backpackers@hotmail.com |
| Web | www.vangviengbackpackers.com |

Stay
⑩
## 클리프 뷰 방갈로 Cliff View Bungalows

방비엥 중심가에서 강을 건너면 쉽게 찾을 수 있는 세 개의 방갈로 중 가장 고급스럽게 지어진 방갈로로, 여유로운 분위기를 원하면서 어느 정도 수준 있는 방을 원할 경우 좋은 선택이 될 것이다. 깨끗하고 하얀 시트가 깔린 침대가 있는 좀 더 세련된 방갈로이다. 방갈로 앞 남 쏭 강가에 지어진 작은 원두막에 앉아 시원한 맥주를 마시기에도 좋다.

| | |
|---|---|
| Access | 방비엥 마을 KOREA마트 북쪽, 남 쏭 강변 |
| Cost | 팬룸 40$, 에어컨룸 50$ 조식 불포함 |
| Tel | 020-5555-7780<br>020-5533-5500 |
| Email | cliffviewbangalows@hotmail.com |

Stay
⑪
## 바나나 방갈로 Banana Bungalows

방비엥 중심가에서 가까우면서도 남 쏭 강 건너편에 위치하고 있어 한적한 분위기를 즐기며 여유롭게 묵을 수 있다. 공동욕실 방갈로의 시설은 떨어지는 편이지만 팬이나 에어컨이 있는 방은 묵을만하다. 무엇보다 아침이나 저녁에 느낄 수 있는 여유로운 이곳의 분위기는 여행객들이 방비엥을 떠날 수 없게 만든다. 방갈로 정원 중간에 있는 쉼터에서 무료로 제공되는 차를 마시며 나누는 낯선 사람들과의 느긋한 대화도 즐겁다.

| | |
|---|---|
| Address | Otherside of the river, Vang Vieng (KOREA마트 옆 강변 대나무 다리 건너편) |
| Cost | 방갈로(공동욕실) 5만K 팬룸 10만K, 에어컨룸 15만K 조식 불포함 |
| Tel | 023-941-5999 |
| Email | Banana_bungalow@hotmail.com |

# Luang Prabang 루앙프라방

*Intro*

# 루앙프라방
## Luang Prabang

크메르 공주와 결혼한 파응움 Fa Ngum 왕자가 세운 백만 코끼리와 흰 양산의 나라, 란쌍 왕국이 시작된 루앙프라방. '큰(루앙)', '황금 불상(프라방)'이라는 뜻으로 이곳은 고대 라오스 왕국의 우아함과 프랑스 식민지 시절의 세련됨, 그리고 라오스 특유의 풍부한 자연이 만나 도시 곳곳이 아름다움으로 가득한 곳이다. 1995년에 도시 전체가 유네스코 세계문화유산으로 지정되었고, 세계 유수의 여행 잡지와 언론에서 최고의 여행지로 손꼽는 곳이다. 또한 이곳에는 라오스의 수호신인 파방 불상이 있어 현지인들 사이에서도 최고의 성지로 꼽히는 곳이기도 하다. 라오스의 선조인 타이-라오족이 고대 부족국가를 이루고 살았으며 라오스 최초의 통일 왕국인 란쌍 왕국이 건설된 1353년부터 1563년 쎘타티랏 왕 King Setthathirath 이 비엔티안으로 수도를 천도하기 전까지 라오스의 가장 오래된 도시이자 중심지 역할을 했던 곳이다. 태양왕 쑬리야 웡싸 왕 King Souligna Vongsa 의 사후 라오스는 루앙프라방, 비엔티안, 짬빠싹의 3개 왕국으로 나뉘어졌으며 19세기 씨암(태국)에게 점령되었다가 다시 프랑스의 지배를 받게 되었다. 루앙프라방은 1975년, 라오 인민민주주의 공화국이 설립되기까지 라오스 군주제의 기반이 되었다.

라오스에 온 여행객들 대부분이 루앙프라방을 방문하지만 의외로 루앙프라방 올드타운이 무척 한가롭게 느껴지는 것은, 문화유산을 보호하려는 정부의 노력 덕분이기도 하다. 유럽인들에게 익숙한 프랑스풍 건물과 근사한 전설로 가득한 루앙프라방 올드타운의 품위 있는 거리를 맘껏 걸어보자.

### ➕ 여행정보

날씨는 비엔티안과 비슷하지만 좀 더 선선하며 강과 숲으로 둘러싸인 덕분에 훨씬 쾌적한 여행을 할 수 있다. 루앙프라방은 각종 축제로 유명한 만큼 축제가 열리는 시기에는 반드시 숙소와 교통편을 미리 예약하는 것이 좋다. 축제 일정은 라오스 여행 공식 홈페이지(www.tourismlaos.org)에서 확인할 수 있다.

### ➕ 여행 안내소

각종 지도나 축제 정보를 얻을 수 있다. 루앙프라방에서 열리는 각종 축제는 그 명성이 자자하므로 운 좋게 축제 기간에 이곳을 찾는 여행자라면 반드시 여행 안내소에서 자세한 일정 안내를 받아보자(월~금 08:00~11:30, 13:30~16:00, 토 · 일 09:00~15:30). 루앙프라방 안내 홈페이지(www.tourismluangprabang.org)도 참고하자.

### ➕ 환전

라오스 최대의 관광도시인 만큼 도시 곳곳에서 환전소를 찾아볼 수 있으며 씨싸왕웡 거리에 있는 환전소, 여행사, 은행에서 환전이 가능하다. ATM도 곳곳에 있지만 특히 우체국 앞에 여러 종류의 ATM이 모여 있으니 참고할 것! 루앙프라방 공항에도 ATM과 환전소가 있다. Step to Laos 환전 부분을 참고하자(p.240).

## 루앙프라방 드나들기

### ➕ 루앙프라방 시외교통

◎ 항공

한국에서 루앙프라방까지 직항노선은 현재 운항되지 않고 있다. 인근 국가와 루앙프라방을 연결하는 연결 노선을 방콕에어 Bangkok Airways, 타이스마일에어 Thai Smile Air, 라오항공 Lao Airlines, 라오스카이웨이 Lao Skyway, 라오센트럴항공 Lao Central Airlines, 베트남항공 Vietnam Airlines, 일본항공 JAL, 동방항공 China Eastern Airlines에서 운항하고 있다. 운항 스케줄은 루앙프라방 공항 홈페이지(www.luangprabangairport.com)를 참고하자.

> **Tip 루앙프라방 공항**
> Luang Prabang International Airport
>
> 루앙프라방 도심에서 북쪽으로 4km 떨어진 곳에 있다. 국제선과 국내선 모두 한 건물에 속해 있으며 한두 곳의 쇼핑 점포와 커피숍, 음식점이 있을 뿐이므로 특별히 공항에서 할 수 있는 일은 없다. 환전소와 ATM, 공항 택시 안내소, 유니텔, 항공사 사무실이 있다. 루앙프라방은 노선 버스가 없으므로 공항 내의 택시 부스를 이용하자(3인/5만K).

◎ 버스

루앙프라방에는 세 곳에 버스 터미널이 있다. 주로 북부행 버스는 북부 버스 터미널, 남부행 버스는 남부 버스 터미널, 여행사 미니밴과 국제버스는 날루앙 버스 터미널에서 출발한다. 루앙프라방 시내의 여행사에서 여행사 미니밴 티켓을 끊을 경우, 대개는 픽업서비스도 포함되어 있지만 그래도 미리 확인하는 것이 좋다.

* 날루앙 버스 터미널

루앙프라방 시내에서 남쪽으로 3km 정도 떨어져 있는 버스 터미널이다. 남부 버스 터미널 맞은편에 위치하며 시내까지 이동하는 데 편도 요금으로 썽태우는 1만K 이상이, 뚝뚝은 2만K 이상이 든다.

❶ 국제버스

| 노선 | 출발시간 | 요금 | 소요시간 |
|---|---|---|---|
| 베트남 하노이 Hanoi | 18:00 (주 6회, 목요일 제외) | 35만K | 24시간 |
| 중국 쿤밍 Kunming | 07:00 | 27만K | 24시간 |
| 태국 치앙마이 Chiang Mai | 18:00 | 31만K | 20시간 |

❷ 미니밴

| 노선 | 출발시간 | 요금 | 소요시간 |
|---|---|---|---|
| 꽝씨 폭포 Kwang Si Waterfall | 11:30, 13:30 | 4만K | 45분 |
| 농키아우 Nong Khiaw | 09:30 | 5만5,000K | 4시간 |
| 폰싸완 Phonsavan | 09:00 | 11만K | 8시간 |
| 루앙남타 Luang Namtha | 08:30 | 11만K | 9시간 |
| 방비엥 Vang Vieng | 08:00, 09:00, 10:00, 14:00, 15:00 | 10만5,000K | 7시간 |
| 비엔티안 Vientiane | 07:30, 08:30, 17:00 | 15만K | 11시간 |
| 훼이싸이(보께오 Bokeo) | 07:30 | 17만K | 13시간 |

* 남부 버스 터미널

시내에서 남쪽으로 3km 떨어져 있으며, 날루앙 버스 터미널 맞은편에 위치한다. 시내까지 이동하는 데 편도 요금으로 썽태우는 1만K 이상, 뚝뚝은 2만K 이상이 든다.

| 노선 | 교통편 | 출발시간 | 요금 | 소요시간 |
|---|---|---|---|---|
| 비엔티안 Vientiane | 일반버스 | 06:30, 07:00, 11:00, 14:00, 16:00, 18:30, 19:30 | 15만K | 10시간 |
| | VIP | 08:00, 09:30 | 11만K | |
| | 슬리핑 버스 | 20:00 | 13만K | |
| 방비엥 Vang Vieng | VIP | 09:30 | 10만K | 7시간 |
| 폰싸완 Phonsavan | 로컬버스 | 08:30 | 9만5,000K | 8시간 |

\* **북부 버스 터미널**
루앙프라방 시내에서 북동쪽으로 3km 정도 떨어져 있는 버스 터미널이다. 공항 근처에 위치해 있으며 시내까지 이동하는 데 편도 요금으로 썽태우 1만K, 뚝뚝 2만K 정도가 든다.

| 노선 | 교통편 | 출발시간 | 요금 | 소요시간 |
| --- | --- | --- | --- | --- |
| 농키아우 Nong Khiaw | 미니밴 or 썽태우 | 09:00, 11:00, 13:00 | 4만K | 4시간 |
| 우돔싸이 Oudomxay | 미니밴 or 로컬버스 | 09:00, 12:00, 16:00 | 6만K | 6시간 |
| 루앙남타 Luang Namtha | 미니밴 or 로컬버스 | 09:00 | 9만K | 9시간 |
| 훼이싸이(보께오) Bokeo | 일반버스 | 09:30, 17:30, 19:00 | 12만~14만5,000K | 13시간 |
| 쌈느아 Xam Neua | 미니밴 or 로컬버스 | 08:30 | 14만~15만K | 17시간 |
| 방비엥 Vang Vieng | 미니밴 or 로컬버스 | 10:00 | 7만5,000K | 7시간 |
| 퐁쌀리 Phongsaly | 일반버스 | 16:30 | 13만K | 13시간 |

◎ **보트**
루앙프라방에서 10km 북쪽 메콩 강변에 있는 보트 선착장(☎ 071-212-237)에서 빡벵(Pakbeng, 19만K, 10시간 소요)과 훼이싸이(Huay Xai, 32만K, 1박2일 소요)행 슬로 보트를 탈 수 있다. 훼이싸이로 갈 경우 빡벵에서 1박을 해야 한다. 스피드 보트도 같은 곳에서 탈 수 있지만 위험하니 추천하진 않는다. 픽업서비스를 포함한 좀 더 비싼 가격의 보트 티켓을 시내의 여행사에서 구입할 수 있다. 08:30에 출발하고 티켓은 08:00까지 선착장 입구에서 판매한다.

➕ **루앙프라방 시내교통**
◎ **썽태우, 뚝뚝**
여럿이서 타는 썽태우에 합승할 경우 루앙프라방 시내는 5,000~1만K이면 충분하다. 여럿이서 썽태우를 대절해 꽝씨 폭포까지 다녀올 수도 있다. 시내는 뚝뚝 이용 시 1만~2만K 정도, 터미널까지는 보통 2만~3만K이면 충분하다. 그러나 흥정을 하지 않으면 두 배까지도 가격이 올라가니 탑승하기 전에 흥정은 필수다.

◎ **오토바이, 자전거**
루앙프라방 주변은 비교적 길이 평탄하여 오토바이나 자전거를 타고 돌아다니기 좋다. 그러나 꽝씨 폭포로 가는 길은 길이 좁고 구불거리며 많은 차량이 다니므로 사고가 종종 발생한다. 루앙프라방 올드타운의 씨싸왕웡 거리에 있는 여러 여행사에서 오토바이나 자전거를 대여할 수 있지만 언제나 최우선은 안전임을 명심하자.

Cost 오토바이 11만K, 스쿠터 15만K, 자전거 2만K

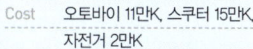

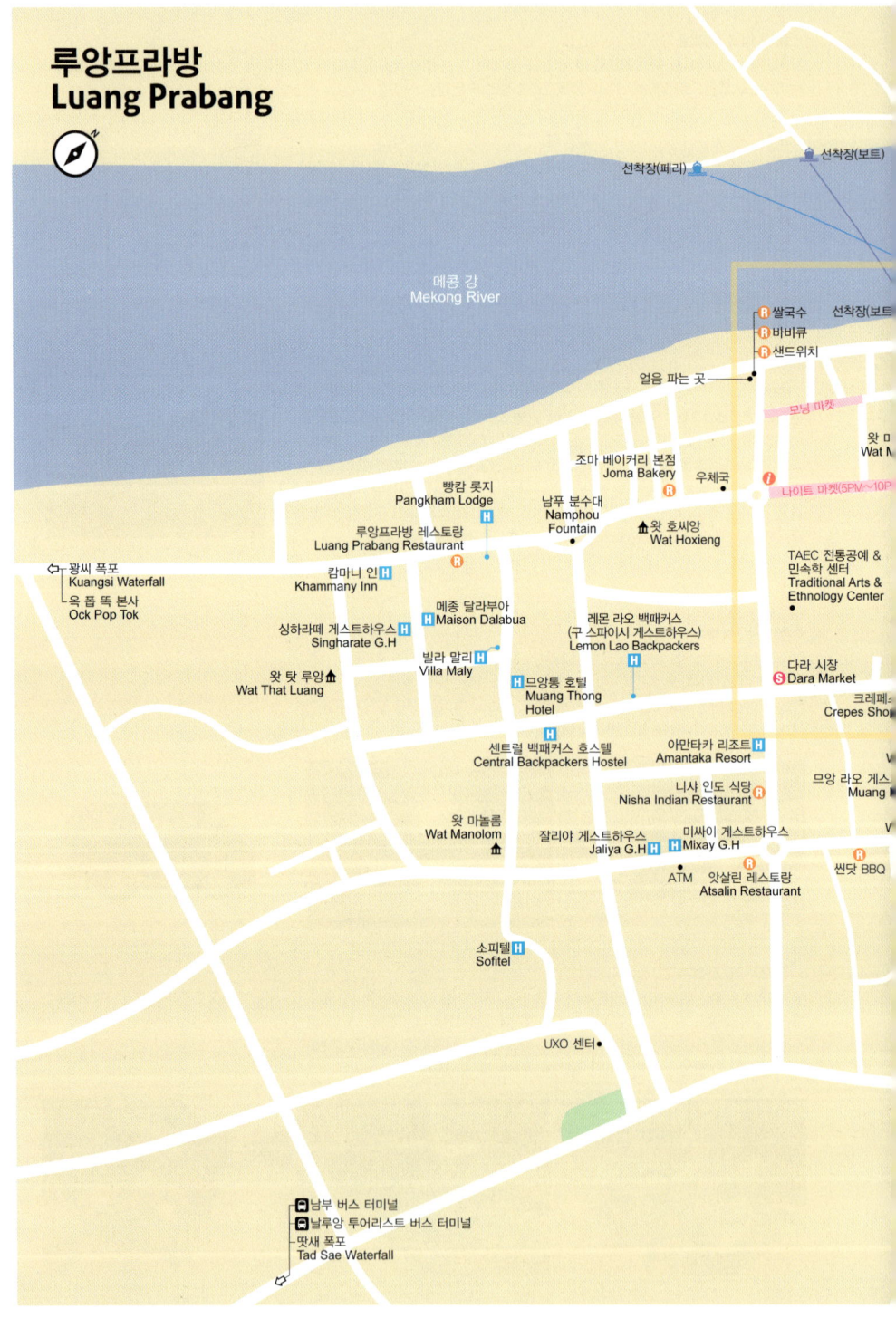

# Sightseeing

루앙프라방 올드타운은 라오스 여행의 하이라이트다. 올드타운 바깥 도심도 소소한 볼거리로 가득하다. 루앙프라방 외곽에 위치한 꽝씨 폭포는 물놀이로 하루를 보내고 싶은 이들에게 제격인 장소이며 메콩 강 건너편과 남 칸 강 건너편 마을도 자전거로 여행하기 좋은 곳이므로 마음껏 발길 닿는 대로 여행하자. 이른 아침 경건한 탁발을 통해 욕심을 털어내고, 싱그러움 가득한 루앙프라방 올드타운을 산책하며 여유로운 하루를 시작해보자. 여행객들이 주로 방문하는 곳은 왕궁박물관이 있는 씨싸왕웡(Sisavang-vong) 거리이며, 이곳에 있는 수많은 여행사를 통해 투어를 하거나 자전거나 오토바이를 대여할 수 있다. 인원을 모아 뚝뚝을 흥정하는 것도 좋은 방법이다.

Sightseeing

## 푸 씨 Phou Si

| Access | 왕궁박물관 건너편 계단, 다라 시장 옆 길, 남 칸 쪽 계단으로 쉽게 오를 수 있음 |
| --- | --- |
| Open | 07:00~18:00 |
| Cost | 2만K |

산 위의 황금색 탑이 어디에서나 눈에 띄는 푸 씨 산은 '신성한'을 뜻하는 'Si'와 '산'을 뜻하는 'Phou'가 합쳐진 것으로, '신성한 산'이라는 뜻이다. 328개의 계단을 올라야 정상에 도달할 수 있는 이곳에서는 루앙프라방과 왕궁박물관의 모든 전경이 한눈에 들어온다. 도시 중앙에 위치해 힌두교의 메루 산(수미산)을 형상화한 것으로 평가되는 이 산은 4월 중에 열리는 라오스 신년축제(분 삐마이, Boun Pi Mai)의 시발점이기도 하다.

푸 씨 산은 세 곳을 통해 올라갈 수 있는데 왕궁박물관 건너편의 왓 빠 후악(Wat Pa Huak) 사원의 오른쪽으로 난 계단을 가장 많은 사람들이 이용하며, 다라 시장 옆 TAEC 입구를 지나는 길은 좀 더 완만하기 때문에 편하게 오를 수 있나.

푸 씨 산에는 재미있는 전설이 있다. 전설에 따르면 푸 씨 산 한쪽에는 지구 중심으로 통하는 깊은 동굴이 있다고 한다. 마을 사람들의 도움을 받아 한 승려가 그 구덩이 속으로 들어갔을 때 어마어마한 양의 보물이 발견되었다. 그러나 마을 사람들은 그 보물을 빼앗고 승려를 산 채로 구덩이에 매장하였으며 입구를 봉인해버렸다. 그러나 영험한 무기를 가진 승려는 보물의 일곱 수호신을 물리치고 스스로 곤경에서 벗어나는 데 성공했다. 이 소식은 곧 왕의 귀에 들어갔고, 왕은 용들이 멈출 때까지 마을 사람들에게 매일 세 시간 동안 북과 징, 심벌즈를 교대로 번갈아가며 두드릴 것을 명했다. 이 관행은 왓 툼 타오(Wat Thum Thao) 사원 근처에서 아직까지 행해지고 있다.

푸 씨 산의 정상에 세워진 황금색의 탑인 탓 쫌씨(That Chomsi)는 높이가 28m로, 1804년에 건축되어 1914년에 개축되었다. 정상 근처에는 러시아제 대공포가 있는데, 지금은 현지 아이들의 놀이터로 쓰인다. 푸 씨 산의 경사면에 지어진 여러 사원들은 최근에 지어진 것들로 특별히 볼만한 사원은 없다. 푸 씨 산은 우아한 루앙프라방 도심과 그 주변을 가장 잘 조망할 수 있는 곳으로, 맑은 날에는 멀리 메콩 강을 넘어 떨어지는 일몰이 특히 아름답다.

Sightseeing

# 왕궁박물관(호캄) Haw Kham

루앙프라방 올드타운의 중심이 되는 곳이다. 푸 씨 산과 메콩 강 사이에 자리한 왕궁은 현재 박물관으로 쓰이고 있다. 란쌍 왕국 시절에 지어졌던 기존의 목조 왕궁이 청나라 흑기군(黑旗軍)Black Flag Arms의 침략으로 인해 소실된 후, 프랑스 식민 정부에서 씨싸왕웡 왕King Sisavangvong의 거주지로 이곳을 건설했다. 이곳은 그의 아들 씨싸왕 왓따나 왕King Sisavang Vattana이 1975년에 일어난 혁명으로 인해 북부 라오스로 유배되기 이전까지 왕궁으로 사용되었다. 라오스 전통 양식과 프랑스 보자르Beaux Arts 스타일이 혼합된 건물로 낮은 십자가의 한쪽에 있는 현관과 함께 두 개의 십자형 모양으로 설계되었다. 계단은 이탈리아에서 가져온 대리석으로 만들어졌다. 푸 씨 산 맞은편의 정문으로 들어서면 박물관이 나오고, 우측에는 파방 불상을 모신 호 파방, 좌측에는 왕립 극장이 배치되어 있으며 박물관 뒤쪽에는 황실에서 사용하던 자동차들이 전시되어 있다. 왕립 극장에서는 일주일에 서너 번 라오스 전통 무용 공연을 한다.

| | |
|---|---|
| Address | Sisavangvong Road (푸 씨 산 북서쪽) |
| Open | 08:00~11:30, 13:30~16:00 |
| Cost | 입장료 3만K |
| Note | 내부 사진촬영 금지 |

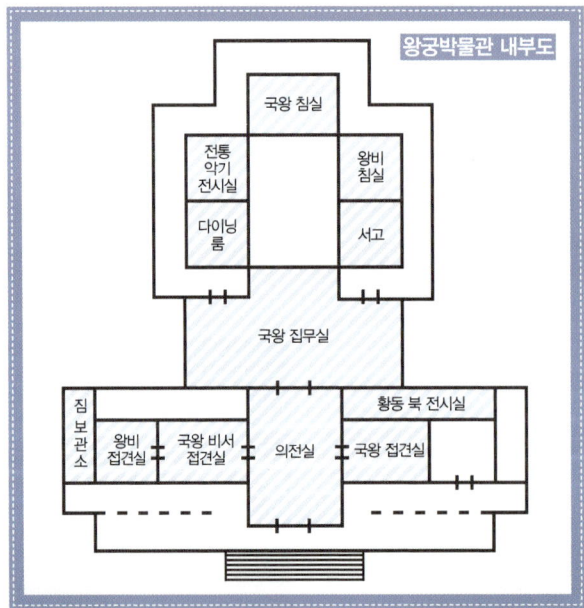

## 왕궁박물관 둘러보기

박물관 내부를 구경하기 위해서는 입구 좌측에 있는 매표소에서 표를 구입해야 한다. 표를 구입한 뒤에는 제일 왼쪽에 있는 방에서 가방과 모자 등 소지품을 보관함에 맡겨야 한다. 건물 내부는 사진촬영이 금지되기 때문에 카메라도 보관함에 보관해야 한다.

왕궁에 들어서면 중앙의 앞쪽 홀에는 종교 의식이 치러질 때 고승들이 앉는 의자가 있으며, 인도, 캄보디아, 라오스 등지에서 만들어진 희귀한 불상들과 왕가의 다양한 종교 유품들이 전시되어 있다.

입구를 기준으로 오른쪽에 있는 방은 왕의 접견실King's Reception Hall로, 역대 왕들의 흉상과 왕의 장례를 치른 후 재를 보관하는 함, 책 보관함 등이 전시되어 있다. 벽면에는 툿 탄Thit Tanh이라는 라오스 공예장인이 제작한 금박을 입힌 두 개의 대형 라마야나 병풍이 있다. 벽화는 1930년, 프랑스 화가 알릭스 드 빠뜨루Alix de Fautereau가 그린 것으로 왓 마이나 왓 씨양통 등의 사원들과 그 속에서 살아가는 라오스인의 전통 생활상을 담은 작품이다. 방 한쪽에 있는 창문을 통해 들어오는 빛의 양이 시간의 흐름에 따라 달라지므로 이에 따라 각 벽면에 걸린 그림의 중요도가 달라진다.

접견실에서 중앙홀로 가기 위한 복도에는 청동으로 만든 북과 코끼리 등 위에 얹은 왕의 어가 등이 전시되어 있다. 청동 북의 중앙에는 태양을 상징하는 문양이 그려져 있으며 가장자리에는 개구리 모양의 부조가 있는데 이는 라오스의 건기와 우기를 상징함과 동시에 사람의 일생을 상징한다고 여겨진다.

왕궁의 중앙홀은 온통 붉은 벽면에 각종 색깔의 색유리로 장식되어 화려하고도 웅장한 느낌을 준다. 홀 중앙에는 높은 왕좌와 금, 은으로 만든 칼 등이 장식되어 있고 유리 장식장 안에는 왓 우쑨 사원의 수박 탑에서 나온 작은 수정불과 금 불상이 전시되어 있다.

건물 안쪽 복도에는 중국이 선물한 화려한 병풍을 시작으로, 왕의 옥쇄, 우표, 왕과 왕비의 의복과 스카프, 그리고 복도 반대쪽 끝부분에는 베트남에서 선물한 아름다운 병풍이 장식되어 있다. 복도가 시작되는 부근에는 왕의 서재가 있는데 이곳에는 태국 왕이 선물한 불교 경전이나 기타 각 나라에서 선물 받은 책자들이 있다. 그다음으로는 왕비의 침실과 왕의 침실이 있는데, 1975년 왕의 일가가 왕궁을 떠났을 당시의 모습이 그대로 보존되어 있다. 본래 왕가 자녀들의 침실이었던 공간에는 전통 악기들을 전시해 놓았다. 라마야나 악극을 공연할 때 썼던 장신구나 가면과 함께 말발굽 모양의 전통 악기를 포함하여 여러 악기들이 전시되어 있다.

다음으로 각종 도자기나 그릇들이 전시되어 있는 응접실을 지나면 중앙홀의 왼쪽에 위치한 왕과 왕비의 비서 접견실에 도달하게 된다. 이곳에는 중국이나 베트남, 인도 등지에서 보내온 각종 진귀한 신물들이 놓여 있다. 1967년 러시아의 화가 일랴 글라주노프가 그린 씨싸왕 왓따나 왕King Sisavang Vattana, 캄포우이 왕비Queen Khamphoui, 웡싸왕 황태자Prince Vong Savang의 커다란 초상화가 걸려 있다. 벽면에는 베트남의 수상인 호치민과 씨싸왕웡 왕이 춤을 추는 사진이 걸려 있다.

Haw Kham
❶
# 호 파방 Ho Pha Bang

왕궁박물관 매표소 맞은편에 있는 호 파방에는 루앙프라방을 상징하는 성스러운 황금 불상인, 파방Pha Bang 불상이 보관되어 있다. 이곳은 '파방 사원'이라는 뜻으로 '왓 호 파방Wat Ho Pha Bang'이라 불리기도 한다. 불상은 높이 83cm, 무게 50kg의 작은 입불상이지만 주위를 둘러싼 화려한 장식들이 이 불상의 위엄을 증명한다. 전설에 따르면 이 불상은 10세기 이전에 스리랑카에서 만들어져 앙코르 왕국에 선물로 보내졌으며, 크메르 공주와 결혼한 초대 란쌍 왕국의 파응움 왕King Fa Ngum에게 크메르의 파야 시리찬타 왕King Phaya Sirichantha이 선물로 주었다고 한다.

불상 뒤쪽에는 전설 속의 뱀인 나가가 불상을 보호하듯 감싸고 있다. 태국의 씨암 왕국이 루앙프라방을 침략하면서 약탈했던 불상은 몇 번의 반환과 약탈의 과정 속에서 여러 사원을 전전하다 2013년에 현재의 장소로 옮겨졌다. 불상에는 도시를 보호하는 힘이 깃들어 있다고 전해지는데, 몇몇 루머에 따르면 진짜 파방 불상이 냉전 시대에 소련으로 옮겨졌다거나 현재 전시 중인 불상은 비엔티안의 한 은행 금고에 보관되어 있는 진품을 대신한 모조품이라는 이야기도 있다. 그러나 현재까지도 이 불상은 라오스 국민의 정신적인 지주이자 라오스 불교에서 가장 중요한 불상으로 전 국민들에게 추앙받고 있다. 라오스 최대의 신년축제인 분 삐마이가 되면 왕궁 옆에 있는 왓 마이 사원으로 불상이 옮겨져 많은 불자로부터 경건한 세정식이 행해진다.

### Sightseeing : 올드타운 내부

## 왓 씨앙통 Wat Xieng Thong

올드타운의 북쪽, 메콩 강변에 위치한 루앙프라방의 대표적인 사원이다. '황금 도시의 사원'이란 뜻의 왓 씨앙통은 14세기에 창건되고 1560년, 쎗타티랏 왕 King Setthathirat 이 공들여 개축하였다. 메콩 강과 칸 강이 만나는 이곳은 전설에 따르면, 씨앙통으로 알려진 정착지에 자리한 네 개의 경계석 중 두 신의 힘이 모이는 영험한 곳이라고 한다. 1887년, 청나라 흑기군의 침략으로 많은 곳이 파괴되었지만, 승려 생활을 했던 흑기군 두목이 이곳을 본부로 사용했기 때문에 유일하게 피해를 입지 않고 원형 그대로 잘 보존되었다고 한다.

| | |
|---|---|
| Address | Souliyavongsa Road, Sakkalin Road |
| Open | 08:00~17:30 |
| Cost | 입장료 2만K |

#### Wat Xieng Thong

## 대법전 Sim

16세기 루앙프라방 사원 건축의 두 번째 양식을 대표하는 예로 삼단의 우아한 지붕이 지면에 닿을 듯 낮게 깔리는 고전적인 건축 양식으로 지어졌다. 삼단 지붕 끝에는 용 모양의 장식이 있는데, 용은 비를 기원하고 사원을 수호한다는 의미가 있다. 1560년 쎗타티랏 왕이 본당을 건설하면서, 검은색 배경 위에 황금색 스텐실로 짠타파닛 Chanthaphanith 전설의 영광을 그려 넣었다. 본당 안은 화려하게 장식된 고급 목재 기둥들이 부처의 생애를 표현한 자타카 Jataka 와 부처의 설법과 윤회를 상징하는 법륜이 새겨진 천장을 지탱하고 있다. 본당 바깥벽에는 씨쑤탄과 쑤타쏨 Thao Sisouthane, Thao Souttasom 의 전설이 그려져 있고 뒤쪽의 벽면에는 붉은색 바탕 위에 생명의 나무(혹은 마법의 나무 Mai Tong Tree)가 아름다운 색유리 모자이크로 장식되어 있다.

Laos | Luang Prabang

### Wat Xieng Thong

## 장례 법당 Royal Funerary Carrage House

사원의 동문 근처에 왕실 장례 법당이 있고, 1960년 라오스의 마지막 왕이었던 씨싸왕웡 왕의 납골함을 옮겼던 운구차도 이곳에 있다. 왕을 상징하는 전설 속의 뱀인 나가 일곱 마리를 조각해 금박을 입혀 화려하게 장식한 12m의 운구차는 유명한 공예장인인 팃 탄이 만들었다. 이 법당은 1962년, 출입문과 전면 외벽에 라오스 양식으로 변형된 힌두 신화 라마야나 Ramayana를 금박 부조로 새긴 것으로도 유명하다.

### Wat Xieng Thong

## 붉은 법당 Ho Tai Pha Sai Nyaat

1880년, 본당 주변에 '호 타이 Ho Tai'라 불리는 장경각(藏經閣)이 지어졌다. 이곳은 사원 건축 당시에 제작된 희귀한 와불상이 있는 곳이다. 법당의 외벽은 1957년, 부처 탄생 2,500주년을 기념하여 정교하고도 화려한 갖가지 색상의 유리 모자이크로 장식되었다. 모자이크의 내용은 전통 설화에 나오는 지혜로운 영웅 쎄오 싸왓 Sieo Sawath에 관한 이야기이다.

1961년에는 법고각인 호 콩 Ho Kong이 추가로 건설되었다. 왓 씨앙통은 불당과 승려들의 거처, 그리고 종무소(절의 사무실) 등 크게 3개의 건물로 구성되어 루앙프라방 사원의 전통 양식을 충실히 따르고 있는 곳이다. 루앙프라방은 예로부터 칠기와 금은 세공 기술이 발달해 제기나 각종 소도구 제작 기술은 세계적인 퀄리티를 자랑한다.

### Sightseeing : 올드타운 내부

## 왓 마이 Wat Mai

왓 마이는 '새로운 절'이라는 뜻을 지니고 있는 사원이다. 18세기 후반에서 19세기 초반까지, 완성하는 데만 70년이 걸렸다는 왓 마이는 왕궁박물관 바로 옆에 있다. 만탓투랏 왕 King Manthatourath의 재임 시절이었던 1821년에 건립된 사원으로 한때는 라오스의 큰 스님인 프라 쌍카라즈 Phra Sangkharaj의 거주지로도 사용되었다. 다섯 겹으로 쌓여진 지붕이 있는 목조 건물로 전통적인 루앙프라방 양식을 따랐다. 본당의 입구를 받치고 있는 아름다운 금장식의 기둥과 석가모니불의 화신이라는 베르산트라 Versantra 혹은 베산따라 Vessantara의 일생을 상세히 설명해 놓은 수려한 툇마루, 호화롭게 금으로 양각 장식된 문틀이 우리의 눈을 즐겁게 한다. 황금부조에는 라마야나 이야기와 현지 마을의 생활상도 새겨져 있다. 분 삐마이 축제 기간 중 3일 동안 파방 불상이 이곳에 머문다.

| Address | Sisavangvong Road |
|---------|-------------------|
| Open    | 08:00~17:30       |
| Cost    | 입장료 1만K        |

Sightseeing : 올드타운 내부

## 왓 빠파이 Wat Paphai

'대나무 숲 수도원'이라는 뜻을 가지고 있는 사원이다. 왓 빠파이의 건축 시기는 정확하게 알 수 없다. 좁은 기단과 높은 지붕선, 본당 입구 위쪽의 공작새 문양에서 태국의 영향을 많이 받았음을 알 수 있을 뿐이다.

Sightseeing : 올드타운 내부

## 왓 씨엥무안 Wat Xiengmouane

1853년에 짠타랏 왕King Chahtarat이 북을 보관하기 위해 건설한 사원으로, 사원의 원래 이름 역시 '즐거운 소리의 수도원'이었다고 하나 훗날 '놀라운 도시의 수도원'이라는 지금의 이름으로 바뀌었다고 한다. 현재는 유네스코의 지원하에 예술학교를 운영 중이다.

Sightseeing : 올드타운 내부

## 왓 쎈 Wat Sen

1714년, 사원 건설 당시 10만K의 보시를 받은 데서 '왓 쎈(쎈Sen은 라오스어로 '10만'을 의미한다)'이라는 이름이 유래했다. 현재의 모습은 불기 2,500년을 기념하여 1957년에 보수된 것으로 태국 양식의 높은 지붕과 붉은색과 금색이 조화된 외벽을 갖추고 있어 전반적으로 화려한 느낌을 주는 곳이다. 이곳에는 분 쑤앙후아Boun Suang Heua 배 축제에서 사용되는 크고 아름다운 두 개의 배가 보관되어 있기도 하다. 마당에는 비를 부르는 자세를 취한 거대한 입불상과 부처님 발자국 모양의 비석이 있으며 불교 축제 때 사용되는 징과 북이 있다. 이곳에서 루앙프라방 아침 탁발(05:30~06:00)이 시작된다.

| | |
|---|---|
| Address | Sakkalin Road |
| Open | 08:00~17:00 |
| Cost | 무료입장 |

Sightseeing : 올드타운 내부

## 왓 키리 Wat Khiri

왓 씨앙통 맞은편에 있는 이곳은 '황금 산의 사원'이라는 뜻으로, 산악지대인 씨앙쿠앙 지역의 건축 양식으로 지어졌다. 1779년에 이 사원을 건축한 짜오캄싸타 왕자는 이 지역 출신이었다고 한다. 루앙프라방과 씨앙쿠앙 지역의 좋은 관계를 유지하기 위해 지었다는 이 사원은 넓고 낮은 외형의 본당을 지니고 있는데, 전면의 붉은 벽면에는 유리 모자이크로 장식한 여섯 개의 작고 아름다운 '생명의 나무(왓 씨앙통의 '생명의 나무' 미니어처 버전)'를 볼 수 있다. 창문 덮개에는 고행 중인 수도자의 모습이 담겨 있는데, 석가모니의 수행 모습을 묘사한 것이라고 한다. 입구의 2층 건물은 프랑스 식민지 시절에 지어진 것으로 지금은 수도원으로 사용하고 있다.

| | |
|---|---|
| Address | Sakkalin Road |
| | (올드타운 북동쪽에 위치) |
| Open | 08:00~17:00 |
| Cost | 무료입장 |

Sightseeing : 올드브리지 근처

## 왓 위쑨 Wat Vison

위쑨나랏 왕King Wisunarat은 재위기간 동안 행정조직 체계와 불교를 정립하는 과정의 일환으로 본래 왓 마놀롬Wat Manolom에 있던 파방 불상을 모시기 위해 이 사원을 건립했다. 1513년 토요일(6번째 달의 12번째 보름, 부처력 2005년)에 완공된 사원으로 루앙프라방에서 현재 제 역할을 하고 있는 사원 중 가장 오래된 곳이다.

넓이 36m*18m이며, 4개의 문과 21개의 창이 있는 본당은 질 좋은 목재와 수준 높은 목공예 기술로 만들어졌으며 앞쪽의 처마가 테라스를 완전히 덮어 길게 경사가 져 있는 것이 특징이다. 사원은 1888년, 청나라의 흑기군이 꼭대기 장식물을 훔쳐가는 과정에서 불에 타 소실되어 1894년 싸칼린 왕King Sakhalin이 재건하였다. 이 과정에서 목조 건물이었던 사원을 벽돌과 벽토로 복원하였는데, 담과 벽돌 기둥은 예전 디자인과 동일하게 만들었으나 법당 난간 창문은 고풍스러운 분위기가 나도록 윗가지 나무로 제작했다. 윗가지 나무는 옛 남부 인도와 크메르에서 고안된 것으로 라오스 건축에서는 드문 것이었다. 재건축 후 분실과 손상 방지를 위해 오래되거나 승려가 없는 탑에 보관되어 있던 고대 불교 유물들과 비석들을 이곳에 옮겨 놓았다. 본당 맞은편에는 연꽃 무늬 탑인 탓 파툼That Pathum이 있는데 이는 1514년에 만들어진 것으로 부처님의 사리가 있다고 전해진다. 그 형태가 수박 같다고 해서 흔히 수박 탑(탓 막모That Mak Mo)이라고 부른다.

| | |
|---|---|
| Address | Phommathat Road |
| | (푸 씨 산 남동쪽 올드브리지 방면) |
| Open | 08:00~17:30 |
| Cost | 입장료 2만K |

Sightseeing : 올드브리지 근처

## 왓 아함 Wat Aham

왓 위쑨 바로 옆에는 작은 문으로 연결된 왓 아함 사원이 있다. 왓 아함 사원 본당은 1818년에 지어진 것으로 추정되는데, 입구를 오르는 계단 양옆으로는 두 개의 사자상이 있고 그 옆으로 힌두 신화 라마야나의 라오스 버전인 '프라 락 프라 람Phra Lak Phra Lam'에 등장하는 원숭이 '하누만Hanoumane'과 '라와나Ravana' 상이 입구를 지키고 있다. 이곳에는 본래 란쌍 왕국을 통일한 파응움 왕이 지은 루앙프라방의 수호신인 '푸 노Pu No'와 '나 노Na No'를 모시던 사당이 있었다고 한다. 사원 공터에 몇 개의 오래된 탑과 함께 성스럽게 여겨지는 두 그루의 커다란 보리수나무가 있는데 이곳에 이 두 수호신이 깃들어 있다고 전해진다. 법당 내부는 특별하진 않지만 커다란 보리수나무와 오래된 탑이 어우러진 정원이 볼만하다.

| | |
|---|---|
| Address | Phommathat Road(푸 씨 산 남동쪽 올드브리지 방면, 왓 위쑨 옆) |
| Open | 08:00~17:30 |
| Cost | 무료입장 |

Sightseeing : 루앙프라방 시내

## 왓 탓 루앙 Wat That Luang

'황금 탑의 사원'이라는 뜻을 가진 이곳은 1818년에 지어졌으며 루앙프라방에서 가장 중요한 사원 중 하나로 꼽힌다. 전설에 따르면 이 장소에는 본래 인도 아소카 왕이 파견한 불교 사절단이 지은 사원이 있었다고 하는데 그 진위는 아무도 알지 못한다.

본당 앞쪽에 위치한 황금 탑에는 씨싸왕웡 왕의 유골이 보관되어 있다. 흰색의 본당 건물은 황금의 종교화가 그려진 검은 문과 창문, 맞배지붕 아래의 장식, 그리고 지붕의 중심에 있는 15개의 황금 우산 모양의 독쏘파Dokspta 장식이 아름답다. 독쏘파 장식은 주로 우산이나 탑 모양을 하고 있으며 우주의 중심인 수미산을 상징한다. 뒤쪽의 검은 탑에는 부처의 사리가 안치되어 있다고 전해진다. 이 외에도 왕과 왕족의 유골이 담긴 작은 탑들이 있다. 이곳은 비교적 대규모의 승단이 생활하는 곳으로, 오랫동안 중요한 불교 행사나 왕실 행사가 이루어진 곳이다. 라오스 신년축제인 분 삐마이 기간 동안 이 사원 앞쪽의 메콩 강변에는 거대한 장터가 열린다.

| | |
|---|---|
| Access | 올드타운에서 남서쪽으로 약 1km |
| Open | 08:00~17:30 |
| Cost | 무료입장 |

Sightseeing : 올드타운 내부

## TAEC 전통 공예 & 민속학 센터
Traditional Arts & Ethnology Center

원래 프랑스인 법관의 저택이었던 곳을 개조하여 전통 공예 박물관으로 운영 중인 곳으로, 다라 시장에서 푸 씨 산을 오르는 초입에 있어 산을 오르기 전에 간단히 둘러보기 좋은 곳이다. 이곳에는 17개 부족의 200개가 넘는 생활용품들이 보관되어 있다. 규모가 크지는 않지만 라오스 전통 공예를 보존하는 것에 초점을 맞춘 곳으로 각 부족 특유의 전통 의상이나 생활용품이 잘 진열되어 있고 뒤쪽에 자세한 설명이 영어로 쓰여 있어 라오스의 전통 생활상을 알기에 좋은 곳이다. 전통 생활상을 상영하는 비디오를 볼 수도 있으며 박물관 뒤쪽에는 공정무역가게가 있어 비교적 수준 있는 공예품을 구입할 수 있는데, 루앙프라방 올드타운에도 분점이 있다.

| | |
|---|---|
| Access | 올드타운 남쪽 다라 시장 옆 |
| Open | 09:00~18:00 |
| Close | 월요일 |
| Cost | 입장료 2만5,000K |
| Web | www.taeclaos.org |

Sightseeing : 올드타운 내부

## 모닝 마켓 Morning Market

왓 마이 옆쪽 작은 골목에서 열리는 시장으로, 매일 아침 신선한 식재료를 사서 음식을 조리하는 라오스 사람들로 인해 늘 붐비는 곳이다. 저녁까지 시장이 열리지만 아침이 가장 활기 있다. 본격적으로 시장을 둘러보고 싶다면 루앙프라방에서 가장 큰 시장인 딸랏 포씨Talat Phosy(올드타운에서 짜오 파응움 도로를 따라 남서쪽으로 1.7km)로 가보자. 각종 신선한 식재료부터 공산품까지 없는 게 없다.

Access 왓 마이 사원 남쪽 벽면과 맞닿은 골목

Sightseeing : 올드타운 내부

## 탁발 Tak Bat

동이 틀 무렵에 이루어지는 탁발 행렬은 라오스 전역에서 이루어지지만, 특히 루앙프라방의 탁발 행렬은 고풍스러운 올드타운의 분위기와 어우러져 더욱 아름답다. 주황색 가사를 입고 맨발로 나온 승려들의 행렬과 담벼락 한쪽에 무릎을 꿇고 앉아 조심스럽게 밥을 발우에 담는 시민들의 모습은 무척 경건하지만, 일부 무개념 여행자들의 왁자지껄한 모습이 눈살을 찌푸리게 한다. 조용히 경건하게 탁발에 참여하고, 참여하지 않는다면 멀리서 이 행렬의 의미를 생각해보는 시간을 갖자. 탁발 행렬은 왓 쎈Wat Sen 사원 북동쪽의 왓 쏩Wat Sop 사원에서 출발하여 씨싸왕웡 거리를 따라 남서쪽으로 내려간다.

Sightseeing : 메콩 강 건너편

# 쫌펫 지구 Chompet District

루앙프라방 올드타운의 세련됨이 지겨워지기 시작하면 왕궁박물관 뒤쪽의 선착장에서 정기 운행되는 페리(1인당 1만K, 자전거 1만K)를 타고 메콩 강을 건너 라오스의 시골마을을 방문해보자. 선착장부터 비포장도로가 시작되고, 오르막을 오르면 금세 소박한 마을 장터가 나온다. 자전거를 타고 돌아다니기에도 좋으며 강가를 따라 나 있는 작은 길에는 왓 씨앙맨, 왓 쫌펫, 왓 롱쿤 등의 사원이 있어 여기저기 구경하는 재미도 쏠쏠하다.

Access 올드타운 맞은편 지역

**Chompet District**

## 왓 씨앙맨 Wat Xieng Maen

선착장에서 7분 정도 걸으면 나오는 첫 번째 사원이다. 16세기 후반에 처음 지어졌던 사원으로, 작은 규모지만 삼단 지붕과 그 기둥을 받치는 또 다른 기둥, 전면의 화려한 부조와 유리 모자이크 장식, 본당에 들어가는 문 윗부분의 공작새 장식이 아름답다. 사원 외관은 1920년대에 새로 지어진 것이지만 내부에 있는 불상과 유물들은 모두 옛 물품이 그대로 보존된 것이라고 한다.

Access 선착장에서 북동쪽 메콩 강변을 따라 도보 7분 거리
Cost 입장료 1만K

**Chompet District**

## 왓 쫌펫 Wat Chompet

왓 씨앙맨에서 나와 강변을 따라 좀 더 올라가면 언덕 위에 왓 쫌펫 사원이 있다. 사실, 사원 자체는 전혀 볼 것 없는 폐허에 불과하지만 언덕 위에서 보이는 루앙프라방과 메콩 강변은 나름 운치가 있다.

Access 선착장에서 북동쪽 메콩 강변을 따라 도보 12분 거리
Cost 입장료 1만K

## Chompet District

## 왓 롱쿤 Wat Longkhoune

왓 쫌펫을 지나 조금만 더 가면 잘 정돈된 정원과 함께 왓 롱쿤 사원이 나온다. '축복의 노래'라는 뜻의 사원으로, 왕의 후계자가 왓 씨앙통에서 대관식을 치르기 전 3일 동안 머물렀던 곳이다. 그 기간 동안 왕은 목욕 의식과 명상 수행을 한 뒤, 메콩 강으로 난 계단을 내려가 배를 타고 왓 씨앙통으로 향했다고 한다. 메콩 강변에 위치한 본당 입구의 양쪽에는 중국인 무사가 흐릿하지만 섬세하게 그려져 있다. 내부에는 채색이 화려한 벽화가 눈에 띄는데, 이는 부처의 전생을 묘사하고 있는 것이다. 본당 옆에는 승려들이 거주하는 목조 건물이 있으므로 방해되지 않게 조용히 이 아름다운 사원을 감상하자. 사원을 구경한 후 작은 보트(1인당 2만K~)를 타고 건너올 수도 있다. 보트를 타기 전, 흥정 먼저 해야 한다는 것을 잊지 말 것!

| | |
|---|---|
| Access | 선착장에서 북동쪽 메콩 강변을 따라 도보 17분 거리 |
| Cost | 입장료 1만K |

### Sightseeing : 남칸 강 건너편

## 반 판 루앙(판 루앙 마을) Ban Phan Luang

루앙프라방을 감싸는 두 강 중 하나인 남 칸 강 건너편 역시 한적한 라오스를 느낄 수 있는 곳이다. 우기가 아닌 경우에는 올드타운 북쪽 끝(통행료 7,000K)과 올드타운 동쪽 중간(통행료 5,000K) 지점에 놓이는 대나무 다리를 이용해 간편하게 다녀올 수 있지만 비가 많이 오는 기간에는 배를 타거나 올드브리지를 이용해야 한다. 올드타운 북쪽의 '뷰 포인트 카페'에서 메콩 강변으로 내려가면 나오는 대나무 다리를 건너면 강 건너편에 뷰 포인트가 있고 이곳에는 작은 벤치와 시원한 음료를 파는 노점상이 있으므로 잠깐 쉬어가기에 좋다. 강 건너편에 있는 여러 사원들은 일부러 찾아갈만한 사원은 아니지만 한적한 자전거 여행 중에 잠시 들르기에는 나쁘지 않다.

| | |
|---|---|
| Access | 남 칸 강 건너편에 위치 |

Sightseeing : 루앙프라방 외곽 지역

## 꽝씨 폭포 Kuangsi Waterfall

꽝씨 폭포는 소수민족 마을인 몽족 마을을 지나 한 시간 정도 달리면 금세 도착하는 곳이다. 카르스트 지형 덕분에 버섯 모양의 바위들이 많은 폭포로, 에메랄드빛 웅덩이들이 계단식으로 이어진다. 입장료를 내고 숲이 무성한 길로 들어서면 먼저 야생 곰 보호소의 어린 곰들을 볼 수 있다. 맑은 물이 흐르는 상쾌한 숲길을 지나면 마침내 아름다운 빛깔의 계단식 웅덩이가 나온다. 웅덩이는 보기보다 깊은 편이니 표지판을 잘 보고 수영이 가능한 곳에서만 물놀이를 해야 하며, 수영을 잘 못하는 성인이나 어린이들은 반드시 구명조끼를 구비하자. 또한 겨울에는 물이 무척 차가우므로 심장마비에 걸리지 않도록 신경써야 한다. 나무에서 다이빙을 하는 사람들을 볼 수 있지만, 물살이 센 경우에는 소용돌이에 휩쓸려 목숨을 잃기도 하므로 추천하지 않는다. 보기만 해도 시원한 폭포를 구경하거나 아름다운 계곡 사이에 발을 담그고 피크닉을 즐기기에도 안성맞춤이다. 입구에 있는 수많은 노점에서 각종 음료와 꼬치구이, 간단한 먹을거리를 판매하므로 입장하기 전에 미리 준비하는 것이 좋다. 보통 여럿이서 뚝뚝이나 차량을 대절해 방문하거나 여행사에서 제공하는 한나절 투어를 신청해서 이곳을 방문한다. 자전거나 오토바이로 이곳을 방문하기도 하지만 한적한 길임에도 의외로 사고가 많이 일어나므로 늘 주의하자.

| Access | 루앙프라방에서 남서쪽으로 29km 지점 |
| --- | --- |
| Open | 08:00~17:30 |
| Cost | 입장료 2만K, 여행사 미니밴 이용 시 1인당 5만K |

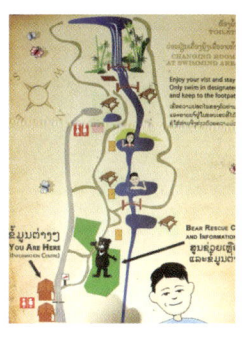

Sightseeing : 루앙프라방 외곽 지역

## 땃쌔 폭포 Tad Sae Waterfall

아름다운 계단식 폭포로 유명한 곳으로, 건기에는 수량이 부족해 그 진가를 발휘하지 못 하지만 우기에는 꼭 한번 들러보자. 석회암 지대에 형성된 폭포이며, 에메랄드빛으로 반짝이는 물이 우거진 나무 사이로 층층이 흘러내리는 모습은 무척이나 아름답다. 폭포 입구에 있는 강을 건너는 배를 타거나 폭포 주변에서 수영을 하는 코끼리를 보는 재미도 쏠쏠하다. 많은 현지인들의 쉼터인 만큼 물놀이를 할 때 옷차림에 조금 더 신경을 쓰고, 현지인들이 물놀이를 하는 곳 주변에서 안전하게 수영을 즐기는 것이 좋다. 미끄러운 바위에 주의하고, 물살이 센 곳이나 폭포 바로 아래에서는 수영을 하지 말아야 한다.

| Access | 루앙프라방에서 남쪽으로 20km 지점 |
| --- | --- |
| Open | 08:00~17:30 |
| Cost | 입장료 1만5,000K, 보트 1만K |

Sightseeing : 루앙프라방 외곽 지역

# 빡우 동굴 Pak Ou Caves

메콩 강의 북쪽으로 이동하다 보면 금동 불상이 가득한 동굴이 있는 거대한 화강암 절벽이 나타난다. 빡우 동굴은 위아래 두 개의 동굴로 구성되어 있는데, 아래에 있는 동굴은 탐 팅Tham Thing이라고 부르며 위에 있는 동굴은 탐 펌Tham Phum이라고 부른다. 메콩 강의 남 오Nam Ou 지류의 어귀 맞은편 절벽에 있다.

이 두 개의 동굴은 16세기 쎗타티랏 왕에 의해 발견된 것으로 추정되는데, 나무로 만든 수천 개의 말뚝이 박혀 있고 300년 이상 된 수많은 금불상이 있다. 많은 불상들이 고전 양식의 루앙프라방 입불상으로 비가 오길 기도하는 특이한 자세(팔을 옆으로 내리고, 손바닥을 안쪽으로 한 차렷 자세)를 하고 있다. 이곳 사람들은 이 동굴이 수호신의 은거지라고 믿고 있으며, 수년 동안 이 동굴에 승려들이 살았다고 한다. 왕은 매년 신년 인사를 위해 이곳을 방문했고, 아름다운 벽화가 그려진 왕실 사원이 있는 빡우 마을에 머물렀다.

이 동굴은 또한 라오스 신년축제인 분 삐마이 기간에는 순례를 위해 수천 명의 신자들이 찾는 곳이다. 건기 때는 강물이 줄어들어 모래 언덕이 드러나는데 이곳에서 사금을 채취할 수 있어, 메콩 강둑에 기거하며 금을 채취하는 사람들도 볼 수 있다. 이렇게 채취한 사금은 주로 태국에 수출된다. 솔직히 동굴로 오르는 수고에 비해 내부는 그리 특별하지 않지만 메콩 강을 거스르는 뱃길을 즐기기 위해 많은 여행객들이 이곳을 방문한다.

| | |
|---|---|
| Access | 메콩 강 북서쪽 29km 지점. 동굴 건너편 빡우 마을에서 왕복하는 배를 이용(1인당 1만3,000K)하거나 루앙프라방 선착장에서 왕복하는 배를 이용(1인당 8만K, 배 한 대당 30만K~) |
| Open | 08:00~17:30 |
| Cost | 입장료 2만K |

Sightseeing : 루앙프라방 외곽 지역

# 반쌍 하이 & 반 파놈 Ban Xang Hai Village & Ban Phanom

반쌍 하이는 루앙프라방 인근에 있는 마을이다. '항아리를 만드는 마을'이라는 뜻을 가진 작은 마을이지만, 이곳은 항아리보다는 라오스의 전통 술인 '라오라오'로 유명한 곳이다. 쌀이나 각종 곡물로 만든 라오라오는 라오스에서 대중적인 인기를 지니고 있는 술로, 도수는 한국의 소주보다 훨씬 높은 편이다. 첨가하는 재료에 따라 조금씩 맛이 달라지지만 일반적으로 중국의 고량주와 비슷한 맛이 난다. 현재 이 마을은 관광지가 되어 각종 기념품들을 늘어놓고 팔고 있다. 시내와 빡우 동굴의 중간 지점에 위치하므로, 빡우 동굴로 이동할 때 보트 주인에게 미리 말을 하면 마을을 방문할 수 있다. 반 파놈은 '수직물을 짜는 마을'인데 기념품을 사기에 적당한 마을 정도로 생각하면 된다.

| | |
|---|---|
| Access | 메콩 강 북서쪽 25km 지점. 빡우 동굴을 방문할 경우 중간에 들르게 되는 마을로, 차량으로는 40분 정도면 갈 수 있다. |

## Food ①
### 씨앙통 국숫집 Xieng Thong Noodle Soup

말이 필요 없는 카우삐약 국숫집. 우리나라의 칼국수가 떠오르는 라오스 전통 국숫집으로, 아시아 사람들에게 인기가 많은 탓인지 가게에는 한국어와 일본어, 중국어로 메뉴가 쓰여져 있어 한눈에 알아볼 수 있다. 최근 왓 씨앙통 입구로 이사했는데, 먹는 방법까지 한국어로 자세히 쓰여 있다. 카우삐약은 처음엔 그저 그런 맛인 것처럼 느껴지는데, 여행 기간이 길어질수록 종종 생각나는 음식이다.

Address  Sakkalin Road(왓 키리 사원 옆)
Open    07:00~14:00
Cost    카우삐약 1만K, 카우삐약 카이 1만2,000K, 맥주 7,000K

## Food ②
### 카우쏘이 국숫집 Khao Soi Noodle Soup

한국인에게 '된장국수'라고 불리는 카우쏘이 국숫집. 국수 위에 된장 맛이 나는 라오스 소스와 고기를 볶은 고명을 올려준다. 국수와 함께 나오는 각종 허브를 올려 먹으면 느끼하지 않은 고소한 맛의 국수를 먹을 수 있다. 처음에는 약간 적응이 곤란할 수 있지만 익숙해지면 그 깊은 맛을 음미할 수 있다. 루앙프라방 올드타운에서 가장 유명한 국숫집이다.

Address  Sakkalin Road(왓 쎈 맞은편)
Open    07:30~12:00
Cost    국수 2만K

## Food ③
### 나이트 마켓 먹자골목

저녁 5시 이후 열리는 화려한 나이트 마켓에는 먹거리 노점이 빠지지 않는다. 나이트 마켓 입구 여행 안내소 쪽에는 스프링 롤과 국수를 주로 팔고 그 맞은편에는 먹음직스러운 각종 꼬치구이를 판다. 인디고 하우스 옆 골목으로 들어가면 여러 가지 밥과 국수, 반찬들을 진열해 놓고 한 접시에 1만5,000K에 판매하는 뷔페가 주머니 가벼운 여행자들을 유혹한다. 음식이 특별히 맛있는 건 아니지만 색다른 분위기를 느낄 수 있어 좋다.

Access  인디고 하우스 남쪽 골목    Open    17:00~22:00

## Food ④
### 몽족 샌드위치, 주스 가게

푸 씨 산 아래에는 샌드위치와 생과일 주스를 파는 가게들이 모여 있다. 샌드위치는 방비엥이 더 맛있고, 생과일 주스는 루앙프라방이 낫지만 저렴하면서도 무난한 한 끼 식사를 하기에는 충분히 만족스러운 곳이다.

Access  인디고 하우스 맞은편

### Food ❺
## 크레페스숍 레스토랑
Crepes Shop Restaurant

맛있는 카우삐약과 태국의 보트 누들, 각종 크레페, 맛있는 생과일 셰이크를 아주 저렴하게 먹을 수 있는 야외 레스토랑이다. 취향에 따라 먹을 수 있고 맛도 좋아서 인근의 많은 사람들이 즐겨 찾는 곳이다. 저렴하게 생과일 셰이크를 먹고 싶은 사람이라면 꼭 한번 찾아가보자.

| Address | Phommathat Road(푸 씨 산 남동쪽) | |
|---|---|---|
| Open | 09:00~23:00 | Close 일요일 |
| Cost | 망고 셰이크 8,000K, 살라미 크레페 1만2,000K | |
| | 카우삐약 1만5,000K | |

### Food ❻
## 니샤 인도 식당 Nisha Indian Restaurant

루앙프라방, 폰싸완에 분점이 있는 남인도 음식점으로 잘 구운 난과 매콤한 카레가 다른 곳보다 좀 더 깊은 맛을 낸다. 가게는 허름한 편이지만 인도음식 마니아라면 한 번 들러보자.

| Address | Kitsalat Road, Town Center |
|---|---|
| Open | 09:00~23:00 |
| Cost | 짜이 1만K, 난 8,000K~, 카레 3만K~ |
| Tel | 020-982-66023 |

### Food ❼
## 씬닷 Sin Dad

야외에서 먹는 한국식 구이요리인 '씬닷'은 루앙프라방에서 꼭 맛봐야 할 음식 중 하나다. 올드타운 내에는 메콩 강변에서 가장 큰 씬닷 뷔페인 리버사이드 바비큐 레스토랑이 있으며 남콩 강변에는 작지만 좀 더 저렴하고 알찬 씬닷집인 켐칸 씬닷집이 있다. 올드타운에서 조금 떨어진 곳에 있는 씬닷 뷔페집인 뉴 파라다이스 레스토랑은 좀 더 질 좋고 다양한 재료들을 구비해 놓는 곳으로, 현지인들에게 인기 있는 씬닷집이다.

**리버사이드 바비큐 레스토랑**
Riverside Barbecue Restaurant

| Address | Manthatourat Road(메콩 강변) |
|---|---|
| Open | 17:30~23:00 |
| Cost | 1인당 6만K |
| Tel | 020-5599-9945 |

**켐칸 씬닷집 Khem Khan Sin Dad**

| Address | Kingkitsalat Road(남 칸 강변) |
|---|---|
| Open | 17:30~23:00 |
| Cost | 한 접시에 5만K |

**뉴 파라다이스 레스토랑**
New Paradise Restaurant

| Address | Manomai Road, Town Center |
|---|---|
| Open | 17:30~23:00 |
| Cost | 1인당 6만K |
| Tel | 020-5529-9009 |

## Food ⑧
### 빅 트리 카페 Big Tree Café

메콩 강변에 위치한 수많은 레스토랑 중 한식을 파는 유일한 레스토랑이다. 가격은 한국 수준과 비슷해 현지 물가와 비교하면 만만치 않은 수준이지만 숙주나물이나 고추절임 등 각종 밑반찬과 함께 먹는 된장찌개, 김치찌개가 현지 음식에 지쳐 있던 위장을 달래준다.

| | |
|---|---|
| Address | 46 Souliyavongsa Road |
| Open | 08:30~21:30 |
| Close | 일요일 |
| Cost | 된장찌개 5만5,000K 김치찌개 6만K 라오 맥주 1만5,000K |
| Tel | 071-254-670 |
| Web | bigtreecafe.com |

## Food ⑨
### 카페 뚜이 Café Toui

라오스 현지 음식을 만들어 파는 아늑한 식당으로, 정갈하고 수준 있는 음식들이 나온다. 라오스 음식을 경험해 보고 싶은 사람들은 이곳에서 한번 도전해보자. 라오스 정식세트뿐만 아니라 루앙프라방 소시지 등 메뉴가 대체적으로 모두 맛있다.

| | |
|---|---|
| Address | 91 Ban Xieng Mouane, Sisavang Vatthana Road |
| Open | 10:00~21:30(음료, 칵테일 판매는 23:30까지) |
| Cost | 라오스 정식세트 8만K |
| Tel | 020-5657-6763 |
| Email | somphong@yahoo.com |

## Food ⑩
### 로젤라 퓨전 레스토랑
### Rosella Fusion Restaurant

남콩 강변에 있는 여러 호텔 레스토랑 사이에서 현지인이 운영하는 작고 분위기 좋은 음식점이다. 라오스 전통 음식과 태국 음식이 특히 훌륭하다. 분위기도 깔끔해서 와인을 마시며 기분 좋은 식사를 즐길 수 있다.

| | |
|---|---|
| Address | Kingkitsalat Road(남 칸 강변) |
| Open | 11:00~21:30 |
| Cost | 랍 4만5,000K, 레드카레 4만K, 라오 맥주 1만2,000K 잔 와인 3만K |

## Food ⑪
### 옌 싸바이 레스토랑 Dyen Sabai Restaurant

남 칸 강 대나무 다리(18:00 이후에는 무료통행) 건너편에는 무성한 대나무 숲이 있는데 이 사이에 루앙프라방에서 가장 분위기 좋은 야외 레스토랑이 숨어 있다. 각종 라오스 전통 음식도 근사하지만 특히 이곳에서 먹는 씬닷은 좀 더 고급스럽다. 저녁 시간에 칵테일이나 맥주를 마시기에도 좋다. 대나무 다리가 없는 우기 시에는 레스토랑에서 무료 보트를 운행하니 참고할 것.

| | |
|---|---|
| Open | 08:00~23:00 |
| Cost | 카이뺀 4만K, 루앙프라방 소시지 3만5,000K, 플래터 6만K 씬닷 8만K |

Food
⓬

## 타마린드 레스토랑 Tamarind Restaurant 🛜

루앙프라방의 많은 라오스 전문 음식점 중 가장 정평이 나 있는 곳이다. 라오스 요리 강좌도 열리며 비교적 작은 규모의 레스토랑이므로 저녁 시간에는 미리 예약을 하는 것이 좋다. 다양한 루앙프라방 소스를 맛볼 수 있는 디핑세트나 라오 플래터를 추천한다. 음식을 서빙할 때 종업원이 메뉴에 대해 간단한 설명을 해준다. 금요일에만 특별히 제공되는 라오 디너세트는 하루 전에 미리 예약을 해야 한다.

| | |
|---|---|
| Address | Kingkitsalat Road, Vat Sene Village |
| Open | 11:00~16:15, 17:30~21:00 |
| Close | 일요일 |
| Cost | 라오 플래터 7만K, 라오 맥주 1만5,000K, 디핑 4만K |
| Tel | 071-213-128 |
| Email | info@tamarindlaos.com |
| Web | www.tamarindlaos.com |

Food
⓭

## 3나가스 3Nagas 🛜

라오스 전통 음식을 판매하는 또 다른 명소로, 루앙프라방 최고급 호텔 그룹에서 운영하는 곳이다. 호텔 레스토랑인 만큼 가격은 비싼 편이지만 올드타운의 분위기가 물씬 풍기는 건물의 야외 테이블에 앉아 루앙프라방 최고의 식사를 즐길 수 있다. 와인이나 칵테일도 훌륭하다.

| | |
|---|---|
| Address | Sakkalin Road |
| Open | 06:30~22:30 |
| Cost | 잔 와인 6만4,000K 메인메뉴 6만K~ |
| Tel | 071-253-888 |

Food
⓮

## 루앙프라방 키친 레스토랑
Luang Prabang Kitchen Restaurant 🛜

원래 술과 음식을 즐길 수 있는 소소한 식당이었던 이곳은 최근 쉬운 이름으로 가게 이름을 바꾸었다. 그러나 맛과 분위기는 그대로다. 쇠고기 스테이크는 루앙프라방에서 최고 수준이며 파스타나 피자도 맛있다. 전체적으로 합리적인 가격과 친절한 서비스도 이 식당의 장점. 높은 천장을 갖춘 고풍스러운 레스토랑에서 무드 있게 식사를 하고 싶다면 이곳을 방문해보자.

| | |
|---|---|
| Address | 98/5 Sakkalin Road(산티 호텔과 3나가스 호텔 사이) |
| Open | 07:30~21:30 |
| Cost | 스테이크 7만5,000K 파스타 4만5,000K 라오스 국수 2만5,000K 하우스 와인 3만K |
| Tel | 071-260-686 |

## Food
### 15
### 블루라군 레스토랑 Blue Lagoon Restaurant 📶

저녁에만 운영하는 서양 음식점으로 루앙프라방에서는 가장 고급스러운 곳이다. 다양한 라오스 퓨전 음식을 맛볼 수 있는데, 특히 치킨요리나 치즈요리가 훌륭하다. 이곳의 웨이터들은 부담스러울 정도로 서빙을 열심히 한다.

| | |
|---|---|
| Address | Ounheun Road, Choumkhong Village, Old Town |
| Open | 18:00~23:00 |
| Cost | 메인 12만K~, 카레 7만K~ 루앙프라방 스페셜 12만3,000K |
| Tel | 020-5925-2525 |
| Email | restaurant@blue-lagoon-restaurant.com |
| Web | www.blue-lagoon-restaurant.com |

## Café
### 1
### 남콩 카페 Nam Khong Café 📶

메콩 강변 한구석을 차지하고 있는 작은 카페이지만, 이곳 역시 루앙프라방의 숨겨진 맛집이다. 저렴한 가격에 깔끔한 생과일 셰이크나 아이스 아메리카노, 간단한 아침식사를 모두 즐길 수 있다. 그중에서도 과일 요거트 뮤즐리를 강력 추천한다. 뮤즐리는 일찍 가야 맛볼 수 있다.

| | |
|---|---|
| Address | Manthatourat Road (왕궁박물관 북쪽 메콩 강변) |
| Open | 07:00~23:00 |
| Cost | 조식세트 3만K, 뮤즐리 2만5,000K 아이스 아메리카노 1만K 망고 셰이크 1만K |

## Café
### 2
### 르 바네통 카페 Le Banneton Café

사원으로 둘러싸인 곳에 위치한 오래된 커피숍으로, 한낮의 더위를 피해 이곳에서 시간을 보내는 외국인들로 문전성시를 이루는 곳이다. 각종 빵이나 케이크, 커피가 제공되지만 특히 이곳의 크루아상은 루앙프라방의 어느 베이커리보다도 고소하다. 무난하지만 진한 맛을 내는 커피와 달콤한 애플파이도 추천한다.

| | |
|---|---|
| Address | 03/46 Sakkalin Road (왓 쏩 맞은편, 올드타운) |
| Open | 06:30~18:00 |
| Cost | 커피 1만3,000K~ 베이커리 1만2,000K~ |
| Tel | 020-5973-2608 |
| Email | drickher@yahoo.fr |

### Café ❸

## 조마 베이커리 카페 Joma Bakery Café 📶

비엔티안, 하노이, 프놈펜에 분점이 있는 라오스 최대의 커피 체인점으로, 루앙프라방에 있는 카페가 본점이다. 세련되고 아기자기한 인테리어가 익숙하면서도 편안하다. 에어컨 덕분에 시원하고, 콸콸 잘 터지는 와이파이 덕에 많은 여행객들이 한 번쯤은 꼭 들르게 되는 곳. 저렴하진 않지만 깔끔한 커피와 베이커리를 즐길 수 있다. 우체국 옆에 있는 본점 외에, 남 칸 강변에도 분위기 좋은 야외 카페가 있다.

| | |
|---|---|
| Address | Chao Fa Ngum (우체국 옆) |
| Open | 07:00~21:00 |
| Cost | 조식 2만7,000K~ |
| | 아이스 커피 1만8,000K |
| | 초콜릿 크루아상 1만6,000K |
| | 치즈 케이크 2만3,000K |
| Tel | 071-252-292 |
| Web | www.joma.biz |

### Café ❹

## 인디고 카페 Indigo Café 📶

인디고 하우스 1층이자 나이트 마켓 입구라는 편리한 위치가 장점인 깔끔한 카페다. 아침메뉴 외에도 파스타나 햄버거, 샐러드, 아이스 아메리카노 등 여행객들의 입맛에 무난하게 맞는 음식을 파는 곳이며 약간 비싼 느낌이 들지만 늘 많은 사람들로 붐비는 곳이기도 하다.

| | |
|---|---|
| Address | Sisavangvong Road, Pakham Village |
| Open | 07:00~23:00 |
| Cost | 아이스 아메리카노 2만K |
| | 라오 맥주 1만3,000K |
| | 볶음밥 2만9,000K |
| | 카우쏘이 1만5,000K |
| Tel | 071-212-264 |
| Web | www.indigohouse.la |

### Café ❺

## 사프론 에스프레소 카페 Saffron Espresso Café 📶

루앙프라방의 세련된 카페 중 하나로, 모닝 마켓 근처와 메콩 강변 야외 카페 두 곳에 위치한다. 가장 높은 가격을 자랑하는 곳이지만 라오스 남부 볼라벤에서 공수한 커피로 만든 커피의 맛이 일품이다. 공정무역을 표방하는 커피숍인 만큼 좀 더 호감이 가는 곳으로, 분위기 좋은 메콩 강변 야외 카페에서 시원한 커피와 함께 우아한 올드타운을 즐겨보자.

| | |
|---|---|
| Address | Manthatoulat Road (모닝 마켓 근처 메콩 강변) |
| Open | 07:00~21:00 |
| Close | 일요일 |
| Cost | 아이스 아메리카노 2만5,000K |
| | 과일 스무디 2만2,000K |
| | 아침 세트메뉴 2만5,000K |
| Web | www.saffroncoffee.com |

### Night Life

## 유토피아 Utopia 🛜

푸 씨 산 뒤쪽, 올드브리지로 가기 전 남 칸 강변에 자리한 곳으로, 이름 그대로 '유토피아'는 루앙프라방 최고의 아지트라고 할 수 있다. 낮에는 방석 위에 드러누워 유유히 흐르는 강을 바라보며 게으름을 피우다가, 밤에는 맥주와 함께 시끌벅적한 수다를 떨며 라오스에서의 하루를 보내보자. 맛있는 음식이 있는 것도 아니고 특별한 이벤트가 있는 것도 아니지만 히피스러운 정원의 분위기 덕에 그저 앉아만 있어도 기분이 좋아지는 곳이다.

| | |
|---|---|
| Access | 푸 씨 산 남동쪽 남 칸 강변 |
| Open | 08:00~23:30 |
| Cost | 샌드위치 3만5,000K, 과일 셰이크 1만6,000K |
| | 라오 맥주 1만5,000K |
| Tel | 020-2388-1771 |
| Web | www.utopialuangprabang.com |

### Night Life

## 라오 라오 가든 Lao Lao Garden 🛜

울창한 정원이 매력적인 야외 레스토랑으로, 음식점이지만 주로 칵테일이나 맥주를 마시기 위해 많이 찾는 곳이다. 인기가 많아 늘 북적대지만 열대나무들과 함께하는 여유로운 분위기 속 즐거운 대화가 가능한 곳. 추운 겨울밤에 피우는 모닥불이 무척이나 운치 있다.

| | |
|---|---|
| Address | Ratsavong Road(푸 씨 산 남동쪽) |
| Open | 08:00~23:30 |
| Cost | 팟타이 3만9,000K, 스테이크 6만9,000K |
| Tel | 020-7777-4414 |

### Night Life

## 하이브 바 Hive Bar 🛜

화요일에서 토요일까지 저녁 7시면 라오스 전통 의상 패션쇼와 B-boy 공연이 열리는 곳으로, 근사한 식사나 음료와 함께 공연을 즐길 수 있다. 수많은 종류의 전통 의상들을 제대로 관람할 수 있는 데다, 각종 스테이크도 가격 대비 훌륭한 편이며 맥주도 시원하므로 루앙프라방의 저녁을 즐기기에 손색이 없는 곳이다.

| | |
|---|---|
| Address | Ratsavong Road (푸 씨 산 남동쪽) |
| Open | 07:00~23:30 |
| Cost | 라오 맥주 1만6,000K |
| | 바비큐 8만4,000K |
| | 버거 7만K~ |
| Tel | 020-5999-5370 |

### Night Life

## 아이콘 클럽 Ikon Club 🛜

루앙프라방의 유럽풍 골목과 잘 어울리는 유럽식 칵테일 바로, 헝가리에서 온 여주인이 만드는 근사한 칵테일을 즐길 수 있다. 작고 아늑한 클럽이 익숙한 유럽인들이 주로 찾는다. 바 테이블에 앉아 루앙프라방 속의 또 다른 유럽을 즐겨보자.

| | | | |
|---|---|---|---|
| Address | Sisavangvattana Road(남 칸 강변 쪽) | | |
| Open | 화~일 17:00~23:30 | Close | 월요일 |
| Cost | 칵테일 4만K~ | | |

## Shopping ①

### 나이트 마켓 Night Market

한적하고 클래식한 루앙프라방의 밤은 오히려 화려한 나이트 마켓이 장식한다. 저녁 5시가 되면 씨싸왕웡 거리 입구에는 바리케이드가 설치되고 거리에는 온통 붉은 천막이 펼쳐진다. 나이트 마켓 입구에 있는 각종 먹거리 노점에서 국수를 먹거나, 먹자골목에서 1만5,000K짜리 뷔페를 먹으려는 사람들로 줄이 늘어난다. 화려한 옷, 지갑, 슬리퍼, 가방 등 각종 기념품을 파는 천막들이 줄지어 늘어서 있는데, 할 일 없더라도 이 근처를 어슬렁대며 루앙프라방의 여유롭고 기분 좋은 저녁 시간을 만끽해보자. 이곳에서 물건을 구입할 때는 흥정이 필수지만 대부분 온화한 분위기여서 특별히 눈살을 찌푸릴 일은 없다.

## Shopping ②

### 옥 폽 똑 Ock Pop Tok

올드타운 메콩 강변과 씨싸왕웡 거리에 두 개의 매장이 있고, 루앙프라방 서쪽 메콩 강변에 옥 폽 똑 본사가 있다. 약간 가격대가 있지만 고급스러운 스카프 같은 수공예품을 구입하고 싶다면 방문해보자. 옥 폽 똑 본사에는 분위기 좋은 메콩 강변 카페도 있고 천연 염색, 전통 직조술 수업도 한다. 올드타운 옥 폽 똑에서 본사까지 하루에 2회(08:45, 12:45)씩 무료로 뚝뚝 운행을 한다.

## Shopping ③

### 꼽노이 Kopnoi

푸 씨 산 뒤쪽의 작은 공정무역숍으로, 종류가 많지는 않지만 라오스 각 지역의 부족에서 만든 수준 높은 수공예품이나 스카프, 머플러 등을 판매한다. 2층에는 각종 크기의 다양한 그림도 전시되어 있다.

# Stay

라오스 최고의 여행지답게, 저렴한 게스트하우스에서 5성급 호텔까지 다양한 숙박 시설을 갖추고 있다. 먼저 묵고 싶은 지역을 선택한 뒤, 그곳에서 원하는 수준의 숙박 시설을 찾는 것이 좋다. 또한 가장 많은 여행자가 방문하는 12월~1월 기간이나 축제 기간에는 미리 예약을 하는 것이 낫다. 만약 이 기간에 예약을 하지 않고 방문했다면, 모닝 마켓 메콩 강변 쪽이나 시내 중심에 위치한 숙소를 찾아보도록 하자.

### 올드타운

강변에 위치한 숙소는 대부분 시설 대비 가격이 지나치게 높은 편이다. 그러나 한 골목만 더 들어가면 관리가 잘 되어 있는 깔끔하고 조용한 숙소에 착한 가격으로 묵을 수 있다. 일몰을 감상하며 저녁 시간을 보내기 좋은 강변의 레스토랑과도, 우아한 올드타운이나 나이트 마켓과도 가까우니 이 근방이 가장 편리하고 합리적인 위치라 할 수 있다.

## Stay ❶

### 빅토리아 씨앙통 팰리스 Victoria Xieng Thong Palace

루앙프라방에서 가장 오래된 호텔로, 라오스 마지막 왕인 씨싸왕웡 왕이 살았던 곳이기도 하다. 왓 씨앙통 사원 바로 옆쪽, 분위기 좋은 메콩 강변에 위치하여 우아한 라오스 옛 왕실의 분위기가 느껴진다. 수영장이 없고 정원도 작은 편에다가 타일 바닥의 객실이지만, 고급스러운 침대와 전통 천 장식, 클래식한 마감과 수준급의 서비스가 최고급 호텔답다. 비수기에는 많은 할인을 받을 수 있으니 홈페이지를 확인해보자.

| | |
|---|---|
| Address | Kounxoau Road, Phonehueng Village |
| Cost | 팰리스룸 224$ |
| | 빅토리아 스위트 254$ |
| | 씨앙통 빌라 284$ |
| | 메콩 스위트 405$ |
| Tel | 071-213-200 |
| Email | resa.xiengthong@victoriahotels.asia |
| Web | www.victoriahotels.asia |

## Stay ❷

### 메콩 리버뷰 호텔 Mekong Riverview Hotel

올드타운 가장 북쪽에 있는 호텔로, 조용하면서도 분위기 좋은 메콩 강변에 자리한 최고급 호텔이다. 메콩 강변으로 향한 밝은 창이 있는 넓은 객실에는 근사한 마룻바닥에서부터 고급스러운 침대, 히노끼 욕조가 있는 욕실까지 있다. 가장 루앙프라방다우면서도 우아하기까지 한 호텔을 꼽으라면 제일 먼저 꼽는 곳이다.

| | |
|---|---|
| Address | Soulignavongsa Road(메콩 강변) |
| Cost | 싱글 130$~ |
| | 더블 190~230$ |
| | 부대 서비스 조식 |
| Tel | 071-254-900 |
| Email | hotel@mekongriverview.com |
| Web | www.mekongriverview.com |

### Stay ③

## 3나가스 호텔 3Nagas Hotel

루앙프라방 올드타운 내 사원 밀집 지역에 위치한 이 호텔은 우아한 올드타운에 어울리는 프랑스 식민지 시절의 고풍스러운 건물들로 이루어져 있다. 오래된 건물이지만 흠잡을 곳 없는 객실은 중후함과 쾌적함이 공존한다. 작은 야외 레스토랑은 열대나무 아래에서 수준 높은 식사를 할 수 있어 호텔 게스트뿐 아니라 많은 여행객들에게도 인기 있는 곳이다.

| | |
|---|---|
| Address | Wat Nong Village, Sakkalin Road |
| Cost | 디럭스 300$ 스위트 390$ |
| Tel | 071-260-777 |
| Email | rsm@hoteldelapaixlp.com |

### Stay ④

## 더 벨 리브 부티크 호텔
The Belle Rive Boutique Hotel

올드타운의 한적한 메콩 강변에 자리한 밝은 분위기의 부티크 호텔. 전반적으로 아기자기한 유럽풍 숙소로 환하고 밝은 분위기가 돋보인다. 나무가 우거진 메콩 강변을 향해 있는 넓은 창 덕분에 호텔은 무척이나 쾌적하다.

| | |
|---|---|
| Address | Phonhueang Village, Soulignavongsa Road(메콩 강변) |
| Cost | 발코니 스위트 220$, 디럭스 스위트 200$, 복층 발코니 170$, 수피리어 160$, 테라스룸 130$ |
| Tel | 071-260-733 |
| Web | www.thebellerive.com |

### Stay ⑤

## 살라 프라방 호텔 Sala Prabang Hotel

메콩 강변에 위치한 호텔로 루앙프라방 전역에 4개의 분점을 가지고 있다. 그중 메콩 강변에 있는 호텔은 약간 좁고 오래된 느낌이 나지만, 전반적으로 관리가 잘 되어 있다. 약간 시끄러운 곳에 있기 때문에 굳이 메콩 강변이 아니어도 된다면 한 골목 더 들어간 곳에 있는, 그러나 좀 더 깔끔한 분점도 고려해보자.

| | |
|---|---|
| Address | 81/1 Ounkham Road, Xieng Mouane(메콩 강변) |
| Cost | 더블 155$ |
| Tel | 071-252-460 |

### Stay ⑥

## 앤시언트 루앙프라방 호텔
Ancient Luang Prabang Hotel

올드타운 내 조용한 골목에 위치한 분위기 좋은 호텔이다. 고급스러운 나무 바닥이 쾌적하고 고급스러운 객실을 합리적인 가격에 이용할 수 있다. 특히 한적한 길가를 향해 나 있는 넓은 발코니의 편안한 의자나 고급스러운 욕조가 이곳의 특징인데 욕조와 룸이 따로 분리되어 있지 않은 점을 염두에 두자. 대체로 약간 좁은 객실이지만 킹 자쿠지 룸은 상당히 넓다.

| | |
|---|---|
| Address | Khunsour Road, Phonheuang Village |
| Cost | 더블 90$ |
| Web | www.ancientluangprabang.com |

## Stay
### ❼
### 인디고 하우스 Indigo House 📶

나이트 마켓 입구에 있는 곳으로 흰색과 남청색의 세련된 외관이 눈에 띄는 4층 건물이 바로 인디고 하우스다. 각 방마다 디자인이 독특하게 되어 있어 미리 내부 구조를 보고 선택하는 것이 좋다. 4층의 넓은 테라스는 루앙프라방의 거리나 나이트 마켓이 내려다보여 좋지만, 엘리베이터가 없고, 도로가 근처에 있어 특히 축제 기간에는 무척 시끄럽다는 단점이 있다.

| | |
|---|---|
| Address | Sisavangvong Road, Pakham Village |
| Cost | 더블 90$ |
| Tel | 071-212-264 |
| Email | info@indigohouse.la |
| Web | www.indigohouse.la |

## Stay
### ❽
### 라오 우든 하우스 Lao Wooden House 📶

6개의 룸이 있는 작은 규모의 숙소로, 세련된 서비스는 없지만 조용한 숙박시설을 원한다면 좋은 선택이 될 것이다. 창이 작긴해도 넉넉한 공간의 방은 나무로 마감되어 있고, 침대도 편안하다. 건물 입구의 정원 덕에 답답하지도 않다.

| | |
|---|---|
| Address | Ban Wat nong, Luang Prabang, Laos |
| Cost | 트윈룸 45$~ / 조식 포함 |
| Tel | 071-260-283, 071-260-284 |
| Email | booking@laowoodenhouse.com |
| Web | www.laowoodenhouse.com |

## Stay
### ❾
### 빌라 라오듬 Villa Laodeum 📶

메콩 강변과 나이트 마켓, 왕궁박물관과 가까운 곳에 위치한 2층짜리 숙소로, 작지만 전체적으로 깔끔한 방과 밝은 분위기, 무척 편리한 위치 모두 흠잡을 데 없다. 1층에는 열대나무가 우거진 공간에 테이블이 마련되어 있어 하루 일정을 마치고 여유롭게 시간을 보내기에 안성맞춤이다.

| | |
|---|---|
| Address | Ounheuan Road, Choumkhong Village |
| Cost | 트윈, 더블 40$ / 조식 불포함 |
| Tel | 020-7777-5599 |
| Web | www.villalaodeum.com |

## Stay
### ❿
### 쏙디 레지던스 · 게스트하우스
### Sokdee Residence · Guesthouse 📶

올드타운의 메콩 강변 가까운 골목에 위치한, 저렴하면서도 넓고 깨끗한 쏙디 게스트하우스에서 조금 더 고급 숙소인 쏙디 레지던스를 오픈했다. 레지던스 역시 8개 객실로 작은 규모지만, 넓고 깨끗하며 비교적 넓은 야외 공간이 마련되어 있어 저녁에 휴식을 취하기에 안성맞춤이다. 가격 대비 훌륭한 선택이 될 것이다.

| | |
|---|---|
| Address | Khounsawa Road, Wat Nong Village |
| Cost | 레지던스 40~50$ / 부대 서비스 조식<br>게스트하우스 팬룸 10만K, 에어컨룸 12만K<br>조식 불포함 |
| Tel | 071-252-555 |
| Email | sokdeeguesthouse@gmail.com |

### Stay
**⑪**
### 로투스 빌라 호텔 Lotus Villa Hotel

작고 아늑한 정원을 둘러싼 2층 건물에는 클래식한 인테리어로 꾸며진 네 종류의 객실이 있다. 정원에 놓인 테이블이나 각 방의 테라스에서 편안한 휴식을 취하기에 좋은 호텔이다. 직원들도 친절하며 특히 이곳의 조식은 맛있기로 정평이 나 있다.

| | |
|---|---|
| Address | Kounxoa Road, Phone Hueang Village |
| Cost | 싱글 61~135$, 더블 67~155$ / 부대 서비스 조식 |
| Tel | 071-255-050 |
| Email | reception@lotusvillalaos.com |
| Web | www.lotusvillalaos.com |

### Stay
**⑫**
### 빌라 칫다라 Villa Chitdara

메콩 강변에 가까운 한적한 골목에 위치하여 여유롭게 묵기 좋은 곳으로, 객실은 크고 쾌적하며 욕실도 고급스럽다. 안쪽 건물의 테라스 앞에는 넓은 정원이 있어 더욱 편안한 분위기를 느낄 수 있다.

| | |
|---|---|
| Address | Khounsua Road, Wat Nong Village |
| Cost | 더블 55만K / 부대 서비스 조식, 에어컨 |
| Tel | 071-254-949 |
| Email | villachitdara@yahoo.com |
| Web | www.villachitdara.com |

### Stay
**⑬**
### 푼쌉 게스트하우스 Phounsab Guesthouse

올드타운의 가장 중심 거리인 씨싸왕웡 거리에 있어 주변 관광에 아주 유리한 게스트하우스이다. 저렴하게 묵을 수 있으며 안쪽 건물은 신축이라 깨끗하고 넓은 객실을 자랑한다. 그러나 에어컨이 특별히 중요하지 않다면 바깥쪽 건물의 훨씬 넓은 창문과 테라스가 있는 객실을 추천한다.

| | |
|---|---|
| Address | Sisavangvong Road, Chumkhong Village |
| Cost | 구 빌딩(선풍기) 25$~, 신 빌딩(에어컨) 35$~ / 조식 불포함 |
| Tel | 071-212-975, 020-5557-0023 |
| Email | phounsabguesthouse@yahoo.com, tengone123@yahoo.com |
| Web | www.phoun-thavy-sab.jimbo.com |

### Stay
**⑭**
### 라오 루 롯지 Lao Lu Lodge

루앙프라방 왓 미싸이와 메콩 강변 사이. 모닝 마켓 근처에 위치한 비교적 수준 있고 깨끗한 숙소이다. 신축 건물에 전통 천과 예쁜 세면대를 설치해 놓는 등 전반적으로 아기자기하고 쾌적한 편이지만 수압이 매우 약하다는 단점이 있다. 편리한 위치이지만 여행객들이 많이 찾지 않는 곳에 있어 시설에 비해 저렴한 편이다.

| | |
|---|---|
| Address | Pakham Village(아침 시장 근처) |
| Cost | 더블 30$~ / 조식 불포함 |
| Tel | 071-255-678 |
| Web | laolulodge.com |

## Stay

### 빌라 쎈쑥 Villa Senesouk 📶

왓 쎈 사원 맞은편에 있는 비교적 저렴한 숙소로, 비록 방은 좁은 편이지만 침대도 편안하고 전반적으로 깨끗한 편이다. 루앙프라방 올드타운의 매력을 잘 느낄 수 있는 거리에 위치하며 특히 탁발 수행이 시작되는 지점이어서 이른 아침에 숙소의 테라스에서 편하게 탁발 행렬을 볼 수 있다. 저녁에 들리는 승려들의 경전 읊는 소리가 색다르다. 조식은 제공되지 않지만 루앙프라방에서 가장 맛있는 베이커리와 국숫집이 주변에 있어 오히려 장점이 될 수 있다.

| | |
|---|---|
| Address | Sakkalin Road(왓 쎈 맞은편) |
| Cost | 더블 25$~ / 조식 불포함 |
| Tel | 071-212-074 |

## Stay : 추천

### 애플 게스트하우스 Apple Guesthouse 📶

메콩 강변에 연결된 골목에 있는 깔끔하고 아기자기한 게스트하우스. 나무로 마감된 밝은 분위기의 건물이다. 방은 대부분이 매우 작지만 청결하게 관리되며 특히 2층에 테라스가 마련되어 있어 일과를 마치고 쉬기에도 안성맞춤이다. 스태프들도 친절하다.

| | |
|---|---|
| Address | Xatikhoumman Road, Xiengmoun Village |
| Cost | 싱글 18$~, 더블 25$~ / 조식 불포함 |
| Tel | 020-5996-2220, 071-252-436 |
| Email | info@appleguesthouselaos.com |
| Web | www.appleguesthouselaos.com |

## Stay

### 남쏙 게스트하우스 3호점 Namsok Guesthouse 3 📶

메콩 강변에서도 가깝고 올드타운에서도 멀지 않은 좋은 위치에 있는 저렴한 숙소. 비좁지만 타일이 깔린 깨끗한 방에 침대도 깔끔하다. 2층의 테라스에는 테이블도 놓여 있어 일과를 마치고 돌아와 휴식을 취하기에 좋으며 주인아주머니도 친절하다. 좀 더 메콩 강변 쪽에 위치한 남쏙 게스트하우스는 같은 가격에 약간 시설이 떨어지는 오래된 방이지만, 그래도 다른 곳에 비하면 저렴한 편이다.

| | |
|---|---|
| Address | Sisavangvathana Road, Xiengmoune Village |
| Cost | 팬룸 8만K, 에어컨룸 12만K / 조식 불포함 |
| Tel | 071-254-426, 020-9999-0901 |

# Stay

### 남 칸 강변 쪽

이곳은 메콩 강변의 근사한 일몰을 감상하기에는 살짝 부족하지만 올드타운이면서도 좀 더 한적한 강변의 거리가 여유로운 곳이다. 비교적 고급스러운 호텔과 레스토랑이 강변에 우아하게 자리하며 조마 베이커리 같이 현지인들에게도 인기 있는 맛집도 있다. 푸 씨 산 뒤쪽으로는 바가 몰려 있어 저녁 시간을 좀 더 알차게 활용할 수 있다.

### Stay

## 빌라 나가라 Villa Nagara 📶

촉감 좋은 마룻바닥. 밝고 아기자기한 인테리어가 돋보이는 호텔로, 방과 욕실 모두 약간 비좁은 느낌이지만 기분 좋게 묵을 수 있다. 남 칸 강변 쪽이지만 중심 거리나 바가 밀집한 거리, 혹은 메콩 강변 쪽으로도 편하게 이동할 수 있는 좋은 위치다.

| | |
|---|---|
| Address | 59/4 Soukkaseum Road, Wat Saen Village |
| Cost | 더블 80~180$ (객실 2개만 리버뷰) 부대 서비스 조식, 무료 자전거 대여 |
| Tel | 020-5557-0775 |
| Email | rsv@villanagara.com |
| Web | www.villanagara.com |

### Stay

## 더 압싸라 호텔 The Apsara Hotel 📶

한적한 남 칸 강변 쪽에 위치한 부티크 호텔로, 13개의 방 모두 강변을 향해 테라스와 창이 나 있어 쾌적하고 밝은 분위기다. 테라스가 좁은 편이지만 방은 무척 넓으며 침대 외에도 작은 소파가 놓여 있다. 오픈 욕실이 약간 부담스럽긴 하지만 전반적으로 우아하고 로맨틱한 분위기로 가득 차 있다.

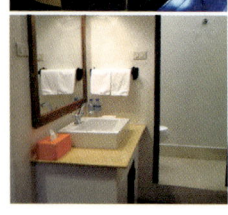

| | |
|---|---|
| Address | Kingkitsalat Road (남 칸 강변) |
| Cost | 더블룸 99$~ |
| Tel | 071-254-670 부대 서비스 조식, 무료 자전거 대여 |
| Email | info@theapsara.com |
| Web | www.theapsara.com |

### Stay

## 아함 코너 게스트하우스 Aham Corner Guesthouse 📶

호주식 술집인 오지 스포츠 바에서 새로 오픈한 게스트하우스로, 단순하고 좁지만 가격 대비 깨끗한 시설이 장점이다. 푸 씨 산 뒤쪽이라 올드타운 중심과는 약간 거리가 있지만, 루앙프라방의 밤 문화를 즐기고 싶다면 안성맞춤인 위치다. 이 주변으로는 주로 저렴한 숙소들이 많아 젊은 분위기가 느껴지는 곳이기도 하다.

| | |
|---|---|
| Address | Aham Village, Sisouphan Road (푸 씨 산 남동쪽) |
| Cost | 팬룸 15$~ 에어컨룸 18$~ 조식 불포함 |
| Tel | 020-5617-0258 |

# Stay

### 조마 베이커리 본점 쪽

올드타운 바깥, 우체국 뒤편 나이트 마켓 인근에 위치한 숙소 골목에는 수십 개의 호텔이 다닥다닥 붙어 있어 가히 숙소 골목이라 부를 만하다. 한국인들이 특히 많이 묵는 곳이지만 그 덕분에 가격도 지나치게 높아진 경향이 있다. 배낭여행객들을 위한 도미토리에 묵고 싶은 사람이라면 이곳에 있는 게스트하우스가 올드타운에서 가장 가까운 편에 속한다.

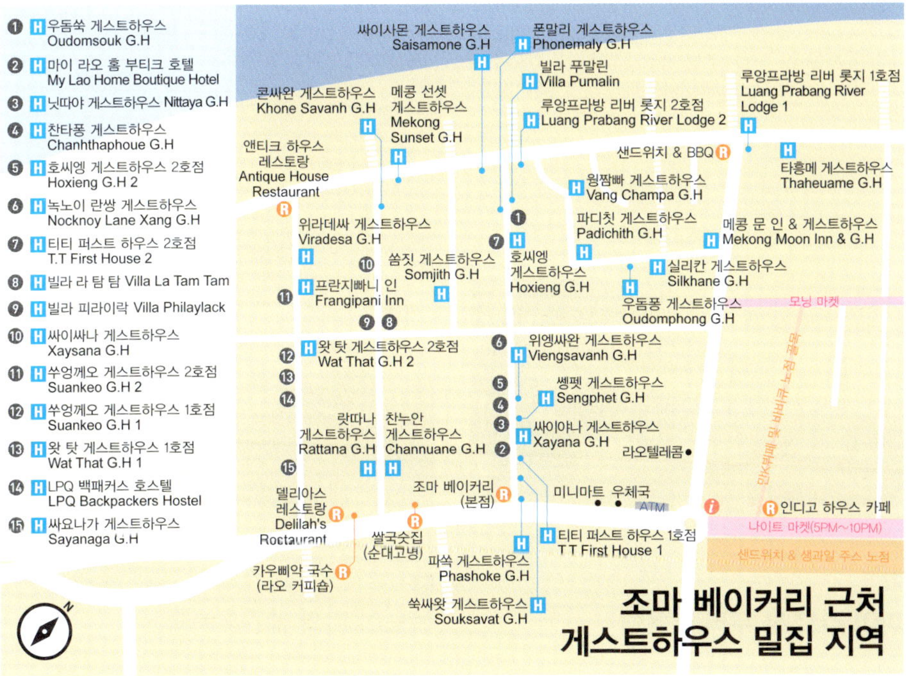

① 우돔쑥 게스트하우스 Oudomsouk G.H
② 마이 라오 홈 부티크 호텔 My Lao Home Boutique Hotel
③ 닛따야 게스트하우스 Nittaya G.H
④ 찬타퐁 게스트하우스 Chanhthaphoue G.H
⑤ 호씨엥 게스트하우스 2호점 Hoxieng G.H 2
⑥ 녹노이 란쌍 게스트하우스 Nocknoy Lane Xang G.H
⑦ 티티 퍼스트 하우스 2호점 T.T First House 2
⑧ 빌라 라 탐 탐 Villa La Tam Tam
⑨ 빌라 피라이락 Villa Philaylack
⑩ 싸이싸나 게스트하우스 Xaysana G.H
⑪ 쑤엉께오 게스트하우스 2호점 Suankeo G.H 2
⑫ 쑤엉께오 게스트하우스 1호점 Suankeo G.H 1
⑬ 왓 탓 게스트하우스 1호점 Wat That G.H 1
⑭ LPQ 백패커스 호스텔 LPQ Backpackers Hostel
⑮ 싸요나가 게스트하우스 Sayanaga G.H

싸이사몬 게스트하우스 Saisamone G.H
폰말리 게스트하우스 Phonemaly G.H
빌라 푸말린 Villa Pumalin
루앙프라방 리버 롯지 1호점 Luang Prabang River Lodge 1
콘싸반 게스트하우스 Khone Savanh G.H
메콩 선셋 게스트하우스 Mekong Sunset G.H
루앙프라방 리버 롯지 2호점 Luang Prabang River Lodge 2
앤틱 하우스 레스토랑 Antique House Restaurant
샌드위치 & BBQ
윙짬빠 게스트하우스 Vang Champa G.H
타흐메 게스트하우스 Thaheuame G.H
위라데싸 게스트하우스 Viradesa G.H
파디찟 게스트하우스 Padichith G.H
메콩 문 인 & 게스트하우스 Mekong Moon Inn & G.H
쏨짓 게스트하우스 Somjith G.H
호씨엥 게스트하우스 Hoxieng G.H
실리칸 게스트하우스 Silkhane G.H
프랑지빠니 인 Frangipani Inn
우돔퐁 게스트하우스 Oudomphong G.H
모닝 마켓
왓 탓 게스트하우스 2호점 Wat That G.H 2
위엥싸완 게스트하우스 Viengsavanh G.H
쎙펫 게스트하우스 Sengphet G.H
랏따나 게스트하우스 Rattana G.H
찬누안 게스트하우스 Channuane G.H
싸이야나 게스트하우스 Xayana G.H
라오텔레콤
델리아스 레스토랑 Delilah's Restaurant
조마 베이커리 (본점)
미니마트 우체국 ATM
인디고 하우스 카페
나이트 마켓(5PM~10PM)
쌀국숫집 (순대고뱅)
티티 퍼스트 1호점 T.T First House 1
카우삐약 국수 (라오 커피숍)
파쏙 게스트하우스 Phashoke G.H
쑥싸왓 게스트하우스 Souksavat G.H
샌드위치 & 생과일 주스 노점

**조마 베이커리 근처 게스트하우스 밀집 지역**

## Stay
①

# LPQ 백패커스 호스텔 LPQ Backpackers Hostel 📶

도미토리는 작은 방이지만 2층 침대 두 개만 있어 좀 더 아늑한 분위기를 풍긴다. 더블 룸은 고려하지 말고 인근 다른 숙소로 가는 게 낫다. 공동욕실이 깔끔한 편이며 넓은 정원에 당구대가 있고 좀 더 젊은 분위기가 난다. 낯선 여행자들과의 교류가 중요한 배낭여행객이라면 꼭 한번 고려해보자.

| | |
|---|---|
| Address | Wat That Road, Wat That Village |
| Cost | 도미토리 4만5,000K<br>더블 14만K(내부 욕실 포함)<br>부대 서비스 조식, 당구대 |
| Tel | 020-9113-8686, 020-9113-5353 |
| Email | lpqbackpackershostel@gmail.com |

## Stay ②

### 루앙프라방 리버 롯지 2호점
Luang Prabang River Lodge 2

나이트 마켓과 가까우면서도 메콩 강변에 위치하여 편리하면서도 쾌적한 위치가 장점이다. 프런트는 작고 조식도 크게 특별하진 않지만 방은 나무 벽면의 적절한 조화로 아늑하다. 욕실에도 고급스러운 욕조가 마련되어 있으며 무엇보다도 각 방의 테라스에서 바로 메콩 강의 분위기를 만끽할 수 있다.

| | |
|---|---|
| Address | Hoxieng Village(메콩 강변) |
| Cost | 주니어 스위트 100$, 수피리어 75$ / 부대 서비스 조식 |
| Tel | 071-213-089 |
| Email | lpqmekonghotel@hotmail.com |

## Stay ③

### 프란지빠니 인 Frangipani Inn

지중해풍의 밝은 집을 연상시키는 숙소로, 작지만 다른 곳과 색다른 세련된 인테리어가 만족스러운 곳이다. 실내는 넓은 편이며 평면TV도 구비하고 있다. 1층의 방은 좀 어두운 편이므로 2, 3층에 있는 밝은 창문의 방을 선택하자. 엘리베이터가 없는 건 좀 불편하다.

| | |
|---|---|
| Address | Wat That Village |
| Cost | 트윈 25~35$ / 부대 서비스 조식, 에어컨 |
| Tel | 020-5568-0181, 071-252-232 |
| Email | 0309012602@gmail.com |

## Stay ④

### 마이 라오 홈 부티크 호텔
My Lao Home Boutique Hotel

저렴한 방은 나무 벽면으로 운치 있는 분위기를 내며 각 방문 앞에 놓인 의자에서 쉴 수 있는 장점이 있으나 방이나 욕실 모두 지나치게 비좁은 느낌이 있다. 가격이 높은 방일수록 크기가 커지는데, 모던룸의 경우에는 큰 특징이 없지만 방이나 욕실의 시설이 조금 더 고급스러워 쾌적하게 지낼 수 있다. 전반적으로 잘 관리되고 있는 숙소로, 넓은 레스토랑이 마련되어 있어 일과를 마치고 돌아와 쉬기에도 좋다.

| | |
|---|---|
| Address | Hoxieng Village |
| Cost | Traditional(1·2층) 35$, Classic 45$, Modern 55$, Vip 75$ / 부대 서비스 조식, 레스토랑, 테라스 |
| Tel | 071-254-881, 071-260-680 |
| Email | mylaohome@gmail.com |

## Stay ⑤

### 녹노이 란쌍 게스트하우스
Nocknoy Lane Xang Guesthouse

최근 오픈한 숙소답게 아주 깨끗하면서도 단정하고 비교적 넓고 밝은 방이 쾌적한 게스트하우스이다. 가격도 인근의 숙소에 비해 저렴한 편이다. 인근 골목에 훨씬 저렴한 녹노이 게스트하우스를 같이 운영하고 있다.

| | |
|---|---|
| Address | Hoxieng Village |
| Cost | 20~35$ / 조식 불포함 / 부대 서비스 에어컨 |
| Tel | 030-9966-699, 020-5225-5557 |
| Email | souphanthavongpt@outlook.com |

### Stay ❻
# 우돔쑥 게스트하우스
Oudomsouk Guesthouse 📶

나이트 마켓 인근 조마 베이커리 골목에 위치한 숙소들 중에서 비교적 깔끔한 방에서 묵을 수 있는 곳이다. 침대나 시트가 인근 게스트하우스보다 고급스러우며 방도 넓은 편이고 밝은 창문이 넓게 나 있어 쾌적하다. 그러나 욕실이 기대에 못 미치며 수리가 허술하게 된 곳도 있으므로 방을 선택할 때에는 미리 온수기와 수도꼭지의 작동 여부를 확인해야 한다.

| | |
|---|---|
| Address | Hoxieng Village |
| Cost | 더블 19만K |
| | 조식 불포함 |
| | 부대 서비스 에어컨 |
| Tel | 020-5551-1409 |
| | 020-7777-7745 |
| Email | Aod.khamchan@yahoo.com |

### Stay ❼
# 폰말리 게스트하우스
Phonemaly Guesthouse 📶

인근에서는 가장 저렴한 편이면서도 깨끗한 방에 묵을 수 있는 곳이다. 주인아주머니도 친절하고 각 방 앞에는 여유롭게 쉴 수 있는 의자도 있다. 문제는 프런트가 비어 있는 일이 많아 체크인을 하는 게 쉽지 않다는 점이다. 주로 느긋하게 쉬려는 장기 배낭여행자들이 많이 찾는다.

| | |
|---|---|
| Address | Hoxieng Village |
| Cost | 더블 16만K~ / 부대 서비스 에어컨 |
| Tel | 020-5567-0645 |
| Email | Syhannon@hotmail.com |

### Stay ❽
# 닛따야 게스트하우스
Nittaya Guesthouse 📶

나이트 마켓 인근에 있으며 게스트하우스 급으로 욕실은 작고 낡았지만 방은 깨끗한 편이다. 테라스도 있어서 답답하지 않고 전반적으로 외국인 여행자가 많이 찾는 곳으로 좀 더 여행지의 기분을 만끽할 수 있는 곳이다.

| | |
|---|---|
| Address | Hoxieng Village |
| Cost | 팬룸 13만K, 에어컨룸 15만K / 조식 불포함 |
| Tel | 071-254-211, 020-5682-9444 |
| Email | Noufanny157@hotmail.com |

### Stay ❾
# 랏따나 게스트하우스 Rattana Guesthouse 📶

2층 목조 건물이며 방과 연결된 테라스가 넓고 건물 사이도 비교적 여유로워 전체적으로 답답하지 않다. 저렴하지만 전반적으로 단정하고 깔끔하게 관리되어 있어 외국인 배낭여행객들이 많이 찾는 곳이기도 하므로 미리 예약하는 것이 좋다.

| | | | |
|---|---|---|---|
| Address | Koksack Road, Wat Tat Village | | |
| Cost | 팬룸 15$, 에어컨룸 20$, 3인실 25$ / 조식 불포함 | | |
| Tel | 071-252-255 | Email | tisouk@yahoo.com |
| Web | www.rattanaguesthouse.com | | |

# Stay

**루앙프라방 시내 지역**

루앙프라방 여행의 중심지인 올드타운과는 비교적 거리가 있는 시내 지역이지만 그래서 오히려 덜 번잡스럽다는 장점이 있다. 공간을 넓게 쓸 수 있어서 수영장이 있는 최고급 호텔들이 주로 자리하는 곳이기도 하다. 자전거나 뚝뚝, 택시를 이용해도 상관없다면 좋은 선택이 될 것이다.

## Stay

### 소피텔 Sofitel 📶

2015년에 '호텔 드 라페Hotel de la Paix'에서 '소피텔'로 이름을 변경했다. 올드타운의 3나가스 호텔과 함께 세계적인 호텔 체인 아코르 그룹에서 관리하는 곳으로, 전반적으로 중후한 느낌이 루앙프라방 최고의 고급 호텔다운 면모를 보인다. 각 방마다 개별 정원이 있어 프라이버시 보호에도 좋다. 넓은 정원에 우거진 나무, 수영장이 있지만 객실은 약간 지루한 감이 있다.

| | |
|---|---|
| Address | Manomai Road, Mano Village, Town Center |
| Cost | 가든 스위트 250$ |
| | 헤리티지 스위트 320$ |
| | 풀 스위트 380$ |
| | 거버너 스위트 450$ |
| | 부대 서비스 조식, 수영장, 스파 |
| Tel | 071-260-777 |
| Email | gm@hoteldelapaixlp.com |
| Web | www.accorhotels.com |

## Stay

### 메종 달라부아 Maison Dalabua 📶

올드타운에서 비교적 가까운 거리에 위치한 고급 호텔로, 넓은 정원과 우거진 야자나무, 곳곳에 조성된 호수와 수영장 사이사이에 지어진 방갈로와 건물이 아늑한 곳이다. 단순하지만 비교적 넓은 객실은 밝고 깨끗하게 관리되고 있으며 아침식사도 훌륭하다.

| | |
|---|---|
| Address | Phothisarath Road, That Luang Village, Town Center |
| Cost | 클래식 61$, 디럭스 80$, 풀뷰 92$ |
| | 방갈로 102$ / 부대 서비스 조식, |
| | 수영장, 스파, 무료 자전거 대여 |
| Tel | 020-5565-5013, 071-255-588 |
| Email | info@maison-dalabua.com |
| Web | www.maison-dalabua.com |

## Stay ③
### 캄마니 인 Khammany Inn

체계적으로 운영되고 있는 비교적 큰 규모의 백패커스 호스텔로, 루앙프라방 올드타운에서 거리가 있긴 하지만 많은 여행자들이 찾는 곳이다. 기본적인 2층짜리 도미토리 침대가 주로 습한 지하에 있으므로 되도록 1층에 있는 방을 선택하는 것이 좋다. 욕실은 비교적 청결한 편이다.

Address Chao Fa Ngum Road, That Luang Village, Town Center
Cost 도미토리 4만5,000~6만K(성수기) 부대 서비스 조식
Tel 071-213-099, 020-2387-1115

## Stay ④
### 레몬 라오 백패커스 Lemon Lao Backpackers

올드타운에서 꽤 먼 곳에 있고 정원도 어수선하지만, 방이 모두 지상에 있으며 채광이 좋다는 장점이 있다. 전반적으로 청결하진 않지만 새로 지은 뒤쪽 건물은 훨씬 깨끗하다. 시끌벅적한 분위기이므로 조용하게 지내고 싶은 사람은 이곳에 묵지 않는 것이 좋다. 루앙프라방에서 가장 저렴한 곳을 원한다면 고려해보자.

Address Samsanthai Road, Thong Cha Leaun Village, Town Center
Cost 도미토리 3만K~ / 조식 불포함
Tel 071-212-500, 020-2255-5539

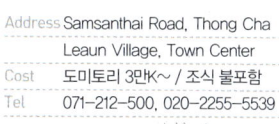

# Northwestern Laos 서북부 라오스

Intro

# 훼이싸이
Huay Xai

태국 치앙콩과 맞닿아 있는 국경도시 훼이싸이는 국경을 오가는 많은 배낭여행객들을 대상으로 한 저렴한 숙소와 음식점이 좁은 구역에 옹기종기 모여 있어 약간은 어수선한 분위기를 풍기는 곳이다. 특별히 볼만한 것은 많지 않지만, 긴 여정 중간에 잠깐씩 쉬어가기 좋은 깨끗한 숙소와 강 건너 태국을 바라보며 맥주를 마시기 좋은 레스토랑이 있고, 무엇보다 라오스에서 가장 유명한 에코 투어인 '기번 익스피리언스' 짚라인 투어를 할 수 있는 곳인 만큼, 여행지로서의 매력이 충분한 곳이다.

### ➕ 여행정보

태국과 라오스 양쪽의 주요 도시 간 거리가 만만치 않아 중간 지점인 이곳 메콩 강변에서 잠깐 쉬어가는 사람이 많으므로 이곳에 도착하자마자 숙소와 다음 교통편을 예약하는 것이 좋다. '기번 익스피리언스' 짚라인 투어가 유명하지만 당일 예약이 어려운 경우가 많으니 홈페이지에서 미리 예약을 하는 것을 추천한다. 건기에는 슬로 보트 운항이 중단되거나 혹은 운항하더라도 얕은 강 수위로 인해 위험할 수 있으므로 육로 이동을 권한다. 밤에 비가 많이 오는 우기에는 안전을 위해 야간버스를 이용하지 않는 것이 좋다.

## 훼이싸이 드나들기

### ➕ 훼이싸이 시외교통

◎ 항공

라오스카이웨이에서 비엔티안과 훼이싸이 노선을 운항한다. 비엔티안에서 매일 오전 11시 20분, 훼이싸이에서 매일 오전 00시 30분에 출발하며 유항시간은 1시간이다. 스케줄은 변경될 수 있으니 인터넷 홈페이지(Step to Laos 참고)를 확인하자(p.239). 공항은 훼이싸이 중심가에서 남쪽으로 6km 떨어진 곳에 위치하므로 공항 도착 시에는 썽태우를 대절해야 한다(5만K).

### ➕ 훼이싸이 시내교통

시내버스는 없고 썽태우도 찾아보기 힘들며 오토바이나 자전거를 대여하는 곳도 없다. 결국 흥정을 통해 뚝뚝을 타고 다니는 수밖에 없다.

## ◎ 보트

훼이싸이에서 루앙프라방까지 스피드 보트와 슬로 보트가 운행된다. 스피드 보트는 훼이싸이 시내에서 남쪽으로 4km 정도 떨어진 지점에 선착장이 있다. 루앙프라방까지는 총 7시간이 걸리며 34만K의 요금을 내야 한다. 스피드 보트는 6명이 모이면 출발하는데 상당히 위험하고 불편하므로 절대 추천하지 않는다. 슬로 보트는 루앙프라방까지 총 14시간이 소요되며, 중간에 빡벵Pakbeng이라는 마을에 들러 하루 숙박을 해야 한다. 운항 요금은 빡벵까지 11K, 빡벵에서 루앙프라방까지 22K로 총 33K가 들고 빡벵에서의 숙박비는 포함되지 않는다. 선착장은 훼이싸이 시내에서 북쪽으로 1km 정도 떨어진 지점에 있으며 아침 11시~11시 30분쯤 출발한다. 슬로 보트 역시 2015년 4월에 배가 뒤집히는 사고로 1명이 사망한 바 있어 안전에 각별한 주의가 요구된다. 강의 유량에 따라 출발 시간과 운항시간이 달라질 수 있으니 미리 확인을 해두어야 하고, 건기 시에는 운항이 중단되기도 한다. 최근에는 라오스 북부지방의 도로 사정이 좋아져, 슬로 보트를 이용하는 여행객이 점차 줄어들고 있다.

## ◎ 버스

훼이싸이에는 구 버스 터미널인 깨우 짬빠 버스 터미널Keo Champa Bus Station과 신 버스 터미널인 펫딸룬 버스 터미널Phetarloun Bus Station이 있다. 많은 사람들이 드나드는 만큼, 미리 티켓을 구입하는 것이 좋다. 상황에 따라 버스 스케줄이 일부 취소되기도 하므로 반드시 미리 확인하자. 최근 우돔싸이까지 가는 길이 포장도로로 바뀌어 길의 상태가 좋아졌지만, 여전히 구불구불한 산길을 가야 하며 VIP버스는 중고 고속버스를 지칭하기도 하므로 루앙남타나 우돔싸이에서 쉬어가며 여유롭게 여행하길 추천한다.

### * 깨우 짬빠 버스 터미널(구 버스 터미널) Keo Champa Bus Station

| 노선 | 출발시간 | 요금 | 소요시간 |
|---|---|---|---|
| 루앙남타 Luang Namtha | 09:00, 12:30 | 6만K | 4시간 |
| 우돔싸이 Oudomxay | 09:30, 13:00 | 10만K | 7시간 |
| 루앙프라방 Luang Prabang | 16:00 | 12만K | 13시간 |
| 비엔티안 Vientiane | 11:30 | 23만K | 25시간 |

### * 펫딸룬 버스 터미널(신 버스 터미널) Phetarloun Bus Station

| 노선 | 출발시간 | 요금 | 소요시간 |
|---|---|---|---|
| 루앙남타 Luang Namtha | 15:00 | 6만K | 4시간 |
| 우돔싸이 Oudomxay | 10:00 | 11만K | 7시간 |
| 루앙프라방 Luang Prabang | 18:00 | 14만5,000K | 13시간 |
| 방비엥 Vang Vieng | 10:00 | 21만5,000K | 21시간 |
| 비엔티안 Vientiane | 10:00 | 25만K | 25시간 |

## *국제버스

| 노선 | 출발시간 | 요금 | 소요시간 |
|---|---|---|---|
| 태국 치앙콩 Chiang Khong<br>태국 치앙라이 Chiang Rai | 08:00, 09:00, 16:00, 17:00 | 8,000K | 치앙콩 30분<br>치앙라이 3시간 |
| 중국 멍라 Mengla | 08:30(일요일 제외) | 12만K(VIP) | 8시간 |
| 중국 쿤밍 Kunming | 10:30 | 42만K(VIP) | 17시간 |
| 베트남 디엔비엔푸 Dien Bienphu | 19:30(목 · 금만 운행) | 21만2,000K(VIP) | 15시간 |
| 베트남 하노이 Hanoi | 16:00(목 · 일만 운행) | 45만K | 27시간 |

## ◎ 국경정보

국경 앞 썽태우

**Tip 훼이싸이** Huay Xai **–치앙콩** Chiang Khong

태국의 치앙마이나 치앙라이에서 라오스로 건너와 라오스 북부를 여행하기 편리해 많은 여행자들이 이용한다. 종래에는 배를 이용해 강을 건너야 했지만 현재는 2013년 12월에 완공된 네 번째 우정의 다리를 통해 차량으로만 이동이 가능하다. 국경은 06:00~22:00 동안 개방된다. 훼이싸이 중심에서 남쪽으로 11km 떨어진 지점에 있으며 가장 쉽게 국경을 건너는 방법은 신 버스 터미널에서 치앙콩이나 치앙라이로 가는 버스를 이용하는 것이다. 아니면 국경까지 가는 썽태우(1인당 2만K)를 타고 직접 국경으로 가서 세관수수료(월~금 08:00~16:00 무료, 그 외 1만K)를 내고 출국한 뒤 셔틀버스(7,000K)를 타고 태국으로 입국하면 된다. 입국 후 치앙콩 버스 터미널까지는 썽태우(200B 정도)를 이용한다.

Special Page

# 기번 익스피리언스
## The Gibbon Experience

라오스 에코 투어의 원조 격인 이 회사는, 훼이싸이에서 북쪽으로 80km 떨어진 지점에 위치한 보께오 보호구역<sup>Bokeo Nature Reserve</sup>의 정글 곳곳에 십여 개의 짚라인과 나무집<sup>Tree Top House</sup>을 완성하였다. 이 지역은 밀렵으로 인해 라오스 자연환경이 파괴되는 것을 안타깝게 생각한 프랑스인의 노력으로 국립공원으로 지정된 곳이다. 그는 수년간의 노력 끝에 멸종한 것으로 알려졌던 희귀 검은 볏 긴팔 원숭이<sup>Gibbon</sup>를 발견하기도 했다. 기번 익스피리언스 투어는 라오스 자연환경을 보호하면서도 현지인들의 생활기반을 마련할 수 있는 프로그램으로, 라오스 전역에 짚라인 열풍을 일으킨 주인공이기도 하다. 끝없이 펼쳐진 정글을 긴 짚라인을 타고 다니며 마치 원숭이가 된 것처럼 환호성을 질러보자. 까마득한 나무 꼭대기에 지어진 아늑한 집에서 정글 사이로 지는 해를 바라보거나, 어두운 밤, 정글에서 들려오는 자연의 속삭임을 듣는 것은 두고두고 잊혀지지 않을 경험이 될 것이다. 10년 이상의 노하우가 쌓여 라오스 최고의 액티비티로 손꼽히는 '긴팔 원숭이 체험'을 떠나보자.

| | |
|---|---|
| Address | Huay Xai Village, Bokeo Province, Lao P.D.R. |
| Open | 08:00~19:00 |
| Tel | 856-84-21-20-21 |
| | 856-30-57-45-866 |
| Web | www.gibbonexperience.org |

### 기본 익스피리언스 투어 알아보기

현재 세 종류의 투어가 진행되고 있다. 워터폴 투어(Waterfall Tour, 2박3일, 290$~)의 경우, 2~3시간(우기에는 6시간)의 트레킹과 길고 높은 짚라인, 그리고 폭포를 방문하며 좀 더 정글 안 깊숙한 곳으로 들어간다. 체력적으로 자신이 없는 경우에는 클래식 투어(Classic Tour, 2박3일, 340$~)를 이용하는 것이 좋으며, 시간이 없는 경우에는 익스프레스 투어(Express Tour, 1박2일, 180$~)를 이용하면 된다. 하지만 익스프레스 투어 같은 경우에는 숲을 즐기기보단 짚라인 투어에 집중되는 경향이 있다. 익스프레스 투어의 경우에는 비수기라면 출발 당일 아침 08:00까지도 접수를 받지만, 워터폴 투어나 클래식 투어의 경우에는 인터넷 홈페이지를 통해 미리 예약을 하는 것이 좋고, 대체로 예약이 꽉 차는 편이므로 당일 예약은 힘들다. 보통 8명 정도가 한 팀이 되며 출발 시 생수와 맥주 한 캔, 장갑을 제공하지만, 여정 도중에 물을 구할 수 없으므로 여분의 물(1인당 2L 권장)을 따로 챙기는 것이 좋다. 식사를 제공하지만 보통 서양 여행자들의 입맛에 맞춰져 있으므로 입맛에 맞지 않는 경우를 대비하여 주전부리나 입맛에 맞는 양념 몇 개를 미리 챙기는 것이 좋다. 오전 8시 15분부터 여행사에서 안전 교육 비디오를 30분 동안 시청한 후 9시에 출발한다. 투어를 마치고 여행사 사무실에서 샤워도 할 수 있다.

### 준비물
첫날 마실 물 2L(나무집에 도착하면 정수된 물을 마실 수 있다), 모기약, 손전등, 좋은 등산화, 카메라와 여분의 배터리, 휴지, 투어가 끝난 후 쓸 여분의 돈

#### 짚라인 이용 시 주의사항
1. 짚라인 장비에 문제가 없는지를 미리 확인한다.
2. 출발 전과 도착 후 안전 고리가 항상 줄에 걸려 있는지 확인한다. 안전이 확보되기 전에는 늘 줄에 자신의 몸이 연결되어 있도록 한다.
3. 짚라인 장비를 줄에 걸고 브레이크를 제자리에 놓는다.
4. 안전 고리를 짚라인 장비 위에 걸치고, 안전 고리 줄과 짚라인 장비의 줄을 한 손으로 모아 잡는다.
5. 브레이크 위에 다른 손을 살짝 올리고 출발한다.
6. 머리를 낮추어 짚라인에 머리가 스치지 않도록 주의한다.
7. 도착 전에 브레이크를 잘 잡아서 나무에 부딪히지 않도록 속도를 조절한다.
8. 도착 후 안전한 지대로 이동한 후에 안전 고리를 풀도록 한다.

#### 기타 주의사항
1. 컨디션이 좋지 않은 경우에는 출발을 취소하는 것이 좋다.
2. 각종 벌레나 벌이 상당히 많다. 특히 벌에 알레르기가 있는 지를 미리 확인해야 한다. 보통은 벌에 쏘여도 특별한 문제가 생기지 않지만 알레르기가 있는 사람의 경우 치명적일 수 있기 때문.
3. 시간은 충분하므로 트레킹 시 무리하지 않고 쉬엄쉬엄 올라가도록 한다.
4. 나무집은 굉장히 높으므로 난간에 설마 기대지 말지.
5. 각종 안전사고가 발생할 경우 책임지지 않는다는 각서를 받으므로, 스스로 자신의 컨디션을 잘 확인하고 안전한 여행을 하도록 하자.

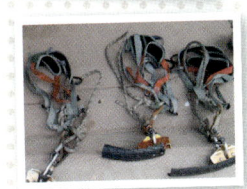

## Sightseeing

### 왓 쯤 카우 마니랏 Wat Chome Khaou Manilat

샨족 스타일의 북이 있는 탑이 한쪽에 자리하며 사원의 중심에는 1880년에 지어진 본당의 화려한 유리 모자이크가 있다. 사원 자체는 특별하지 않지만 메콩 강과 마을 주변 경관이 제법 근사하다.

| | |
|---|---|
| Access | 훼이싸이의 중심이 되는 언덕 위에 위치 |
| Cost | 무료입장 |

## Sightseeing

### 까놋 요새 Port Carnot

라오스 전통 시장 옆에 있는 요새로, 라오스가 프랑스 식민지였던 시절에 지어졌다. 무너진 벽면이 일부 복원되어 있고 중앙에는 오래된 전망대가 서 있을 뿐이지만, 입구의 거대한 나무와 요새가 어우러진 모습이 신비롭다.

| | |
|---|---|
| Access | 라오스 전통 시장 옆에 위치 |
| Cost | 무료입장 |

## Sightseeing

### 라오스 전통 시장 Fresh Market

작은 규모의 라오스 전통 시장으로, 태국에서 처음 라오스를 방문한 사람이라면 소박한 라오스 전통 시장만의 독특함을 느낄 수 있을 것이다. 우리와 비슷하면서도 다른, 라오스의 각종 농산품과 주전부리를 구경할 수 있다.

# Food

훼이싸이의 음식점은 저렴한 국수를 파는 현지 음식점과 서양 여행객들을 위한 캐주얼한 레스토랑으로 나뉘어 있다. 크게 기억할만한 곳은 없으므로 분위기를 보고 골라 들어가는 것도 나쁘지 않다.

## Food

### 훼이싸이 깨우 리버 프런트
Huay Xai Kaew River Front

메콩 강변의 탁 트인 야외 레스토랑으로, 정박 중인 유람선 같은 인테리어가 더할 나위 없이 어울리는 곳이다. 태국 음식 전문점답게 훌륭한 태국요리를 맛볼 수 있으며, 라오 맥주를 한잔하며 건너편 태국으로 지는 일몰을 감상하기에도 좋다.

| | |
|---|---|
| Access | 메콩 강변, 내국인 전용 선착장 근처 |
| Open | 08:00~21:00 |
| Cost | 라오 맥주 1만2,000K |
| | 튀긴 생선요리 6만K |
| | 똠얌꿍 4만5,000K |
| Tel | 084-212-180 |

## Food

### 마이 라오스 레스토랑 My Laos Restaurant

훼이싸이 깨우 리버 프런트 레스토랑과 함께 운영 중인 태국 음식점으로, 훼이싸이 시내에서 가장 번듯한 레스토랑 중 하나다. 라오스 전통 음식을 만드는 곳은 아니지만 전반적으로 우리 입맛에 맞는 깔끔한 요리를 먹을 수 있다. 생과일 주스도 신선하다.

| | |
|---|---|
| Access | 여행 안내소 맞은편 |
| Open | 07:00~21:00 |
| Cost | 생과일 주스 1만K, 딤섬 1만K, 모닝 글로리 2만K |
| | 볶음요리 2만5,000K |
| Tel | 084-212-180 |

### 바 하우? Bar How?

간단한 음식과 함께 밤 시간을 보내기 좋은 근사한 분위기의 술집으로, 작은 규모지만 각종 술병으로 아기자기하게 장식되어 있다. 라오 맥주나 칵테일, 라오스와 태국 음식, 볶음밥이나 피자 등 여행객들의 입맛에 맞춘 메뉴를 판매한다.

| | |
|---|---|
| Access | 기번 익스피리언스 사무실 맞은편 |
| Open | 06:30~23:00 |
| Cost | 생똠얌꿍 3만5,000K, 모히토 3만K, 스테이크 6만K |
| Tel | 020-5516-7220 |

Stay
❶
## 우돔폰 게스트하우스 2호점
Oudomphone Guesthouse 2

외관은 허름하지만 넓고 밝은 1층의 레스토랑이 근사하다. 객실은 평범하지만 무척 청결하고 넓은 방에 가격도 저렴해서 여행자들에게 인기가 많다. 마을 중심에 있어 예약을 하지 않으면 방을 구하기 어려울 수도 있다.

| Access | 여행자 거리 북쪽, 싸바이디 게스트하우스 맞은편 |
|---|---|
| Cost | 팬 더블룸 8만K, 에어컨 더블룸 12만K |
| Tel | 084-211-308, 020-5568-3154 |

Stay
❷
## 싸바이디 게스트하우스
Sabaydee Guesthouse

마을의 배낭여행자용 게스트하우스 중 가장 넓고 깨끗하고 저렴한 곳이다. 3층에는 메콩 강변과 시내 쪽으로 탁 트인 두 개의 테라스가 있어 쾌적하다. 1층보다는 위쪽의 객실이 좀 더 밝은 분위기를 풍긴다.

| Access | 여행자 거리 북쪽, 우돔폰 게스트하우스 2호점 맞은편 |
|---|---|
| Cost | 팬 더블룸 9만K, 에어컨 더블룸 12만K |
| Tel | 084-212-252, 020-569-2948 |
| Email | sabaiydee-ghkt@hotmail.com |

Stay
❸
## 컵짜이 게스트하우스
Kaupjai Guesthouse

마을 중심가에서 가장 남쪽에 위치한 신규 건물로, 깨끗한 객실 상태를 유지하고 있다. 방은 약간 좁은 편이지만 탁 트인 테라스에서 바라본 메콩 강이 시원스럽다.

| Access | 여행자 거리 남쪽 끝 |
|---|---|
| Cost | 팬 더블룸 10만K, 에어컨 더블룸 12만K |
| Tel | 020-5568-3164 |

Stay
❹
## 타놈썹 게스트하우스
Thanormsub Guesthouse

밋밋한 시멘트 바닥을 갖춘 건물이지만 작은 정원이 있는 안쪽의 2층 건물은 조용한 분위기를 풍기고 있다. 방은 작지만 깨끗하고 주인장도 친절하다.

| Access | 여행자 거리 북쪽 끝 |
|---|---|
| Cost | 팬 더블룸 9만K |
| Tel | 084-211-095 |

상상출판

# 라오스 맵북
## 샘플페이지

Laos Mapbook

루앙프라방 | 방비엥 | 비엔티안 | 팍세 | 루앙남타 | 므앙씽 | 우돔싸이 | 므앙응오이 | 농키아우 | 씨앙쿠앙 | 타켁 | 싸완나켓 | 빡송 | 돈콘, 돈뎃 | 후웨이싸이 | 루앙프라방 자징기 트라 트로

나홀로 공자여행, 가족가족 해외여행

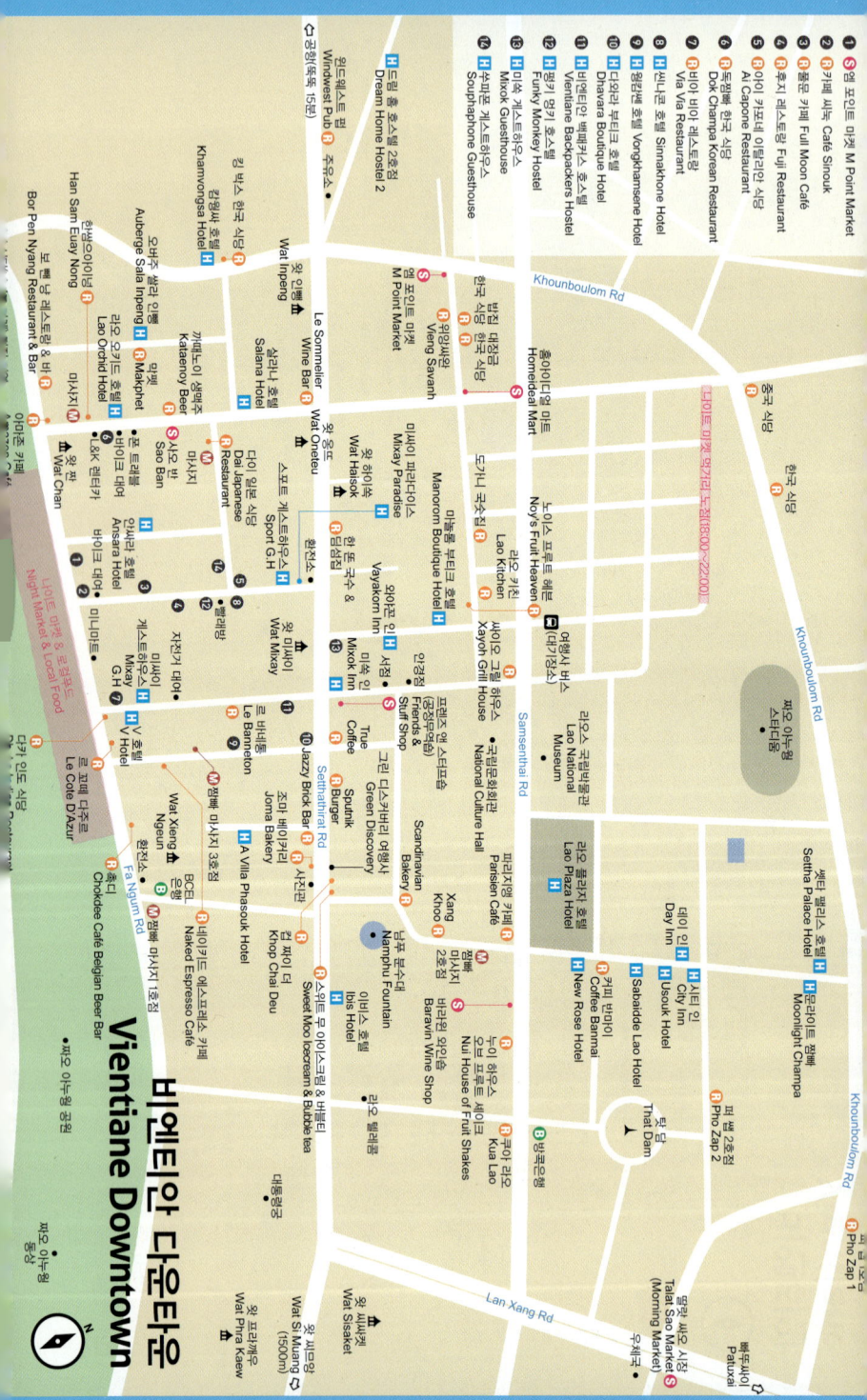

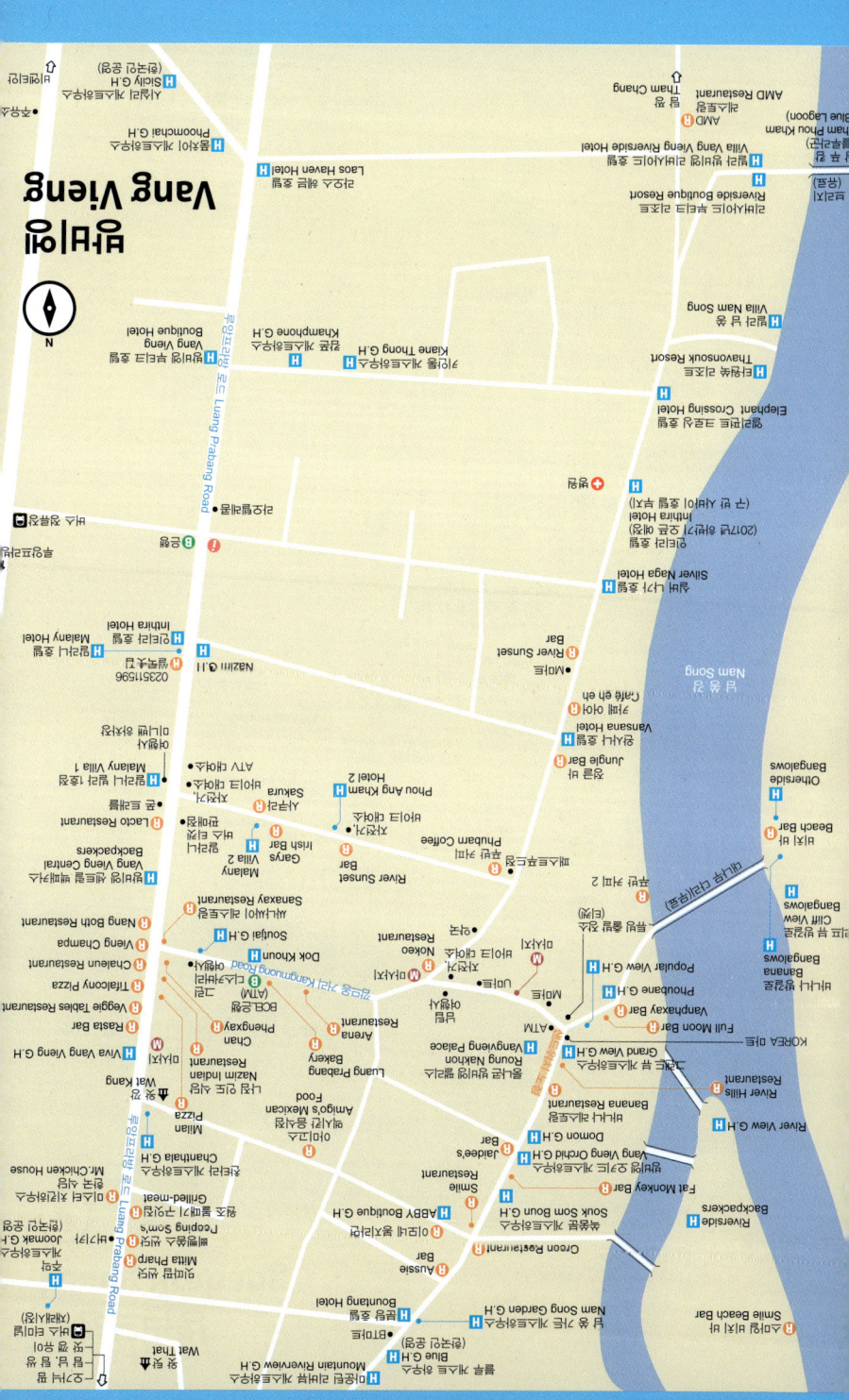

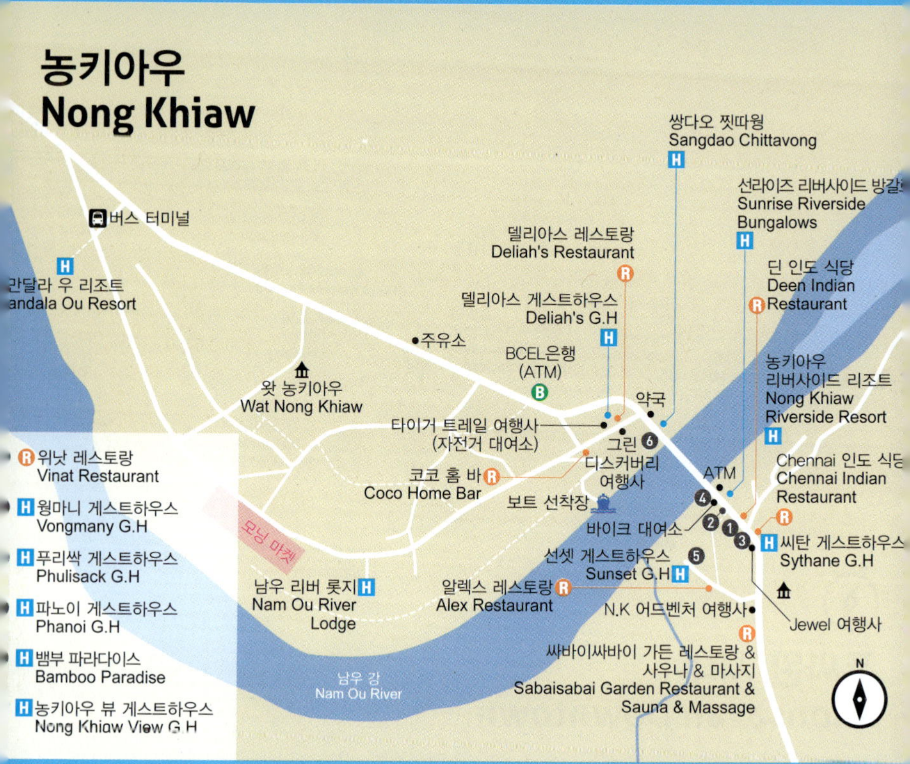

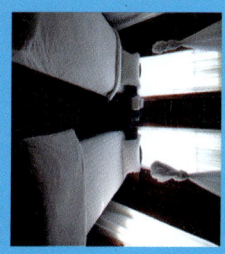

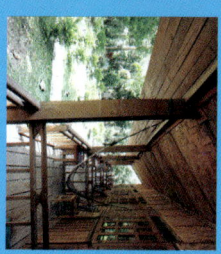

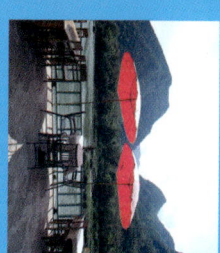

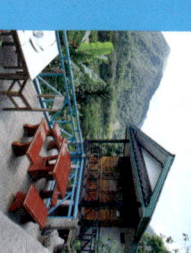

농키아우
Nong Khiaw
버스 터미널
간달라 우 리조트
andala Ou Resort
왓 농키아우
Wat Nong Khiaw
주유소
BCEL은행
(ATM)
델리아스 레스토랑
Deliah's Restaurant
델리아스 게스트하우스
Deliah's G.H
쌍다오 찟따웡
Sangdao Chittavong
선라이즈 리버사이드 방갈
Sunrise Riverside
Bungalows
딘 인도 식당
Deen Indian
Restaurant
농키아우
리버사이드 리조트
Nong Khiaw
Riverside Resort
약국
타이거 트레일 여행사
(자전거 대여소)
그린
디스커버리
여행사
코코 홈 바
Coco Home Bar
보트 선착장
ATM
Chennai 인도 식당
Chennai Indian
Restaurant
바이크 대여소
씨탄 게스트하우스
Sythane G.H
선셋 게스트하우스
Sunset G.H
모닝 마켓
남우 리버 롯지
Nam Ou River
Lodge
알렉스 레스토랑
Alex Restaurant
N.K 어드벤처 여행사
Jewel 여행사
싸바이싸바이 가든 레스토랑 &
사우나 & 마사지
Sabaisabai Garden Restaurant &
Sauna & Massage
남우 강
Nam Ou River
위낫 레스토랑
Vinat Restaurant
웡마니 게스트하우스
Vongmany G.H
푸리싹 게스트하우스
Phulisack G.H
파노이 게스트하우스
Phanoi G.H
뱀부 파라다이스
Bamboo Paradise
농키아우 뷰 게스트하우스
Nong Khiaw View G.H
N


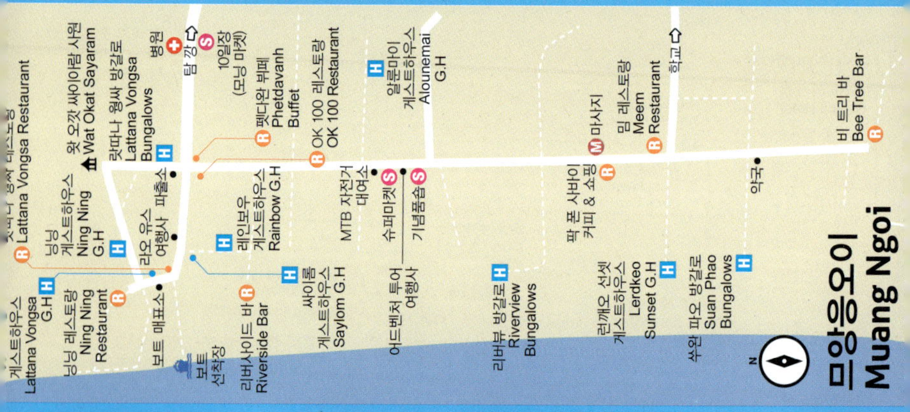

므앙응오이
Muang Ngoi
N
게스트하우스
Lattana Vongsa
G.H
Lattana Vongsa Restaurant
닝닝 레스토랑
Ning Ning
Restaurant
닝닝
게스트하우스
Ning Ning
G.H
왓 오캇 싸이야람 사원
Wat Okat Sayaram
랏따나 웡싸 방갈로
Lattana Vongsa
Bungalows
보트 매표소
라오 유스
여행사
파출소
병원
탐 캉
10일장
(모닝 마켓)
보트
선착장
리버사이드 바
Riverside Bar
레인보우
게스트하우스
Rainbow G.H
펫다완 뷔페
Phetdavanh
Buffet
싸이롬
게스트하우스
Saylom G.H
MTB 자전거
대여소
OK 100 레스토랑
OK 100 Restaurant
어드벤처 투어
여행사
슈퍼마켓
기념품숍
알룬마이
게스트하우스
Alounemai
G.H
리버뷰 방갈로
Riverview
Bungalows
팍 폰 사바이
커피 & 쇼핑
마사지
밈 레스토랑
Meem
Restaurant
런깨오 선셋
게스트하우스
Lerdkeo
Sunset G.H
학교
쑤완 파오 방갈로
Suan Phao
Bungalows
약국
비 트리 바
Bee Tree Bar

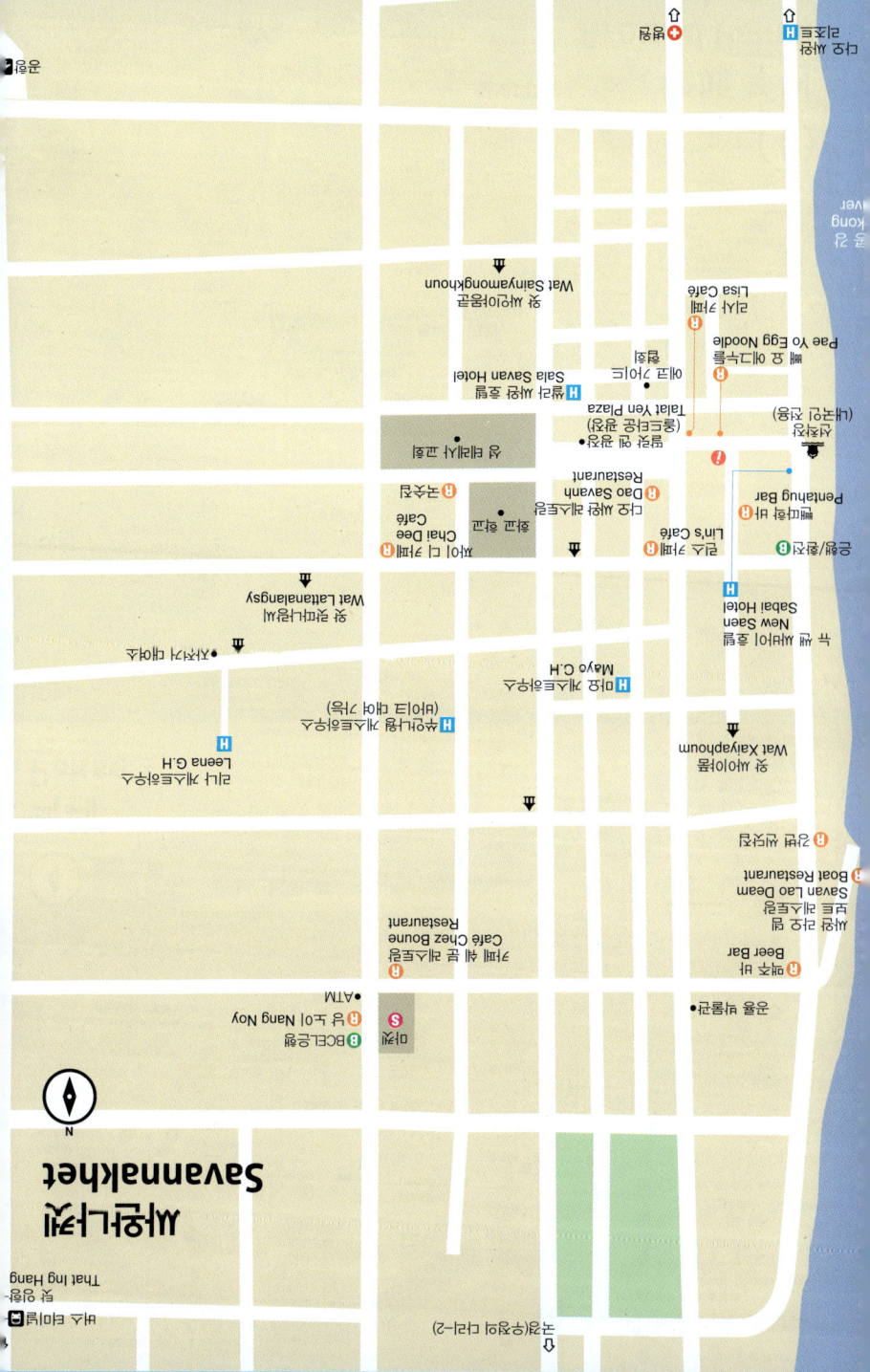

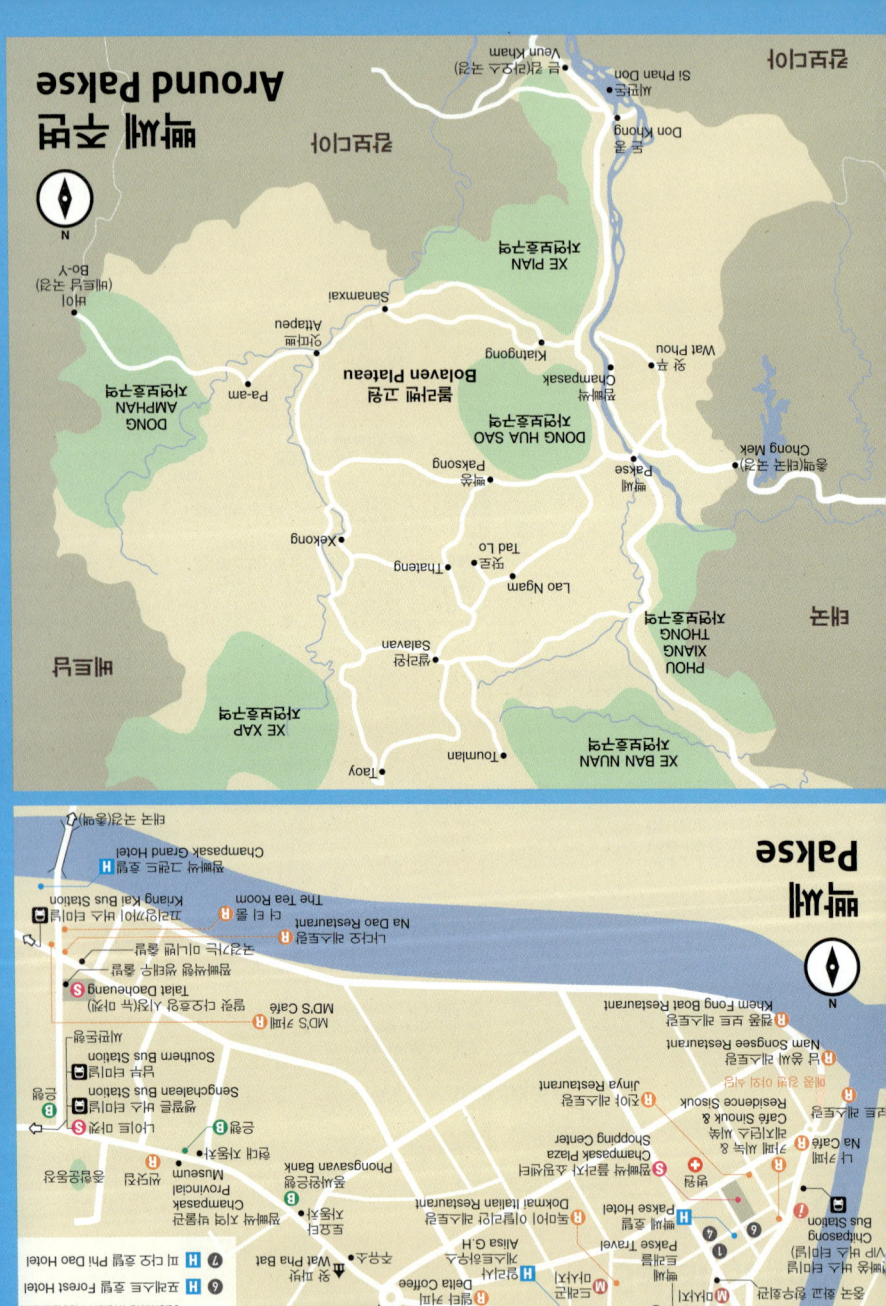

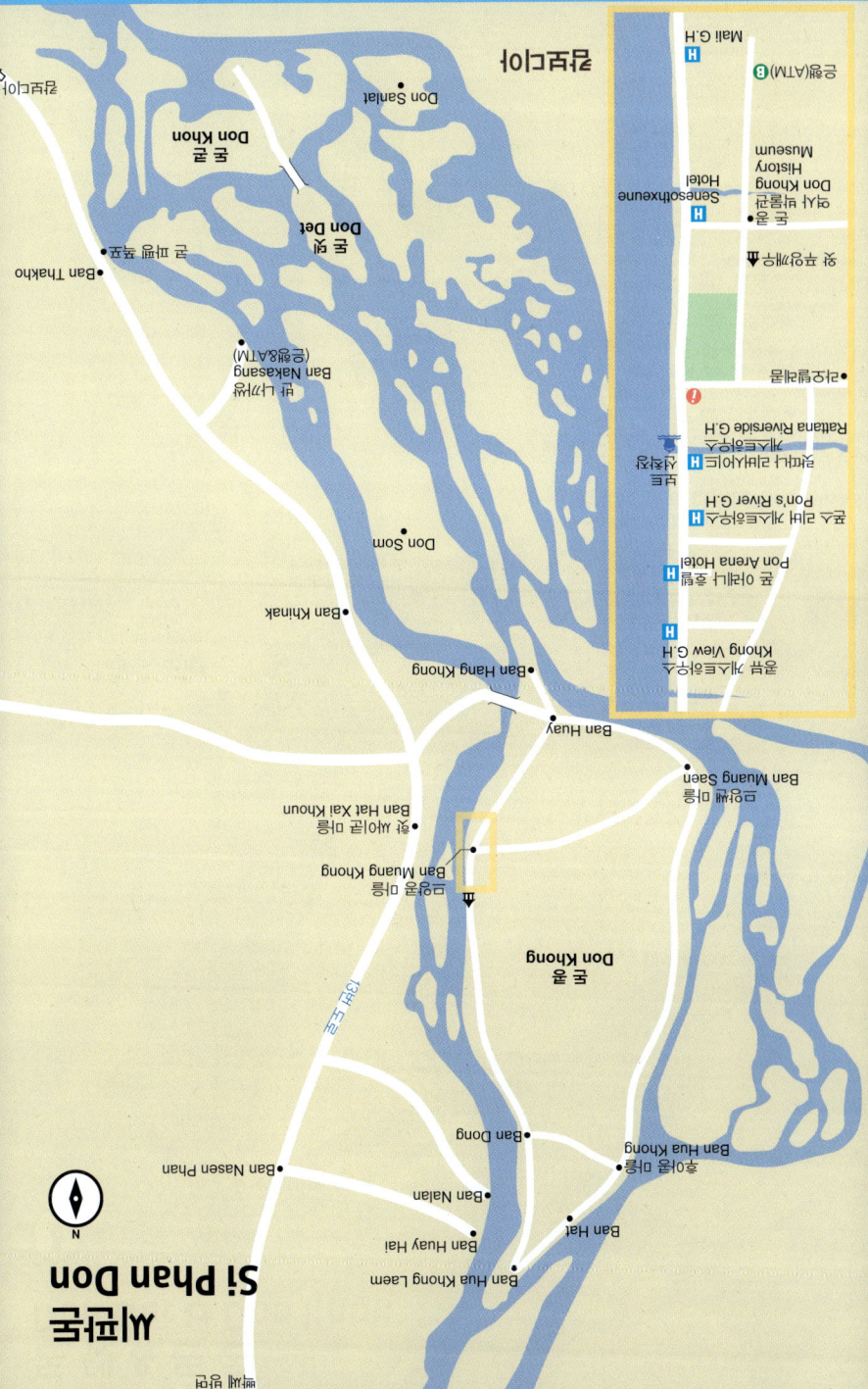

# Step to Laos 5
## 세아이들과 라오스에

각 부족마다 어쩔 수 없이 자신들의 언어를 사용하고 있지만 그래도 표준 라오스어가 대부분 통용이 되고 있다. 숫자나 성조가 있는 곳에 발음은 발음해주기 어렵지만 이렇게라도 간단한 인사말을 익히거나 숫자를 이용해 흥정할 줄 알게 된다면 주저하는 1,000원짜리이므로 우리 나라의 10,000원 정도와 비교해 생각하기 쉽다.

### 인사말

| | |
|---|---|
| 안녕하세요? | 싸바이 디 |
| 잘 가요 | 라꼰 |
| 당신은 혹시 몸 아파요? | 짜오 싸바이 디 보? |
| 잘 지내다 | 싸바이 디 |
| 행복을 빕니다 | 쑥디 |
| 정말 감사합니다 | 컵짜이 라이라이 |
| 죄송합니다 | 컴톡 |
| 또 만나요 | 폽 깐 마이 |
| 환영합니다 | 낀디 |
| 미안합니다 | 컴톡 |
| 문제 없습니다 | 보 미 빤하 |

### 숫자

| | | | | | | | |
|---|---|---|---|---|---|---|---|
| 1 | 능 | 8 | 뺃 | 21 | 싸오엣 | 10,000 | 믄 |
| 2 | 썽 | 9 | 까우 | 22 | 싸오썽 | 20,000 | 썽믄 |
| 3 | 쌈 | 10 | 씹 | 30 | 쌈씹 | 30,000 | 쌈믄 |
| 4 | 씨 | 11 | 씹엣 | 100 | 허이 | 40,000 | 씨믄 |
| 5 | 하 | 12 | 씹썽 | 200 | 썽허이 | 100,000 | 쌘 |
| 6 | 혹 | 13 | 씹쌈 | 1000 | 판 | 200,000 | 썽쌘 |
| 7 | 쩻 | 20 | 싸오 | 2000 | 썽판 | 1,000,000 | 란 |

### 기본 표현

| | | | |
|---|---|---|---|
| 예 | 맨 | 애오 | 싸이 아 |
| 아니오 | 보 | 주십요 | 카이 흔 |
| 좋아요 | 디 | 더시오 | 하이 나 |
| 나빠요 | 비 | 도와주세요 | 수아이 대 |
| 얼마입니까? | 타오 다이? | 통합이요 | 파이 |
| 미안 | 컴 라이 | 도와주세요 | 국 |
| 고맙습니다 | 컵짜이 | 많이 왔어요 | 마이 라이 일 |

## 식당

| 해프피엔 | 카페 인의 커피 | 카페 인의 커피 | 계산기 |
| --- | --- | --- | --- |
| 녹음하다 | 아이의 음료 | 달 | 계이 |
| 맛있어요 | 돈 | 크림 | 포크 |
| 맛있게 해주세요 | 마실 | 팁 | 마이 |
| 짧다 | 주문 | 계산할 수 | 점 먹어이 |
| 계기 | 응음이 | 사장님 | 세 변 |
| 삶 | 차 | 고수 빼주세요 | 세 아이 쁨물 |

## 날씨, 시간

| 맞 시에요? | 몇 명? | 올림픽 | 달 |
| --- | --- | --- | --- |
| 다섯 시 | 한 숫 | 비 | 오후 |
| 가뽔? | 디 뭐운 디 다이 | 눈 | 아침 |
| 옶 | 금 분 | 새 | 매일 |
| 놀 | 그 몇 니 | 시장 | 아치 |
| 대나리 | 세찰거 | 시장님 비 물큼낭 | 손 |
| 왔다 | 악오 | 한 아이야 | 새트코 |
| 쟀어 | 한 올 | 왔변 | 옮년 |
| 답금 1 음림자 | 달림리 | 씨 | 옮눈 1 음림자 |

## 중요한 단어

## 교통

| 트깝 | 왔터오이 | 미니빠 | 택시 | 산책길 | 운동 | 봇자 마타넴 | | 비파 | 파케위 | 메아간 | 웅길 | 올길 | 받 | 계프토하셨다 |
| --- | --- | --- | --- | --- | --- | --- | --- | --- | --- | --- | --- | --- | --- | --- |
| | 빰 | 등 | 세째시 | 라 함이 | 세마맘 | | 우중 세째시 물새커 지 | | | | 삶 옭움 | 산 옭 | 옳 | 답 판 |

## 숙수

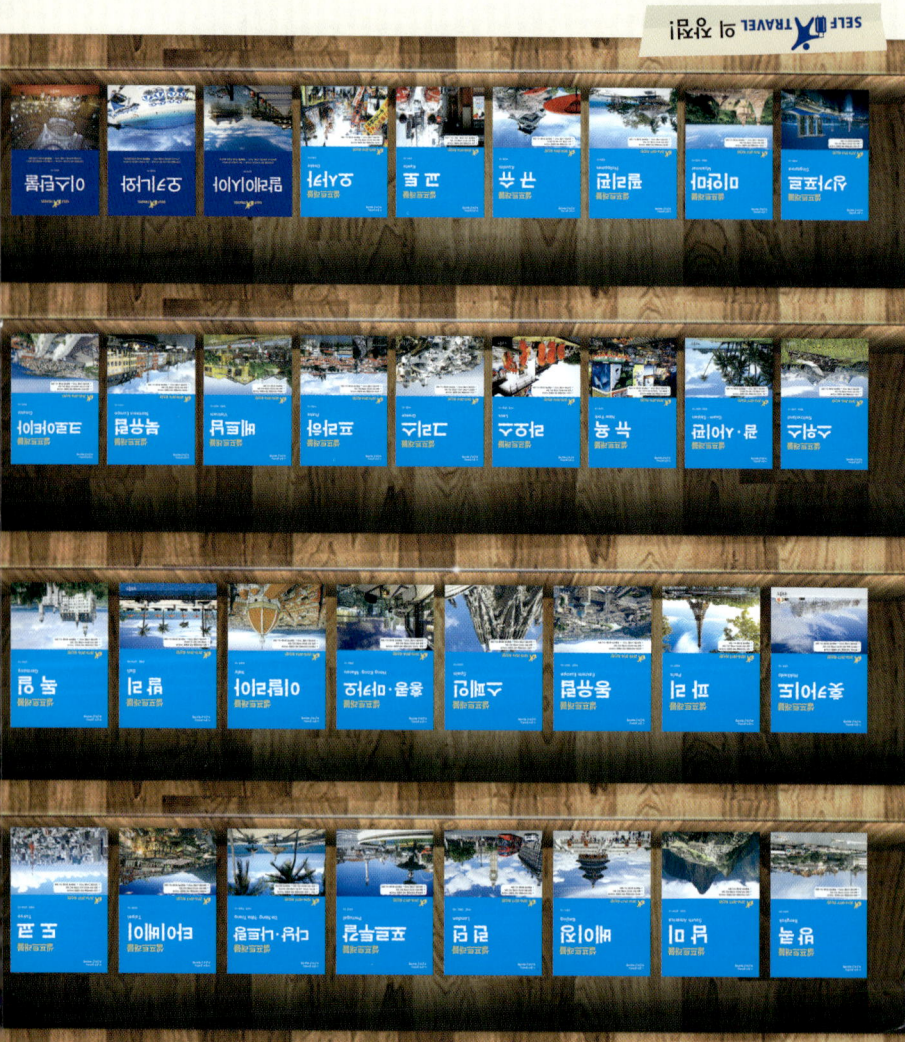

Intro

# 루앙남타
Luang Namtha

라오스 북부, 소수민족 마을의 중심지인 루앙남타는 최근 중국인들의 이주와 각종 개발로 인해 그 매력을 조금씩 잃어가고 있다. 그러나 여전히 라오스 에코 투어의 중심지로 많은 여행객들이 이곳에서 트레킹을 하거나 카약을 타며 라오스의 자연을 즐긴다. 때묻지 않은 소수민족 마을을 방문한다는 본래의 의미는 많이 퇴색되었지만 일부러 투어에 참여하지 않더라도, 인근의 작은 마을들을 자전거를 타고 둘러본다면 그것만으로도 소박한 루앙남타의 매력을 만끽할 수 있을 것이다. 루앙프라방과 치앙마이 중간에 위치하여 육로로 이동할 경우 반드시 지나가야 하는 관문이기도 한 루앙남타는, 커다란 마을 시장과 작지만 분위기 좋은 나이트 마켓, 깨끗한 숙소만으로도 방문할 가치가 충분히 있는 곳이다.

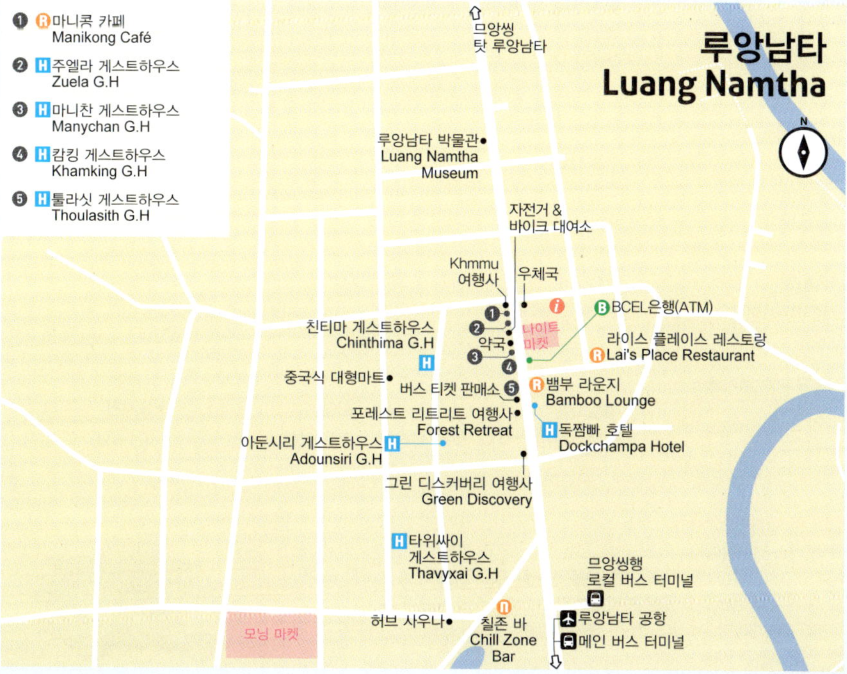

❶ 마니콩 카페 Manikong Café
❷ 주엘라 게스트하우스 Zuela G.H
❸ 마니찬 게스트하우스 Manychan G.H
❹ 캄킹 게스트하우스 Khamking G.H
❺ 툴라싯 게스트하우스 Thoulasith G.H

## ➕ 여행정보

루앙남타는 북부지방이지만 고도가 낮은 편이라 비엔티안, 루앙프라방의 기후와 비슷하다. 최근에는 도로도 잘 정비되어서 비교적 수월하게 여행할 수 있다. 야시장 근처에 있는 작은 마을이지만 중국이나 태국 쪽 국경에서 가까워 많은 여행객들이 드나드는 곳인 만큼, 마을 가운데 큰 은행이 있고 중국식 대형마트도 있으며 숙소도 충분하다.

## 루앙남타 드나들기

### ➕ 루앙남타 시외교통

◎ 항공

루앙남타 중심지에서 남쪽 6km 지점에 공항이 있다. 비엔티안과 루앙남타 구간은 라오항공과 라오스카이웨이에서 운항하고 있다. 라오항공은 목요일을 제외한 모든 요일을, 라오스카이웨이는 월·수·금요일에 노선을 운항한다. 공항에서 루앙남타 시내까지는 썽태우(1인당 2만K)를 타야 한다.

◎ 버스

루앙남타에는 2개의 버스 터미널이 있다. 장거리버스나 국제버스의 경우에는 메인 버스 터미널(루앙남타 시내에서 11km 남쪽에 위치)을, 인근 마을이나 므앙씽으로 향하는 미니밴과 썽태우는 로컬 버스 터미널(루앙남타 시내에서 500m 남쪽에 위치)을 이용하면 된다. 로컬 버스 터미널에서는 숙소까지 걸어 다닐 수 있지만, 메인 버스 터미널에서는 뚝뚝이나 썽태우를 이용해야 한다.

#### ＊메인 버스 터미널

❶ 국제버스

| 노선 | 출발시간 | 요금 | 소요시간 |
|---|---|---|---|
| 중국 멍라Mengla | 08:00 | 5만5,000K | 4시간 |
| 중국 징훙Jing Hong | 08:00 | 9만K | 6시간 |

❷ 시외버스

| 노선 | 출발시간 | 요금 | 소요시간 |
|---|---|---|---|
| 루앙프라방Luang Prabang | 08:30 | 11만K | 9시간 |
| 우돔싸이Oudomxay | 08:30, 12:00, 14:00 | 4만K | 4시간 |
| 비엔티안Vientiane | 08:30 | 20만K | 20시간 |
| 방비엥Vang Vieng | 08:30 | 16만5,000K | 14시간 |
| 훼이싸이(보께오Bokeo) | 08:30, 12:30 | 6만K | 4시간 |

#### ＊로컬 버스 터미널

| 노선 | 출발시간 | 요금 | 소요시간 |
|---|---|---|---|
| 므앙씽Muang Sing | 08:00, 09:30, 11:00, 13:00, 14:00 | 2만5,000K | 2시간 30분 |

### ➕ 루앙남타 시내교통

메인 버스 터미널에서 나이트 마켓 근처 숙소까지는 썽태우 합승 시 1인당 2만K을 요구하며, 혼자 뚝뚝이나 썽태우를 이용할 경우 3만~4만K 정도를 요구한다. 숙소나 나이트 마켓 맞은편 바이크 대여점에서 오토바이(4만K~)나 자전거(1만K~)도 대여할 수 있다. 인근 지도도 얻을 수 있어 편리하게 여행할 수 있다. 안전운행은 필수.

## Activity
# 루앙남타 자전거 투어

루앙남타를 즐기는 가장 좋은 방법은 산악자전거를 빌려 인근의 작은 마을들을 둘러보는 것이다. 평평한 농경지 중간에 자리한 루앙남타 주변은 큰 오르내림 없이 평탄한 길로 이루어져 있다. 이 길은 논밭을 사이에 두고 점점이 흩어진 소수민족 마을을 연결하고 있어 자전거 여행에는 최적인 코스다. 루앙남타 시내를 조금만 벗어나도 신기한 눈빛으로 반갑게 인사를 하는 라오스의 순박한 시골 사람들을 만날 수 있다. 한적한 논밭과 소박한 마을 사이, 작은 숲과 개울을 지나면서 라오스 북부의 자연을 맘껏 느껴보자. 어디로든 좋지만, 시내 중심에서 남쪽 반쿤 마을로 향한 뒤 동쪽으로 꺾어 보트랜딩 게스트하우스를 지나 작은 오솔길을 따라 한 바퀴 원을 그려 마을 북쪽으로 돌아오는 코스를 추천한다.

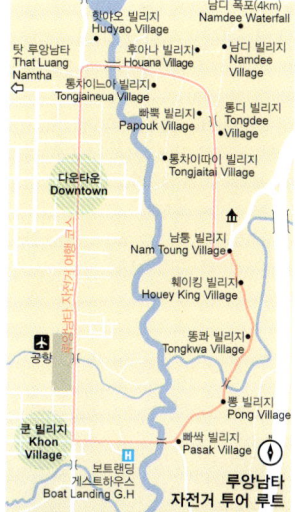

Activity
❷
# 트레킹 & 카약

루앙남타 인근의 남하 보호구역Nam Ha NBCA은 라오스에서 가장 접근이 편리한 보호구역 중 하나로, 라오스 트레킹의 중심지이기도 하다. 루앙남타 인근의 여러 마을에서 트레킹 코스를 운영하지만, 루앙남타가 가장 편리하여 많은 여행자들이 이곳으로 모인다. 여러 여행사에서 다양한 코스를 운영 중인데, 회사와 비용에 따라 투어의 퀄리티도 천차만별로 달라지므로 신중하게 선택하자. 일정 인원 이상이 모여야 출발이 가능하므로, 트레킹을 원한다면 루앙남타에 도착하자마자 주변의 많은 여행사를 둘러보는 것이 좋다. 체력적으로 쉽지 않은 코스가 대부분이므로 가벼운 마음으로 참여하는 것은 권하지 않는다. 트레킹 외에 카약과 연계된 상품도 있지만 건기에는 지루하기 그지없으므로 우기에 고려해보자.

**액티비티 여행사 추천**

❶ 그린 디스커버리 Green Discovery
Tel  021-264-580
Web  www.greendiscoverylaos.com

❷ 포레스트 리트리트 Forest Retreat
Tel  010-5568-0031
Web  forestretreatlaos.com

Sightseeing

## 루앙남타 박물관 Luang Namtha Museum

루앙남타 중심가에 위치한 넓은 부지 위에 새로 지어진 건물이 루앙남타 박물관으로 사실 외관에 비해 내부는 부실한 편이다. 인근 소수민족들의 특이한 복장과 생활용품, 가면 등이 눈길을 끈다. 방 1개 규모에 불과하므로 라오스 소수민족의 생활상에 특별한 관심이 없다면 실망스러울 수 있다.

| | |
|---|---|
| Access | 나이트 마켓 북쪽 사거리 대각선 맞은편 |
| Open | 08:30~11:30, 13:30~16:00 |
| Cost | 관람료 5,000K |

Sightseeing

## 모닝 마켓 Morning Market

시장 구경하는 것을 좋아하는 사람이라면 꼭 한번 방문해볼만한 곳으로, 전체적으로 넓고 깔끔한 시장 곳곳에 신기한 채소와 과일, 간식거리들이 가득하다. 라오스 북부지방에서 유명한 카우쏘이 국수 노점이 시장 한쪽에 가득 들어서 있는데 대부분 무척 청결하고 맛도 좋다.

| | |
|---|---|
| Access | 로컬 버스 터미널 건너편 도로에서 서쪽 도보 10분 |
| Open | 06:00~17:00 |

# Food

루앙남타의 식당은 대부분 서양인들을 위한 곳으로, 현지인들은 시장에서 반찬과 밥을 사서 식사를 해결한다. 시장이나 나이트 마켓, 혹은 작은 국숫집이나 구잇집이 현지인들에게 인기 있는 식사 장소로 대부분 우리 입맛에도 잘 맞아서 먹거리 걱정을 딱히 하지 않아도 입이 즐거운 하루를 보낼 수 있다.

## Food

### 나이트 마켓 Night Market

시내 중간에 작은 공터가 있어 안쪽에는 찰밥이나 각종 반찬거리, 국숫집이 있고 바깥쪽에는 테이블을 빙 둘러싼 각종 먹거리 노점들이 자리한다. 잘 구워진 오리구이나 볶음국수, 스프링 롤, 땀막훙과 라오 맥주 한 잔으로 최고의 저녁식사를 즐겨보자.

| | |
|---|---|
| Access | 루앙남타 중심 BECL은행 옆 |
| Open | 17:00~22:00 |
| Cost | 돼지고기 그릴(100g) 8,000K |
| | 오리구이 반 마리 1만5,000K |
| | 라오 맥주 1만K |

## Food ❷

### 라이스 플레이스 레스토랑
Lai's Place Restaurant

좀 더 제대로 된 라오스 음식을 먹고 싶다면 추천하는 곳이다. 최근 확장 이전을 하여, 새 건물의 깔끔한 식당에서 비교적 저렴하면서도 괜찮은 라오스 음식을 맛볼 수 있다.

| | |
|---|---|
| Access | 나이트 마켓 남쪽 BECL은행에서 동쪽으로 도보 1분 |
| Cost | 조식세트 3만K, 카우쏘이 1만5,000K, 랍 2만5,000K~ |
| Tel | 020-239-2911, 020-2299-7789 |

## Café ❶

### 마니콩 카페 Manikong Café 📶

서양에서 온 여행자들에게 사랑받는 베이커리 카페로, 아침에 특히 많은 여행자들이 이곳을 찾는다. 모든 메뉴가 라오스에서는 수준급이라고 할 수 있는 곳이다. 가게도 깔끔하고 메뉴도 영어로 잘 정리되어 있어 매우 편리하다.

| | |
|---|---|
| Access | 나이트 마켓 입구 맞은편 |
| Open | 06:30~22:00 |
| Cost | 라임 치즈 케이크 2만5,000K |
| | 과일 요거트 뮤즐리 2만5,000K, 생과일 스무디 1만2,000K |
| Tel | 020-2863-4334 |
| Email | houmphanhmanikong@gmail.com |

#### Stay ①
### 주엘라 게스트하우스 Zuela Guesthouse

루앙남타에서 가장 번성하고 있는 게스트하우스로, 도로에서 조금 안쪽으로 들어간 곳에 위치하여 조용하다. 테라스가 있는 방은 일반 방보다 좀 더 비싸다.

| | |
|---|---|
| Access | 나이트 마켓 입구 맞은편 |
| Cost | 팬룸 8만K~, 에어컨룸 10만K~ |
| Tel | 020-5588-6694, 020-239-531 |
| Email | zuelaguesthouse@gmail.com |

#### Stay ②
### 툴라싯 게스트하우스
### Thoulasith Guesthouse

깨끗한 2층 건물에 탁 트인 공동 테라스가 여유로운 분위기를 물씬 풍기는 이곳은 대로변에서 약간 안쪽에 위치해 좀 더 조용한 분위기에서 쉴 수 있다. 전반적으로 무척 잘 관리되는 곳으로 방이 많이 좁은 것이 단점이지만 1, 2층 방이 모두 같은 가격이다. 취재 시에는 기존 건물 맞은편에 3층짜리 새 건물을 짓고 있었다.

| | |
|---|---|
| Access | 루앙남타 메인 거리, 독짬빠 호텔 맞은편 |
| Cost | 팬룸 7만K~, 에어컨룸 9만K~, 큰 방(에어컨) 11만K~ |
| Tel | 086-212-166 |

#### Stay ③
### 독짬빠 호텔 Dockchampa Hotel

루앙남타 여행자 거리에서 가장 큰 규모를 자랑하는 호텔로, 나이트 마켓 바로 옆에 있는 중심가에 위치하고 있다. 게스트하우스 급의 저렴한 가격이지만 내부는 더 넓은 편이고, 텔레비전과 책상, 의자까지 갖추고 있다. 그러나 대로변에 있어 차량이 지나다니는 소리가 시끄럽고 벽이 얇아 방음이 안 된다는 문제가 있다.

| | |
|---|---|
| Access | 나이트 마켓 옆 BCEL은행 남쪽 |
| Cost | 팬룸 8만K~, 에어컨룸 10만K~ |
| Tel | 086-260-003, 030-511-0047 |

#### Stay ④
### 친티마 게스트하우스
### Chinthima Guesthouse

2015년에 오픈한 곳으로 새 에어컨과 침대를 쓸 수 있는 장점이 있는 곳이다. 넓은 방에 테라스도 딸려 있다. 큰 특징 없는 건물이지만 방 내부만 생각한다면 나쁘지 않다. 특히 차량 통행이 적은 곳에 위치해 조용하면서도 여행자 거리에서 멀지 않다는 장점이 있다.

| | |
|---|---|
| Access | 메인 거리를 기준으로 서쪽 방면 첫 번째 거리 |
| Cost | 팬룸 8만K, 에어컨룸 12만K |
| Tel | 086-2312-2113, 020-2239-0174 |

Intro

# 우돔싸이
Oudomxay

우돔싸이는 라오스의 '차이나타운'이라 불리는 곳이다. 잘 닦인 넓은 도로 양쪽에는 온통 한자로 된 간판들로 가득 차 있다. 본래 작은 마을에 불과했으나 중국과의 교역이 확대되면서 금세 북부 교통의 요충지가 된 우돔싸이는 여행자들을 끌어당기는 매력이 많은 곳은 아니지만 저렴하고 비교적 깨끗한 숙소가 많아 육로 이동에 지친 사람들이 잠깐 쉬어가기에 나쁘지 않은 곳이다. 수많은 여행자, 혹은 사업가들이 방문하는 곳인 만큼 도시 곳곳에 은행과 숙소가 가득하므로 밤늦게 도착해도 특별히 큰 문제없이 쉬어갈 수 있다.

우돔싸이
Oudomxay

## ➕ 우돔싸이 교통정보

우돔싸이 중심가에서 500m 남쪽에 위치한 구 버스 터미널 외에 2014년 11월, 신 버스 터미널이 완공되었다. 신 버스 터미널은 우돔싸이 중심가에서 남쪽으로 5km 떨어진 곳에 있다. 대체로 신 버스 터미널은 남부 지역행 버스가, 구 버스 터미널은 국제버스와 북부 지역행 버스가 정차한다고 하지만 버스가 양쪽 모두에 정차하기도 하는 것을 보아 아직 명확한 기준이나 원칙이 정립되어 있는 것 같지는 않다. 구 버스 터미널은 시내 중심에서 도보로 10분 정도 거리이며, 신 버스 터미널은 뚝뚝이나 썽태우를 이용해 1인당 1만~2만K이면 갈 수 있다.

◎ **구 버스 터미널** Old Bus Station

✱ **국제버스**

| 노선 | 출발시간 | 요금 | 소요시간 |
|---|---|---|---|
| 중국 보텐 Borten |  | 7만K | 4시간 |
| 중국 멍라 Mengla | 08:00 | 7만~9만K | 4시간30분 |
| 중국 징훙 Jing Hong |  | 13만~15만K | 6시간 |
| 베트남 디엔비엔푸 Dien Bienphu | 08:00 | 9만5,000K | 4시간 |

✱ **시외버스**

| 노선 | 출발시간 | 요금 | 소요시간 |
|---|---|---|---|
| 퐁쌀리 Pongsaly | 08:30 | 8만K | 10시간 |
| 루앙남타 Luang Namtha | 08:30, 12:00, 15:00 | 4만K | 3시간 |
| 훼이싸이(보께오) Bokeo | 09:00 | 9만K | 8시간 |

◎ **신 버스 터미널** New Bus Station

| 노선 | 교통편 | 출발시간 | 요금 | 소요시간 |
|---|---|---|---|---|
| 농키아우 Nong Khiaw | 일반버스 | 09:00 | 4만5,000K | 4시간 |
| 비엔티안 Vientiane | 일반버스 | 11:00, 14:00 | 15만K | 15시간 |
|  | VIP | 16:00 | 17만K |  |
|  | 슬리핑 버스 | 18:00 | 19만K |  |
| 루앙프라방 Luang Prabang | 일반버스 | 11:00, 14:00 | 6만K | 7시간 |
|  | VIP | 16:00 | 8만K |  |
|  | 슬리핑 버스 | 18:00 | 10만K |  |

Sightseeing

# 푸싸이 언덕 Phu Sai, 왓 푸탓 Wat Phu That

우돔싸이 길 양쪽에는 두 개의 언덕이 마주하고 있다. 이곳은 언덕 꼭대기까지 계단이 있어 5분이면 쉽게 오를 수 있는데 특별한 볼거리가 있는 건 아니지만 넓은 콘크리트 도로와 삭막한 간판을 벗어나 산책을 즐기기에 좋은 곳이다. 계단은 우거진 초목으로 덮여 있어 싱그러운 느낌을 물씬 풍기는데 동쪽에 있는 계단 양쪽으로는 대나무가 자라나고 있고 그 끝에는 작은 탑과 특별한 볼거리는 없는 박물관이 자리하고 있다. 서쪽 계단 양쪽으로는 무성한 열대나무가 있고 조금 더 큰 금색 탑과 입불상이 언덕을 장식하고 있다. 전망은 시야가 넓어 우돔싸이 시내를 한눈에 조망할 수 있는 서쪽 언덕이 좋다.

Sightseeing

# 반틴 시장 Ban Thin Market

각종 채소와 과일이 가득한 라오스 재래시장으로, 규모가 크진 않지만 우돔싸이에서 라오스의 흔적을 가장 생생하게 느낄 수 있는 곳이다. 시장 입구 대로변에는 온갖 중국 물건으로 가득 찬 대형마트가 있어 중국과 라오스의 대비를 선명히 느낄 수 있다는 점이 흥미롭다.

Access 우돔싸이 중심에서 1km 북쪽, 중국마트 서쪽에 위치
Open 07:00~18:00

Sightseeing

# 레드크로스 허브 사우나 Red Cross Herbal Sauna

라오스 자선단체 레드크로스의 우돔싸이 분점에서 운영한다. 작은 나무 방에 들어가 각종 허브를 쪄서 내는 증기로 사우나를 하는 라오스 전통 허브 사우나가 긴 육로 이동으로 인한 여독을 풀어준다.

Access 메인 로드에서 서쪽으로 도보 10분 거리
Open 15:00~19:30
Cost 사우나 1만2,000K, 마사지 4만K
Tel 081-212-022, 081-211-477

## Food ❶
# 미시즈 깐야 레스토랑
Mrs Kanya Restaurant

우돔싸이에서 가장 준수한 라오스 음식점으로, 시멘트 바닥이긴 하지만 비교적 깔끔한 식당이다. 현지인들에게 더 유명한 음식점으로 양도 푸짐하다.

| | |
|---|---|
| Access | 우돔싸이 중심 BECL은행 맞은편 골목 |
| Open | 06:00~22:00 |
| Cost | 아이스 아메리카노 7,000K, 라오 맥주 1만K, 랍 4만K 삥무(돼지고기 구이) 4만K |
| Tel | 030-928-0013, 020-5568-1110 |

## Food ❷
# 미시즈 미 국숫집
Mrs Mee Noodle Soup

북부지방에서 주로 먹는 카우쏘이 국수를 파는 집으로, 돼지고기를 볶은 양념장을 국수에 얹어 약간은 기름지지만 깊은 맛을 낸다. 엄청난 맛집이라고는 할 수 없지만 우돔싸이에서는 비교적 깔끔하고 괜찮은 식당이다. 주인장 마음대로 쉬는 것이 흠이다.

| | |
|---|---|
| Access | 인도차이나 은행 삼거리 |
| Open | 07:00~22:00 |
| Tel | 020-5801-9111, 020-2872-9123 |

## Food ❸
# 씨쏘 베이커리 Siso Bakery

작고 허름한 곳이지만 외국인 여행자들의 입맛에 맞는 간단한 아침 세트메뉴나 샌드위치를 판매한다. 구 버스 터미널 근처에 있어, 장거리 버스를 타기 전에 여러 주전부리를 사기 좋다. 오픈시간이 불규칙하고 수시로 문을 닫는 점이 단점이라면 단점인 곳이다.

| | |
|---|---|
| Access | 인도차이나 은행 삼거리 |
| Open | 07:00~19:00 |
| Tel | 020-463-973 |

## Food ❹
# 씬닷집

허브 사우나 입구에 있으며 노곤하게 몸을 푼 뒤 시원하게 맥주를 마시기에 딱 좋은 위치에 있다. 번잡한 메인 로드에서 벗어난 곳에 위치해 좀 더 한적하고 여유로운 분위기가 장점이다.

| | | | |
|---|---|---|---|
| Access | 메인 로드에서 서쪽으로 도보 10분 거리 레드크로스 허브 사우나 입구 | | |
| Open | 17:00~21:00 | Cost | 씬닷 5만6,000K |
| Tel | 020-2296-9669 | | |

### Stay ❶
### 쑤린폰 호텔 Sourinphone Hotel

구 버스 터미널에서 가까운 곳에 위치한 호텔이라 우돔싸이에 늦게 도착한 경우에도 헤매지 않고 쉽게 찾을 수 있다. 방은 좁지만 비교적 깨끗하고 저렴하다.

| | |
|---|---|
| Access | 구 버스 터미널에서 북쪽으로 도보 1분 |
| Cost | 에어컨룸 8만K |
| Tel | 081-212-789, 020-237-4757 |

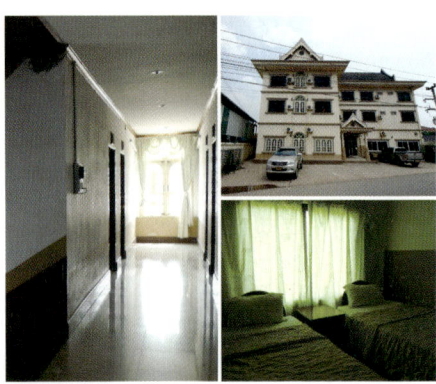

### Stay ❷
### 빌라 깨오쌈싹 Villa Keo Seum Sack

저렴하면서도 쾌적한 숙소를 원한다면 이곳이 최고의 선택이 될 것이다. 대로변이지만 넓은 정원 안쪽에 위치해 어느 정도 소음을 피할 수 있으며 마룻바닥이 깔린 방과 흰 시트도 쾌적하다. 의자가 있는 넓은 공동 테라스도 있어 답답하지 않다.

| | |
|---|---|
| Access | 왓 푸 탓 계단 입구 주변 |
| Cost | 에어컨 더블룸 16만K / 부대 서비스 조식(3만K) |
| Tel | 081-312-170, 020-558-0674 |
| Email | seumsack@hotmail.com |

### Stay ❸
### 싸이싸나 호텔 · 게스트하우스
Xaysana Hotel · Guesthouse

특별할 것 없는 평범한 호텔이지만 많은 객실을 보유하고 있다는 것이 장점이다. 밤늦게 도착해서 다른 곳에 방이 없다면 이곳을 방문해보자. 비교적 조용한 곳에 위치하여 시끄럽지 않은 것도 장점. 높은 가격의 방일수록 좀 더 크고 깨끗하다.

| | |
|---|---|
| Access | 인도차이나 은행 삼거리에서 북쪽 첫 사거리 서쪽 방면 도보 2분 |
| Cost | 게스트하우스 팬룸 6만~10만K |
| | 호텔 에어컨룸 12만~15만K |
| Tel | 020-2251-5737, 020-2251-7775 |

### Stay ❹
### 인다라 게스트하우스 Indara Guesthouse

비교적 최근에 오픈한 4층 건물로 깨끗하고 넓은 방에 타일이 깔려 있고 최신 평면TV와 에어컨이 갖춰져 있다. 시트도 깨끗해서 편안하게 묵을 수 있다. 더블룸보다 트윈룸이 훨씬 넓다.

| | |
|---|---|
| Access | 인도차이나 은행 삼거리에서 북쪽 첫 사거리 서쪽 방면 도보 2분 |
| Cost | 12만K |
| Tel | 081-312-086, 020-2220-1102 |

Intro

# 농키아우
## Nong Khiaw

농키아우는 높은 석회절벽 사이를 흐르는 아름다운 남우 강을 중심으로 강 양쪽에 자리한 작은 마을이다. 이곳은 좀 더 한적한 라오스를 느끼고 싶은 여행자들에게 오랫동안 사랑받아 온 곳이다. 조그마한 마을은 걸어서 20분이면 내부를 속속들이 알 수 있을 정도로 작지만 전망 좋은 곳에 지어진 수많은 방갈로와 작은 레스토랑들은 편안한 여유를 만끽하는 여행자들을 상대로 성업 중이다. 많은 여행자들이 농키아우에서 므앙응오이로 향하는 계획을 세우지만 아침마다 낮게 깔리는 안개가 마을을 반쯤 가린 모습이 무척이나 아름다워 예정보다 오래 이곳에 머물게 된다.

### ➕ 여행정보

대부분의 여행자들이 별 계획 없이 농키아우를 방문하지만, 이곳에는 수많은 여행사가 여행객들을 상대로 다양한 투어 상품을 운영하고 있다. 일일 트레킹이나 카약 투어, 혹은 자전거와 보트 여행을 연계한 투어 등 많은 상품이 있으니 너무 심심하다면 여행사를 방문해보자. 100개의 폭포를 둘러보는 일일 트레킹 상품이 가장 인기 있다.

> **Tip 추천 여행사**
>
> **타이거 트레일 여행사**
> Tiger Trail Outdoor Adventures
>
> Cost 일일 트레킹 25만K~
> Tel 071-252-2655
> Web www.laos-adventures.com
>
> **그린 디스커버리 농키아우**
>
> Cost 트레킹 & 보트 트립 25만K~
> Tel 071-810-081

## 농키아우 교통정보

농키아우에서는 주로 미니밴을 이용해 이동한다. 농키아우 버스 터미널에서 루앙프라방, 우돔싸이행 미니밴이 정차한다. 보트 선착장과 버스 터미널은 1.5km 떨어져 있는데 이 거리는 썽태우(1인당 5,000K)를 이용해 이동하면 된다.

| 노선 | | 출발시간 | 요금 | 소요시간 |
|---|---|---|---|---|
| 루앙프라방 | 북부 정류장 | 08:30, 11:00 | 4만K(로컬버스) | 4시간 |
| | 남부 정류장 | 13:30 | 5만5,000K(미니밴) | 4시간 |
| 우돔싸이 | | 11:00 | 4만5,000K(미니밴) | 5시간 |

Sightseeing

## 남우 강 보트 여행

농키아우-므앙응오이 간 뱃길은 남우 강 보트 여행을 간편하게 즐길 수 있는 좋은 여정이다. 므앙응오이행 보트는 하루에 두 번(11:00, 14:00) 출발하고 1시간 반 정도의 시간이 소요되며 편도 요금은 2만5,000K이다. 보트 여행을 하다 보면 아름다운 농키아우의 풍광이 한적하게 펼쳐지고, 한적한 강가에서 일광욕을 하는 수십 마리의 희귀 야생 물소와 돼지 무리도 만날 수 있다. 시원하게 강물을 가르는 배 안에서 잠깐의 여유로움을 즐겨보자.

Access  농키아우 다리 남서쪽 강변

Sightseeing

## 탐 파톡(파톡 동굴) Tham Pha Thok

특별히 꼭 들러야 할 관광명소는 없지만 다리 주변을 조금만 벗어나도 한적한 라오스의 시골풍경이 펼쳐지므로 자전거나 오토바이를 빌려 마을을 둘러보자. 파톡 동굴은 마을 사람들이 인도차이나 전쟁 당시 있었던 미국의 공습을 피해 대피했던 곳이라고 한다. 동굴 입구의 작은 개천과 대나무 다리, 석회절벽이 어우러진 풍경이 아름답다.

Access  농키아우 다리 동쪽으로 2.5km
Cost  입장료 5,000K / 일반자전거 3만K, 산악자전거 5만K
오토바이 7만K, 스쿠터 8만K

Sightseeing

## 모닝 마켓 Morning Market

시장을 좋아하는 여행자라면 꼭 한번 들러볼만한 모닝 마켓으로, 작고 소박하지만 재래시장다운 생생함이 살아 있는 곳이다. 직접 재배한 농산품에서부터 가벼운 국수나 간식까지 종류가 다양하지만, 특히 토요일에는 멀리 떨어진 몽족 마을에서 내려온 사람들까지 가세해 좀 더 활기찬 분위기가 느껴진다.

Access  농키아우 마을, 농키아우 초등학교 맞은편 공터
Open  06:00~07:30

#### Food & Stay

## 델리아스 레스토랑 & 게스트하우스
Delilah's Restaurant & Guesthouse

농키아우에서 가장 젊은 감각을 지닌 게스트하우스로 뉴질랜드에서 온 주인장이 운영하는 곳이다. 각종 장식으로 꾸며진 여유로운 분위기의 쉼터나 깨끗하고 편안한 침대, 저렴하고도 깔끔한 맛의 서양식 메뉴 덕분에 많은 여행자들의 사랑을 받고 있다. 선착장 입구 근처에 있어 배를 기다리며 시원한 커피 한 잔을 마시기에도 좋다.

| | |
|---|---|
| Access | 농키아우 마을, 농키아우 다리에서 1분 거리 |
| Open | 07:30~22:30 |
| Cost | 메인메뉴 2만5,000K~<br>조식 1만5,000K~<br>도미토리 3만5,000K~ |

#### Food

## 딘 인도 식당 Deen Indian Restaurant 📶

농키아우에서 제법 유명한 인도 식당이다. 서양에서 온 여행자들에게 평이 좋지만 전반적으로 조금 짜고 무난한 정도의 맛이다. 다양한 종류의 카레와 난을 판매한다. 주류는 판매하지 않는다.

| | |
|---|---|
| Access | 쏩 훈 마을, 농키아우 다리에서 1분 거리 |
| Open | 07:30~22:00 |
| Cost | 난 1만K, 카레 2만K~, 라씨 1만K |
| Tel | 020-2214-8895, 030-200-5473 |
| Email | deenfoodnongkiau@hotmail.com |

#### Food

## 알렉스 레스토랑 Alex Restaurant

사람들이 많이 다니는 길에서 약간 벗어난 한적한 곳에 위치한 작고 아늑한 분위기의 레스토랑이다. 각종 서양요리와 태국 음식, 라오스 음식을 제공한다. 주인아주머니의 훌륭한 요리 실력 덕분에 많은 여행자들이 방문하지만, 조리 시간이 좀 오래 걸린다는 단점이 있다.

| | |
|---|---|
| Access | 쏩 훈 마을, 농키아우 다리에서 1분 거리 |
| Open | 06:00~23:00 |
| Cost | 라오스식 조식 2만K, 메인 2만~3만K |
| Tel | 020-5544-0540 |

#### Food

## 싸바이싸바이 가든 레스토랑
Sabaisabai Garden Restaurant

쾌적하고 넓은 정원이 있는 야외 레스토랑으로, 도로에서 떨어져 있어 좀 더 아늑하게 식사를 즐길 수 있다. 라오스 전통 허브 사우나나 마사지를 받은 후 라오 맥주와 잘 어울리는 씬닷을 먹으며 농키아우의 여유로운 하루를 즐겨보자.

| | |
|---|---|
| Access | 쏩 훈 마을, 농키아우 다리에서 1분 거리 |
| Cost | 씬닷세트 6만K(2인분), 라오 맥주 1만2,000K<br>아이스 아메리카노 8,000K, 망고 셰이크 7,000K<br>허브 사우나 2만K, 라오스 전통 마사지 5만K |
| Tel | 020-5858-6068, 020-2333-0923 |

## Stay ❶

### 쌍다오 찟따웡 Sangdao Chittavong 📶

농키아우 강변에는 방갈로 형태의 숙소가 인기 있다. 보통 다리의 동쪽에 숙소들이 많이 있지만, 대체로 시설 대비 가격이 상당히 높아져 있는 상태라 상대적으로 이 숙소가 눈에 띈다. 넓은 정원에 여유로운 공간을 두고 방갈로가 일렬로 자리하는데, 비교적 단순하지만 깨끗하고 넓은 편이며 방갈로 주변에 있는 아기자기한 나무들이 아늑한 느낌을 준다.

| Access | 농키아우 마을, 남우 강변 |
|---|---|
| Cost | 팬방갈로 8만K |
| Tel | 020-537-9677 |

## Stay ❷

### 뱀부 파라다이스 Bamboo Paradise 📶

강변의 많은 방갈로 중에서 합리적인 가격을 갖춘 방갈로로, 강변 쪽의 대나무 방갈로는 평범한 시설을 갖추고 있지만 테라스와 해먹이 있다. 정원 안쪽에 새로 지어진 건물은 분위기는 덜하지만 깨끗하면서도 저렴하다.

| Access | 쏩 훈 마을, 남우 강변 |
|---|---|
| Cost | 팬방갈로 5만~7만K |
| Tel | 020-5545-5286 |

## Stay ❸

### 만달라 우 리조트 Mandala Ou Resort 📶

농키아우에서 가장 세련된 분위기를 자랑하는 고급 리조트로 농키아우 유일의 수영장과 선베드, 우거진 열대나무가 있는 레스토랑에 넓은 공간의 침실, 세련된 시설 등을 갖추고 있다. 비교적 얇은 침대 매트리스만 제외한다면 모두 만족스럽다. 농키아우의 중심이 되는 다리에서 조금 떨어져 있지만 자전거를 무료로 대여할 수 있다.

| Access | 농키아우 마을 남우 강변 |
|---|---|
| Cost | 가든뷰 55$ |
| | 리버뷰 65$ |
| | 부대 서비스 조식 수영장, 사우나 |
| Tel | 020-5537-9661 |

## Stay ❹

### 농키아우 리버사이드 리조트
Nongkiau Riverside Resort 📶

농키아우의 다리를 배경으로 한 아름다운 풍광을 감상하기 가장 좋은 방갈로 리조트. 대나무와 나무 껍질로 지어진 방갈로의 넓은 객실과 편안한 침대, 강의 전망이 보이는 테라스가 여유로운 분위기를 풍긴다.

| Access | 쏩 훈 마을, 남우 강변 |
|---|---|
| Cost | 방갈로 싱글 49$, 더블 52$ / 부대 서비스 냉장고 |
| Tel | 071-810-004 |
| Web | www.nongkiau.com |

Intro

# 므앙응오이
### Muang Ngoi

왕복 5분 거리의 길가에 형성된 작은 마을이지만, 강물처럼 여유로운 정취를 그리워하는 배낭여행자들로 북적대는 여행지이기도 하다. 마을은 배낭여행자용 방갈로와 레스토랑들로 부산하지만 조금만 걸어 나가면 투명하게 흐르는 작은 개천과 동굴들이 숨어 있는 아름다운 자연을 만날 수 있다. 해먹이나 강변 레스토랑에서 남우 강의 전망을 바라보며 하루를 보내거나 잔잔한 시골마을을 한 바퀴 둘러보는 것이 이곳에서 할 수 있는 전부이므로 심심할 수 있지만, 아름다운 남우 강을 지나는 뱃길은 라오스 최고의 여정이라 불릴만하다.

### ➕ 여행정보

방이 빨리 차므로, 선착장에 도착하면 점찍어 두었던 숙소로 곧장 달려가자. 주변에 산재한 작은 마을에서 민박도 가능하다. 환전은 숙소에서도 가능하지만 환율이 좋지 않으므로 미리 충분히 환전을 하고 오는 것이 좋다. 24시간 전기가 공급되며, 숙소 대부분(내부 혹은 프런트 주변)에서 와이파이 사용이 가능하다.

### ➕ 므앙응오이 교통정보

므앙응오이에도 드디어 도로가 연결되었지만, 여행자들은 여전히 농키아우나 므앙쿠아에서 보트를 타고 이곳을 방문해야 한다. 농키아우행 보트는 매일 운행하며 여행자들의 수에 따라 보트의 수가 증감되므로 표를 미리 예약할 필요는 없다. 므앙쿠아행 보트는 운행 여부를 선착장의 보트 사무실에 미리 문의해야 한다고는 하지만, 생각보다 많은 여행자들이 므앙쿠아로 향하므로 건기를 제외하면 거의 매일 운행한다고 할 수 있다.

| 노선 | 출발시간 | 요금 | 소요시간 |
|---|---|---|---|
| 농키아우 Nong Khiaw | 09:30 | 2만5,000K | 1시간 |
| 므앙쿠아 Muang Khua | 09:30 | 10만K | 4~5시간 |

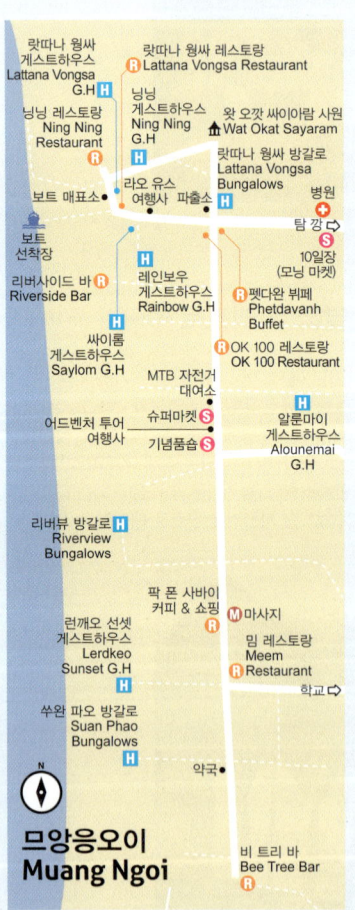

므앙응오이
Muang Ngoi

Sightseeing

# 므앙응오이 마을

마을은 왕복 10~15분 정도면 모두 돌아볼 수 있다. 메인 거리 중 주로 강변 근처에는 방갈로 형태의 숙소가 있고 작은 레스토랑, 마사지숍, 자전거 대여소, 기념품 판매점들이 나열되어 있다. 마을의 가장 북쪽에는 작은 사원이 있어서 아침이면 어김없이 승려들의 탁발 행렬을 볼 수 있다. 마을 한쪽에는 10일에 한 번씩 열리는 시골장터도 있으므로 미리 일정을 확인해보자. 마을 한쪽에는 병원도 있고 아이들이 공부하는 학교도 있으므로 천천히 한 바퀴 여유롭게 둘러보자. 저녁보다는 이른 아침이 마을 사람들의 생동감 넘치는 일상을 좀 더 가까이에서 지켜볼 수 있는 시간이다.

Sightseeing & Activity

# 탐 깡(깡 동굴) Tham Kang & 마을 트레킹

므앙응오이 주변으로 탐 깡 동굴과 몇몇 작은 마을들을 둘러보는 트레킹이나 자전거 여행을 떠나보자. 마을에서 걸어서 20~30분이면 도착하는 깡 동굴은 인도차이나 전쟁 시절 폭격을 피해 인근 주민들이 대피하였던 곳이라고 한다. 동굴 자체는 특별할 것 없지만, 동굴 옆으로 흐르는 투명한 지하수와 그 옆의 개천이 어우러진 마을 풍경이 아름답다.

Access 므앙응오이 마을에서 도보 30분
Cost 인근 마을과 동굴 입장료 1만K

Food
①
## 아침 국수 노점

배낭여행자들은 느지막하게 아침을 시작하지만, 므앙응오이 사람들은 이른 시간부터 활기차게 아침을 시작한다. 작은 메인 거리 곳곳에 국숫집이 열리고 간단하게 아침을 해결하려는 사람들이 이곳에 모인다. 든든한 국물을 먹어야 하는 많은 한국인 여행자들에게도 안성맞춤이다.

| | |
|---|---|
| Access | 므앙응오이 마을 골목 |
| Open | 07:00~국수 소진 시까지 |
| Cost | 1만K~ |

Food
②
## 펫다완 뷔페 Phetdavanh Buffet

아침과 저녁에 열리는 뷔페로, 각종 과일과 오믈렛, 팬케이크, 볶음밥 등 10가지 이상의 메뉴를 저렴하게 먹을 수 있다. 특별한 맛은 아니지만 저렴하면서도 푸짐하게 먹을 수 있다는 장점이 있다.

| | |
|---|---|
| Access | 므앙응오이 선착장 부근 |
| Open | 07:00~10:00, 19:00~22:00 |
| Cost | 뷔페 2만5,000K |

Food
③
## 랏따나 웡싸 레스토랑
### Lattana Vongsa Restaurant

선착장 입구에서 계단을 오르면 왼쪽에 자리한 강변 레스토랑으로, 므앙응오이에서 가장 괜찮은 라오스 음식을 맛볼 수 있다. 시야를 가리는 건물이 없어 탁 트인 전망도 최고인 레스토랑으로, 저녁에 강변을 바라보며 맥주 한잔하기에도 좋다.

| | |
|---|---|
| Access | 므앙응오이 선착장 계단 위, 남우 강변 |
| Open | 06:30~23:00 |
| Cost | 카레 2만5,000K~ |
| Tel | 020-2236-2444 |

Food
④
## 비 트리 바 Bee Tree Bar

넓은 정원과 칵테일 바, 편안한 테이블로 여유로운 분위기를 풍기는 이곳은 므앙응오이를 방문하는 사람이라면 누구나 한 번쯤은 들를만한 최고의 레스토랑 겸 칵테일 바라고 할 수 있다. 가격은 좀 비싸지만 MSG를 넣지 않은 라오스 메뉴도 맛있다.

| | |
|---|---|
| Access | 므앙응오이 마을 남쪽 끝 |
| Open | 11:30~23:30 |
| Cost | 생과일 주스 1만K, 과일 셰이크 1만5,000K, 칵테일 2만K~ 라오 맥주 1만2,000K, 메인메뉴 3만K~ |
| Tel | 030-208-4877 |

**Stay : 추천**
**❶**
## 닝닝 게스트하우스
Ning Ning Guesthouse 📶

선착장 근처에 위치한 방갈로로, 강변에 있지만 강이 보이지 않는다는 단점이 있는 곳이다. 그러나 나무가 우거진 정원, 넓고 깨끗한 방과 욕실, 상쾌한 흰 시트가 깔린 고급스러운 침대가 쾌적하다. 강변에는 전망 좋은 야외 레스토랑이 마련되어 있어 일몰을 감상하며 맥주를 마시기에도 좋다.

| Access | 선착장에서 북쪽으로 50m 남우 강변 |
|---|---|
| Cost | 작은 팬룸 8만K 큰 팬룸 12만K |
| Tel | 020-388-0122 |

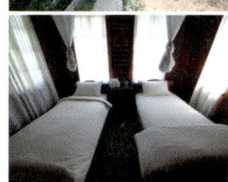

**Stay**
**❷**
## 쑤완 파오 방갈로 Suan Phao Bungalows 📶

비록 약간은 허름하지만 비교적 깨끗하게 잘 관리되고 있는 저렴한 숙소. 방갈로 중간에 메콩 강변으로 탁 트인 공간이 있고 그곳에 테이블도 놓여 있어 친구들과 기분 좋은 시간을 보낼 수 있다.

| Access | 므앙응오이 거리 남쪽 끝자락. 남우 강변 |
|---|---|
| Cost | 팬룸 6만K |
| Tel | 020-2266-9940 |

**Stay**
**❸**
## 알룬마이 게스트하우스
Alounemai Guesthouse 📶

강변에 있지는 않지만 우거진 숲 속 넓은 공간에 자리한 분위기 있는 숙소로, 대나무 벽면과 전통 천 장식, 비교적 넓은 공간의 방과 해먹이 걸려 있는 여유로운 분위기의 테라스가 근사한 곳이다. 조금 허름하지만 맛있는 음식을 먹을 수 있는 레스토랑도 있다.

| Access | 므앙응오이 거리 중간의 안내판을 따라 동쪽으로 1분 거리 |
|---|---|
| Cost | 팬룸 5만K |
| Tel | 020-2386-3255 |

**Stay**
**❹**
## 랏따나 웡싸 게스트하우스 · 방갈로
Lattana Vongsa Guesthouse · Bungalows 📶

편리한 위치에 자리한 숙소로, 남우 강변 바로 옆은 아니지만 비교적 새 건물에 여러 개의 방이 붙어 있는 게스트하우스와 잘 꾸며진 정원이 있는 방갈로 숙소가 안쪽에 있다. 객실은 둘 다 밋밋하지만, 작은 창문이 있는 방갈로가 좀 더 크고 채광이 좋다.

| Access | 므앙응오이 선착장 계단 바로 위 |
|---|---|
| Cost | 팬룸 7만K, 가든 방갈로 10만K |
| Tel | 020-2236-2444 |

# Eastern Laos 동부 라오스

Intro

# 폰싸완
Phonsavan

아늑한 산으로 둘러싸인 분지 속 한적한 풍광이 아름다운 곳. 비엔티안 북동쪽 400km 지점에 위치한 씨앙쿠앙 주는 해발 1,000m의 고원 지대로 고대 항아리 유적이 점점이 흩어져 있는 곳이다. 이곳에서는 겨울만 제외하면 일 년 내내 선선한 날씨를 즐길 수 있다. 중부 베트남과 태국 북동부 사이 교통의 요지이며 라오스에서 가장 높은 푸 비아(Phou Bia) 산을 포함해 높디 높은 산으로 둘러싸인 땅에는 몽족, 큼무족, 타이푸안족 등 많은 소수민족들이 터를 잡고 살고 있다. 원래 '씨앙쿠앙'이라 불리던 므앙쿤의 고대 유적들은 많은 굴곡을 겪었으며 결국 제2차 세계대전 당시 미국에 의해 완전히 파괴되어 현재는 폰싸완 지역으로 그 중심지가 옮겨졌다. 지금은 언제 그랬냐는 듯 평온하기만 한 고원에는 선선한 날씨, 드넓은 초원 사이사이 자리한 작은 마을과 온천이 옛 상처를 아늑하게 감싸주고 있다.

**+ 여행정보**
❶ 비가 거의 오지 않는 내륙지방으로, 전반적으로 여행하기 좋은 선선한 날씨를 자랑하지만 겨울에는 매우 춥다.
❷ 미국 CIA의 '비밀전쟁'으로 인해 라오스에서 가장 많은 수의 불발탄이 매립되어 있다. 매년 불발탄으로 인한 사상자가 나오고 있으므로 도로가 아닌 길은 다니지 말고, 함부로 땅에 떨어진 물건을 차거나 만지지 말아야 한다.

**+ 여행 안내소**
| | |
|---|---|
| Access | 폰싸완 시내에서 남쪽으로 2.5km 떨어진 지점 딸랏 남응움 시장 맞은편 |
| Open | 08:00~16:00 |
| Tel | 061-312-217, 020-2234-0201 |
| Email | xkgtourism@yahoo.com |
| Web | xiengkhuang.wordpress.com |

## 폰싸완 드나들기

**+ 폰싸완 시외교통**
◎ 항공
라오항공에서 비엔티안–폰싸완 노선을 운항한다. 공항은 폰싸완 시내에서 남쪽 4km 지점에 위치한다. 항공 스케줄은 라오항공 홈페이지를 확인하자(p.239 참고).

◎ 버스

폰싸완에는 여행자용 숙소와 가까운 미니버스 버스 터미널과 시내 서쪽 끝 4km 지점에 위치한 주요 버스 터미널, 그리고 남쪽 4km 지점에 위치한 남부 버스 터미널이 있다. 비엔티안, 루앙프라방, 방비엥 방면 미니밴은 미니버스 버스 터미널에서 정차하므로 걸어서 쉽게 숙소까지 이동할 수 있다는 장점이 있다. 그 외 대부분의 버스는 주요 버스 터미널에서 정차한다. 주로 구불구불한 산악지대를 이동하므로 차체가 낮은 미니밴이 좀 더 빠르고 안정감 있다. 에어버스의 경우 미니밴보다 좀 더 차체가 높은 버스를 말한다. 숙소 근처의 많은 여행사에서 픽업서비스를 포함한 버스 티켓을 판매하지만 바가지가 심한 곳도 있으므로 잘 고르자. 대체로 나이스 게스트하우스나 라오 팔랑 레스토랑에서 구입하는 것이 저렴하다.

**두앙싸이짜이 미니버스 버스 터미널** Douangsaychai Minibus Bus Station

| 노선 | 교통편 | 출발시간 | 요금 | 소요시간 |
|---|---|---|---|---|
| 비엔티안 Vientiane | 미니밴 | 07:30 | 13만K | |
| | 로컬버스 | 06:30, 08:30, 17:30 | 11만K | 10시간 |
| | VIP | 19:30 | 13만K | |
| 루앙프라방 Luang Prabang | 일반버스 | 08:30 | 11만K | 9시간 |
| 방비엥 Vang Vieng | 일반버스 | 08:30 | 10만K | 7시간 |

**분미싸이 남부 버스 터미널** Bounmixay Southern Bus Station

| 노선 | 교통편 | 출발시간 | 요금 | 소요시간 |
|---|---|---|---|---|
| 비엔티안 Vientiane | 로컬버스 | 06:30, 07:00, 08:20 | 11만K | 10시간 |
| | 슬리퍼 | 20:30 | 15만K | |

**씨앙쿠앙 주요 버스 터미널** Main Bus Station of Xieng Khouang Province

| 노선 | 교통편 | 출발시간 | 요금 | 소요시간 |
|---|---|---|---|---|
| 비엔티안 Vientiane | 에어버스 | 07:00, 08:00, 16:30, 18:30 | 11만K | 10시간 |
| | VIP | 20:00 | 13만K | |
| | 슬리퍼 | 20:30 | 15만K | |
| 루앙프라방 Luang Prabang | 에어버스 | 08:30 | 9만5,000K | 9시간 |
| 방비엥 Vang Vieng | 에어버스 | 07:30 | 9만5,000K | 7시간 |
| 쌈느아 Kam Neua | 에어버스 | 08:00 | 8만K | 10시간 |
| 빈 Vinh | 에어버스 | 06:30(화·목·금·일) | 15만K | 10시간 |

### ➕ 폰싸완 시내교통

폰싸완의 여행자용 숙소에서 두앙싸이짜이 미니버스 버스 터미널이나 모닝 마켓까지는 도보로 이동할 수 있는 거리다. 그 외 터미널이나 항아리 공원 투어를 위해서는 뚝뚝을 대절하거나 오토바이, 혹은 자전거를 빌려 돌아다니면 된다. 보통 터미널까지는 한 대당 2만~3만K(1인당 1만K)로 충분하며, 자전거는 2만K, 오토바이 대여료는 수동 8만K부터, 자동은 12만K 정도가 든다. 폰싸완 일일투어는 두 명이서 참여할 경우 1인당 60만K 정도이며 인원이 많아질수록 가격이 내려간다(6인 이상 참여 시 1인당 20만K). 뚝뚝을 대절해 항아리 고원만 둘러볼 경우 반일투어로 15만K 정도면 가능하다.

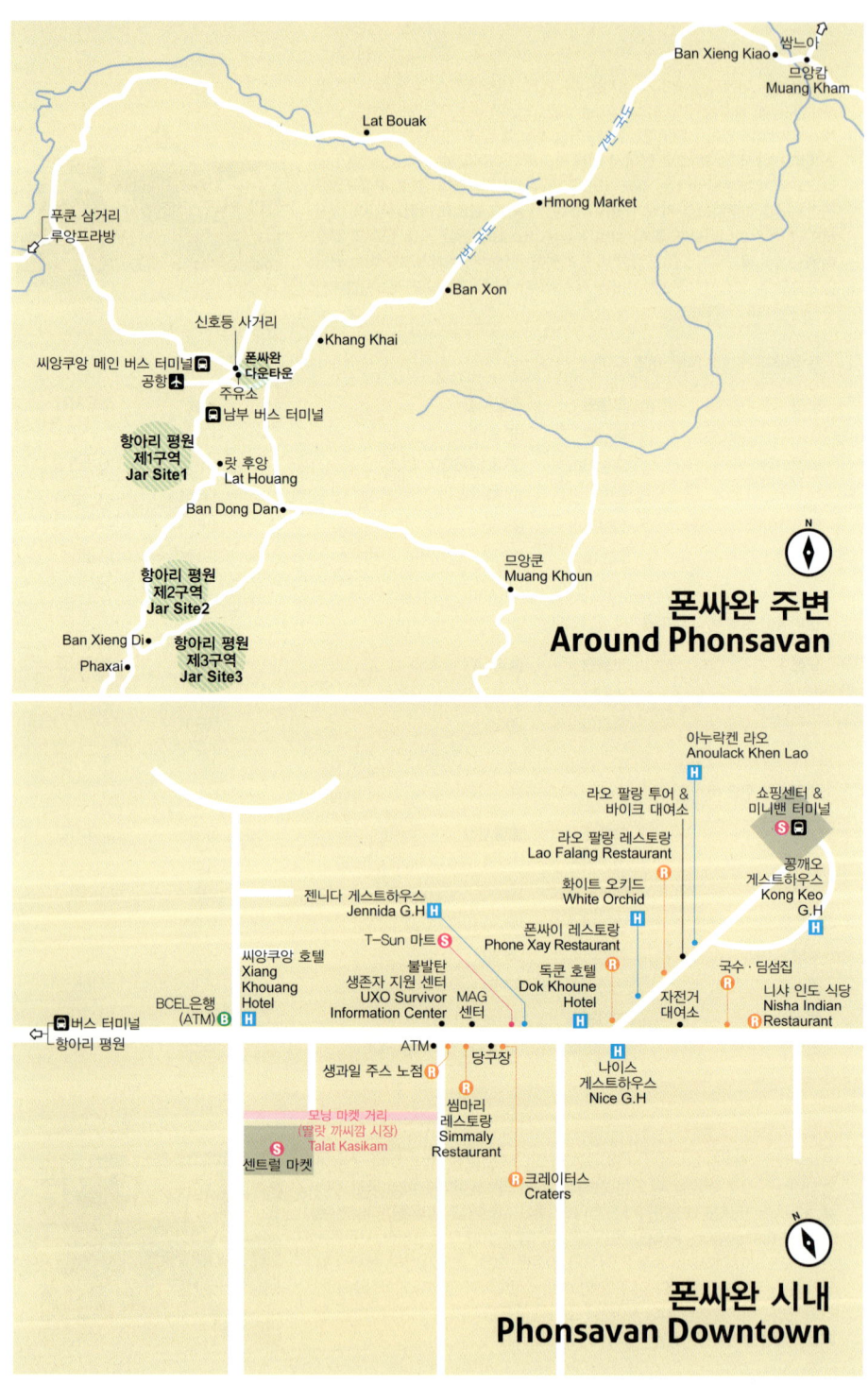

## Sightseeing

### 딸랏 까씨깜 시장 Talat Kasikam

낮에도 일부 열린 곳이 있지만 폰싸완의 모닝 마켓은 아침 7시 전이 가장 활기 넘친다. 시장 입구에는 각지에서 온 사람들이 작은 좌판을 펴고 채소나 과일에서부터 뱀, 메추리, 고슴도치, 오소리 등을 늘어놓고 파는 모습을 볼 수 있다. 시장 안에서는 싱싱한 생선이나 고기를 썰어놓고 분주히 손님을 맞이한다. 구경을 마치고 시장 한쪽에서 파는 저렴한 국수를 먹으며 하루를 시작해보자. 이곳에서도 어김없이 오전 6~7시 사이에 승려들의 탁발 행렬을 볼 수 있다.

| Access | 라오텔레콤 남쪽 |
|---|---|
| Open | 06:00~18:00 |

## Sightseeing

### MAG 센터 Mines Advisory Group Center

항아리 공원을 보러 왔다가 라오스의 아픈 속살을 들여다보게 되는 곳이다. 불발탄에 의해 힘든 삶을 살아가는 라오스 사람들의 이야기가 담긴 다큐멘터리를 매일 3회(16:30, 17:50, 18:30) 상영한다. 말로만 들어 생생하게 와 닿지 않았던 이야기들을 영상으로나마 훨씬 생생하게 느낄 수 있다.

| Access | 7번 국도 (싸이싸나 로드Xaysana Road) |
|---|---|
| Open | 월~금 08:00~22:00 |
| | 토·일 16:00~22:00 |
| Cost | **입장료** 기부금 환영 |
| Tel | 061-211-010 |
| Email | maguxocenter@yahoo.com |
| Web | www.maginternational.org |

## Sightseeing

### 불발탄 생존자 지원 센터 UXO Survivor Information Center

불발탄에 상처를 입은 사람들의 재활을 돕고 기부금도 모금하는 곳으로, 생존자들이 직접 만든 각종 수공예품을 판매하고 간단한 전시도 하고 있다. 매년 갱신되는 희생자 명단을 칠판에 적어 놓았는데, 아직도 불발탄에 피해를 입고 있는 사람들이 계속 속출해 매우 안타깝다. 기부를 하거나 투박하지만 저렴한 수공예품 하나를 골라 그들에게 작은 도움을 줄 수도 있다.

| Access | 7번 국도 (싸이싸나 로드Xaysana Road) MAG 센터 옆 |
|---|---|
| Open | 월~금 08:00~20:00 |
| | 토·일 10:00~20:00 |
| Cost | **입장료** 기부금 환영 |

Sightseeing

④
# 항아리 평원 Plain of Jars

항아리 평원은 대략 15km 정도의 분지를 말하며, 낮은 분지 주변의 높은 언덕에는 약 50곳 이상의 항아리 구역이 있다. 항아리는 대략 2,500년 전에 이 일대에 살던 사람들이 장례를 치를 목적으로 사용했다고 전해진다. 먼저 죽은 사람의 시체를 항아리에 넣어 묻은 뒤 시체가 썩어 뼈만 남으면 꺼내어 땅에 묻었다고 한다. 항아리 평원의 중심에는 거대한 호수가 있어서 사람들이 배를 이용해 15km 떨어진 거리에 위치한 푸 껭Phu Keng 산에서 이 무거운 돌 항아리를 운반하였던 것으로 추정된다.

이 인근은 인도차이나 전쟁 당시 엄청난 폭격이 있었던 지역이라 함부로 길이 없는 곳에 들어가서는 안 된다. 현재 꾸준한 불발탄 제거 작업을 통해 12곳의 항아리 구역이 대중에게 공개되었으며 여행객들은 보통 세 곳의 항아리 구역을 방문한다. 폰싸완 시내에서 가장 가까운 곳에 제일 넓은 항아리 제구역이 있는데, 이 항아리 구역을 돌아보는 것도 2시간 이상이 걸린다. 여기만으로도 항아리는 충분히 볼 수 있으므로 굳이 다른 항아리 구역까지 찾아갈 필요는 없다. 항아리 평원에는 항아리 구역 외에도 온천과 폭포, 몽족 마을, 옛 씨앙쿠앙 왕국이 있었던 므앙쿤 등 많은 볼거리가 있으므로 기회가 닿는다면 폰싸완 인근을 둘러보는 투어 프로그램에 참여해보자.

Access 씨앙쿠앙 고원의 중심에 위치

Plain of Jars

# 항아리 제1구역 Jar Site1

'똥 하이 힌(돌 항아리 평원)Thong Hai Hin'이라 불리는 평원으로, 총 331개의 항아리가 넓은 평원에 흩어져 있다. 항아리의 크기는 가장 작게는 50cm부터 크게는 2m까지 다양한데, 높은 언덕이나 낮은 평원 곳곳에 항아리와 함께 거대한 폭격의 흔적이 남아 있어 좀 더 색다른 감정을 느낄 수 있다. 제거 작업을 완료하였지만 정해진 길 밖으로 벗어나는 것은 금지되어 있으며, 길 옆으로 불발탄 제거 구역이 표시되어 있으므로 길을 잘 보고 다녀야 한다.

입구에서 표를 구매하고 곧장 직진하면 우측으로 작은 언덕을 오르게 되는데, 이곳에서 2m 크기의 돌 항아리인 하이 째움Hai Chaeum을 볼 수 있다. 현지인들 사이에서 전해지는 이야기에 따르면 잔인한 짜오앙카 왕에게서 사람들을 구해낸 째움의 승리를 기념하기 위해 이 항아리에서 술을 빚었다고 전해진다. 길을 따라 내려오면 커다란 나무 아래 곳곳에 흩어진 항아리 무리를 볼 수 있으며 한쪽에는 빠텟라오가 사용했던 동굴을 볼 수 있다. 항아리 무리를 연구했던 마들렌 콜라니Madeleine Colani는 이곳에서 뼈를 소각하고 장례를 치렀다고 주장했다. 항아리 평원 곳곳에서는 폭격으로 형성된 거대한 크레이터를 볼 수 있다.

| | |
|---|---|
| Access | 폰싸완 시내에서 남동쪽으로 10km 지점 |
| Open | 08:00~16:00 |
| Cost | 입장료 1만5,000K |

## Sightseeing

### 므앙쿤 Muang Khoun

고대 씨앙쿠앙 왕국의 유적이 남아 있는 작은 마을로 '올드 씨앙쿠앙'이라고도 불리는 곳이다. 이곳에는 16세기에 지어진 스투파(탑)나 사원의 유적이 남아 있는데, 원래는 보석으로 화려하게 장식된 62개의 탑이 있었다고 한다. 태국과 베트남, 중국의 침략과 인도차이나 전쟁 당시의 폭격으로 인해 현재는 당시의 영광을 거의 찾아보기 힘들지만, 언덕 위나 마을 한구석에 드문드문 영광과 상처가 함께 어우러진 유적을 발견할 수 있다. 비록 마을 자체는 새로 재건되었고, 씨앙쿠앙이라는 이름마저 폰싸완(씨앙쿠앙이라고 하면 보통 폰싸완을 말한다)에게 물려주었지만, 폰싸완 주변의 여러 유적을 방문하는 김에 이 작고 정겨운 마을을 방문하는 것도 좋다. 마을 입장료는 1만K이며 길의 상태가 나쁘지 않은 편이어서 바이크 투어나 여행사 일일투어로도 방문할 수 있다. 썽태우 합승은 여행 안내소 맞은편의 딸랏 남응암 Talat Nam Ngam 시장에서 출발하며 총 45분이 소요된다.

| Access | 폰싸완 시내에서 남동쪽 35km 지점 |
| --- | --- |
| Cost | 마을 입장료 1만K |

Muang Khoun

### 왓 씨 폼 Wat Si Phoum

마을 입구를 들어선 후 마을의 중심인 시장으로 들어가기 전, 우측에 자리한 현대식 사원으로 폐허가 된 기존의 사원을 재건한 것이다. 옛 탑의 흔적이 사원 한쪽에 남아 있다.

Muang Khoun

### 탓 푼, 탓 쫌 펫 That Foun, That Chom Phet

마을의 중심인 시장 뒤쪽에 위치한 언덕을 오르면 넓은 공터에 벽돌을 쌓아 만든 탓 푼이 있다. 탓 푼은 16세기에 건축된 것으로, 중간에는 중국의 흑사단이 보물을 약탈하기 위해 땅을 파헤친 흔적이 아직도 남아 있다. 언덕을 5분 정도 더 오르면 꼭대기에 같은 시기에 건축된 좀 더 작은 크기의 탓 쫌 펫이 나온다.

Muang Khoun

### 왓 피아 Wat Phia

시장에서 큰길을 따라 좀 더 안쪽으로 들어가면 우측에 거대한 좌불상이 있는 왓 피아가 나온다. 원래 1582년에 지어진 것으로 폭격에 의해 파괴되어 현재는 기단과 몇몇 기둥만이 남아 있다. 폭격의 흔적이 아직도 남아 있는 낡은 기둥과 의미심장한 미소의 불상은 므앙쿤의 운명을 말해주는 것 같다.

## Food ❶
### 크레이터스 Craters 📶

여행자 거리에서 가깝다는 점 때문에 많은 여행객들이 쉽게 드나드는 곳으로 무난한 맛의 음식을 즐길 수 있다. 특별한 인테리어를 갖추고 있지는 않지만, 입구에 불발탄이 세워져 있어 폰싸완 특유의 분위기가 물씬 풍긴다.

| | |
|---|---|
| Access | 7번 국도(싸이싸나 로드 Kaysana Road) |
| Open | 06:30~22:00 |
| Cost | 똠얌꿍 3만K, 샌드위치 4만K |
| Tel | 020-647-4022 |

## Food ❷
### 국수 · 딤섬집

저녁에만 영업을 하는 곳으로 맛있는 국수와 딤섬을 파는 식당이다. 고추가 들어간 매콤한 소스에 찍어 먹는 각종 만두, 두부, 족발이 입에 잘 맞는다. 저녁 늦게까지 문을 열지 않는 경우도 있으니 참고할 것.

| | |
|---|---|
| Access | 7번 국도(싸이싸나 로드 Kaysana Road) |
| Open | 18:00~22:00 |
| Cost | 딤섬 5,000K, 카우삐악 1만~1만5,000K |
| Tel | 061-312-329 |

## Food ❸
### 니샤 인도 식당 Nisha Indian Restaurant 📶

허름한 가게지만 화덕에 구운 듯한 바삭한 난과 모처럼 입맛에 잘 맞는 매콤한 카레가 괜찮은 식당이다. 짜이가 맛이 없는 게 흠이라면 흠이다.

| | |
|---|---|
| Access | 7번 국도(싸이싸나 로드 Kaysana Road) |
| Open | 06:00~22:00 |
| Cost | 라시 1만K, 사모사 1만5,000K, 카레 3만~, 난 8,000K |
| Tel | 020-9826-6023 |

## Food ❹
### 라오 팔랑 레스토랑
### Lao Falang Restaurant 📶

이탈리아에서 온 주인장이 운영하는 음식점이지만, 간단한 볶음국수와 똠얌꿍, 그리고 햄버거 같은 음식도 판매한다. 햄버거나 피자와 함께 맥주 한잔하기 좋은 곳으로 외국인들에게 익숙한 분위기를 풍겨 편안하게 식사를 즐길 수 있는 곳이다. 물론 이곳에서 이탈리아 전통 피자의 맛을 기대해서는 안 된다.

| | |
|---|---|
| Access | 미니버스 버스 터미널 입구 도로 |
| Open | 07:00~23:00 |
| Cost | 피자 7만K 글래스 와인 2만8,000K |
| Tel | 020-2221-2456 |

### Stay ❶
## 젠니다 게스트하우스
Jennida Guesthouse

오픈한 지 3년 남짓 된 게스트하우스답게, 가장 세련된 외관과 깨끗한 내부시설을 자랑하고 있다. 바깥에 미니마트도 있고, 여행자 거리의 중심에 위치해 이동이 편리하다. 여행자뿐만 아니라 일반 비즈니스맨들에게도 인기가 있어 방을 구하기가 쉽지 않다.

| Access | 7번 국도(싸이싸나 로드 Xaysana Road) |
|---|---|
| Cost | 더블 8만~10만K / 조식 불포함 |
| Tel | 030-941-9990, 020-9666-6161 |

### Stay ❷
## 꽁깨오 게스트하우스
Kong Keo Guesthouse

방갈로는 다소 허름하지만 내부는 의외로 아늑한 편이고 시트도 깨끗하다. 추운 밤이면 레스토랑 중간에 놓인 폭탄 외피에 불을 지펴 낭만적인 분위기를 만든다. 다른 곳보다 저렴한 가격도 장점이다. 친절한 주인아저씨가 진행하는 투어도 알차지만 매일 운영하는 것은 아니므로 날짜를 미리 확인하자.

| Access | 미니버스 버스 터미널 입구 도로 |
|---|---|
| Cost | 방갈로 6만K, 8만K 조식 불포함 |
| Tel | 055-211-354 |
| Email | kongkeojar@hotmail.com |

### Stay ❸
## 화이트 오키드 White Orchid

주변의 게스트하우스가 유명해져 가격이 오른 것에 비해 이곳은 덜 유명해 가격을 흥정하기 쉽다. 주위의 허름한 게스트하우스들보다 침대도 편안하고 욕실도 깨끗한 데다 위치도 좋고 로비도 넓다.

| Access | 미니버스 버스 터미널 입구 도로 |
|---|---|
| Cost | 더블 8만K / 부대 서비스 조식, 에어컨 |
| Tel | 061-312-403 |

### Stay ❹
## 아누락켄 라오 Anoulack Khen Lao

번듯한 외관에 비해 내부는 저렴한 시설이지만, 마룻바닥도 깔려 있으며 방도 비교적 넓다. 호텔 급 숙소에서 머물고 싶다면 나쁘지 않은 선택이 될 것이다. 패키지 여행자들이 주로 찾는 숙소다.

| Access | 미니버스 버스 터미널 입구 도로 |
|---|---|
| Cost | 더블 25만~80만K / 부대 서비스 조식, 에어컨 |
| Tel | 061-213-599 |

Intro

# 쌈느아
## Xam Neua

높은 산과 우거진 정글, 다양한 부족들이 어우러져 라오스에서 가장 아름다운 풍경으로 손꼽히는 쌈느아. 시내에 들어서면 하늘을 향해 우뚝 솟은 승전탑이 서 있고, 남 쌈 강과 나즈막한 산들로 둘러싸여 이색적이면서도 편안한 느낌을 준다. 라오스 내륙에서 쌈느아에 가기 위해서는 길고 구불구불한 산악 도로를 이용해야 하므로 대체로 베트남 국경을 넘으려는 소수의 여행자들만이 이곳을 방문한다. 버스도 열악하고 이용할만한 대중교통도 드물며 외국인용 레스토랑은 찾아볼 수도 없지만 그래서 더욱 기억에 남는 여행지이다.

### ➕ 여행정보

쌈느아 입구에 있는 승전탑 근처에 대부분의 숙소가 모여 있다. 푸따누 버스 터미널에서 1km 남짓 언덕을 내려가면 바로 이곳에 도착하므로 별다른 어려움 없이 숙소를 구할 수 있다. 시내에는 볼거리가 많지 않지만, 베트남 국경과 가까운 덕분에 먹거리가 풍부하며 음식도 대체로 맛있는 편이므로 위앙싸이 동굴 투어를 하거나 베트남 국경을 넘기 위해 쉬어가는 베이스캠프로 삼기 적당하다. 쌈느아 여행 안내소에서 각종 국경정보와 교통정보 및 여행정보를 얻을 수 있으니 참고하도록 하자.

### ➕ 여행 안내소

| | |
|---|---|
| Access | 승전탑에서 북쪽으로 150m 떨어진 지점 |
| Open | 월~금 08:00~11:30  13:30~16:00 |
| Tel | 064-312-567 |

## 쌈느아 드나들기

### ◎ 항공
라오에어 Lao Air 에서 쌈느아-비엔티안 노선을 주 3회(월·수·금) 운항하지만, 승객이 부족할 경우 자주 취소된다. 쌈느아 공항은 시내 중심에서 동쪽으로 3km 떨어진 곳에 있다.

### ◎ 버스
쌈느아에는 두 개의 버스 터미널이 있다. 베트남행 국제버스와 장거리 버스는 푸따누 버스 터미널에 정차하며, 위앙싸이 방향 썽태우는 나통 버스 터미널에서 정차한다. 버스 스케줄이 자주 바뀌므로 미리 확인하자.

**✱ 푸따누 버스 터미널** Phoutanou Bus Station
푸따누 버스 터미널은 쌈느아에서 남쪽으로 1km 떨어진 언덕 위에 위치한다. 썽태우를 이용하면 시내에서 편도 요금 2만K으로 갈 수 있다.

| 노선 | 출발시간 | 요금 | 소요시간 |
|---|---|---|---|
| 베트남 탄호아 Than Hoa | 08:00 | 18만K | 10시간 |
| 비엔티안 Vientiane | 07:30(농키아우, 루앙프라방, 방비엥 경유) | 농키아우 14만K, 루앙프라방 15만K, 방비엥 17만K, 비엔티안 19만K | 25시간 |
| | 10:00, 13:00, 15:00, 17:00 (폰싸완, 방비엥 경유) | 폰싸완 8만K, 방비엥 17만K, 비엔티안 19만K~21만K | 25시간 |
| 루앙프라방 Luang Prabang | 07:45, 16:00(농키아우 경유) | 13~15만K | 14시간 |
| 폰싸완 Phonsavan | 08:30, 15:30 | 버스 8만K  미니밴 10만K | 10시간 |

**✱ 나통 버스 터미널** Nathong Bus Station
나통 버스 터미널은 쌈느아에서 남쪽으로 1km 떨어진 지점에 있다. 썽태우를 이용하면 시내에서 편도 요금 2만K으로 갈 수 있다.

| 노선 | 출발시간 | 요금 | 소요시간 |
|---|---|---|---|
| 위앙싸이 Viengxai | 09:45 | 2만K | 1시간 |

## Sightseeing

### ① 시내

쌈느아 시내에서 가장 볼만한 것은 남 쌈 강 건너편에 위치한 시장이다. 이곳은 온갖 종류의 물건과 식자재가 가득 쌓여 있는 재래시장이다. 잡화나 은행의 지점, 약국 등도 모두 이곳에서 찾아볼 수 있다. 시장 한쪽에는 국수 노점도 있어 간편한 아침식사를 즐길 수 있다. 쌈느아는 섬유공예로도 유명한 곳이지만 대부분 루앙프라방이나 비엔티안으로 바로 보내지므로 이곳에서는 그리 좋은 천을 찾기는 어렵다.

## Food

### ① 구잇집

쌈느아 중심 도로인 파티 도로(타논 파티 Thanon Phathy)의 북쪽 방면, 라오개발은행 Lao Development Bank 맞은편에 몇 개의 구잇집이 있다. 질 좋은 바비큐를 소스에 찍어, 국수와 허브를 얹어 상추에 싸 먹는 곳으로, 구이를 좋아한다면 꼭 들러보자.

## Stay

### ① 분홈 게스트하우스
Bounhome Guesthouse

갈색 4층 건물로 깨끗한 외관만큼이나 쾌적한 실내와 깔끔한 침대를 자랑한다. 객실은 좁은 편이지만 가격을 생각할 때 만족스러우며 와이파이도 잘 된다. 좀 더 저렴한 방을 원한다면 다리 옆의 깸쌈 게스트하우스를 살펴보자.

| | |
|---|---|
| Access | 승전탑 동쪽 6번 도로변, 남 쌈 강 다리 입구 |
| Cost | 싱글 7만K<br>더블 8만K<br>트윈 10만K |
| Tel | 020-5509-3444 |

**깸쌈 게스트하우스**
**Kheamxam Guesthouse**

| | |
|---|---|
| Access | 승전탑 동쪽 6번 도로변, 남 쌈 강 다리 입구 |
| Tel | 064-312-111<br>020-5556-4899 |

## Stay

### ② 쌈느아 호텔 Xam Neua Hotel

중국풍의 붉은 장식등이 달린, 살구색의 아기자기한 3층 건물이다. 프런트는 약간 어둡지만 방은 넓고 밝은 편이며 전체적으로 깨끗하다. 1층에 있는 레스토랑도 인근에서 유명한 곳이고, 시장과도 가깝다.

| | |
|---|---|
| Access | 승전탑에서 6번 도로변, 남 쌈 강변 |
| Cost | 더블 10만K |
| Tel | 020-5509-4444 |
| Email | snhotel_08@yahoo.com |

Intro

# 위앙싸이
Viengxai

'승리의 도시' 위앙싸이는 높은 기암절벽과 석회동굴로 둘러싸인 작은 마을로 인도차이나 전쟁 당시 옛 라오스 공산당 '빠텟라오'의 근거지였던 곳이다. 험난한 산악 도로를 넘다 보면 이곳을 은신처로 삼은 그들의 결정에 백번 동의하게 된다. 본래 폰싸완을 근거지로 하던 라오스 공산당은 무수히 떨어지는 미군의 폭격을 피해 이 험준한 산으로 피신했다. 당시 베트남을 도운 빠텟라오의 근거지를 공격하기 위해 수없이 많은 폭격이 이곳에 가해졌으나, 결국 미국은 전쟁에서 패전하고 빠텟라오는 루앙프라방에 무혈입성하여 현재의 라오 인민민주주의 공화국을 수립하였다. 전쟁 당시 몸을 피하기 위해 만들었던 백여 개의 동굴에서 수천 명의 사람들이 은신했으며, 이들은 낮에는 동굴에 몸을 피하고, 밤에는 농사를 짓거나 새로운 동굴을 만드는 등의 생활을 십여 년 동안 지속했다. 현재는 쌈느아에 후아판 지역의 중심 역할을 물려주었지만, 옛 영광을 상기시키는 공산당 기념탑과 마을 곳곳에 휘날리는 깃발들, 그리고 아름다운 호수에 비친 카르스트 지형의 신비로운 풍광이 한데 어우러져 쓸쓸한 아름다움을 자아낸다.

### ➕ 여행정보

고도가 높아 3~4월에도 밤에는 쌀쌀한 기운이 감돈다. 이곳을 방문하는 여행자가 많지 않으니 대중교통을 이용해 투어에 참여하려면 시간을 잘 확인해야 한다. 숙소도 한정되어 있고 변변한 레스토랑도 찾기 힘들어, 대부분 쌈느아에 머물면서 썽태우를 대절해 일일투어로 위앙싸이를 방문한다. 기괴한 산으로 둘러싸인 위앙싸이에서의 적막한 하룻밤은 잊혀지지 않을 추억이 될 것이다. 마을에는 24시간 ATM이 시장에 설치되어 있다.

### ➕ 위앙싸이 교통정보

위앙싸이에 들어오는 건 쌈느아의 나통 버스 터미널에서 썽태우를 이용하면 된다. 요금은 1인당 2만K 정도이며 09:45분에 출발한다. 위앙싸이를 둘러본 뒤 다시 쌈느아로 나가기 위해서는 위앙싸이 북쪽 6번 도로변 버스 터미널에서 쌈느아행 버스를 타면 된다. 13:00와 16:00, 하루 두 번 출발하지만 국경에서 출발하는 쌈느아행 버스에 한 번 갈아타야 하므로 정확한 소요시간은 알 수 없다. 요금은 올 때와 같으며 버스 터미널은 여행 안내소에서 북쪽으로 2km, 도보로는 30분 정도 떨어져 있다. 택시를 타고 위앙싸이를 드나들기 위해서는 편도 요금으로 15만K이 필요하다.

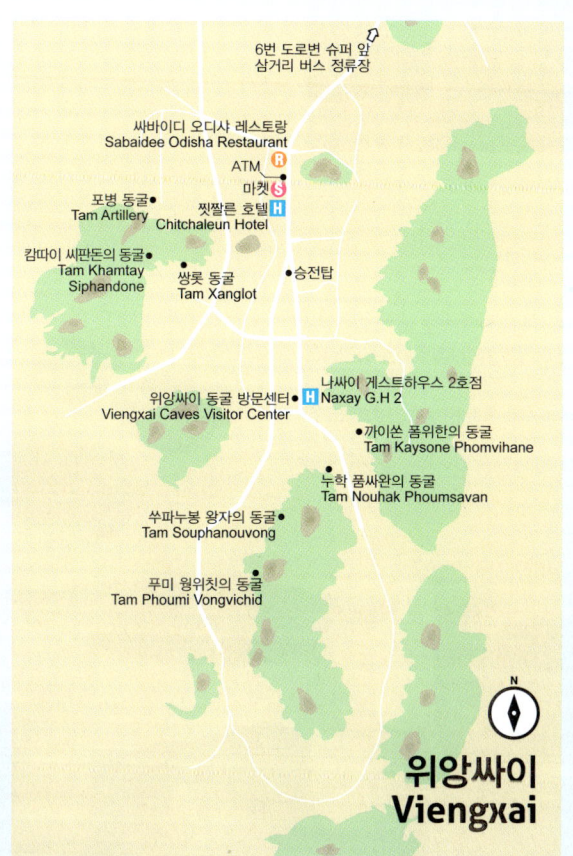

Activity

# 위앙싸이 동굴 투어

위앙싸이에는 백여 개의 인공 동굴이 존재하며 동굴 투어는 이 중에서 라오스 공산당인 '빠텟라오'가 사용한 동굴을 돌아본다. 가이드가 각 동굴을 둘러보며 안내를 하는데, 각 동굴에 대한 설명은 투어 시작 시 제공되는 오디오 장비로 이루어진다. 인도차이나 전쟁 당시 폭격을 피해 살아남아야 했던 당시 상황을 생생하게 전해주는 설명이 흥미롭다. 투어는 정부 사무실, 병원, 학교, 군대막사 등으로 사용된 여러 동굴들을 둘러보는데 마을을 둘러싼 동굴 간 거리가 꽤 되므로 걸어다니기보다는 자전거 대여를 추천한다.

| | |
|---|---|
| Open | 09:00, 13:00(3시간 소요) |
| Cost | 1인당 6만K |
| | (투어용 자전거 대여료 1만5,000K) |
| Note | 그룹당 5만K 별도 지불 시 |
| | 개별 투어 가능 |

**위앙싸이 동굴 방문 센터**

| | |
|---|---|
| Access | 위앙싸이 마을 중심에 위치한 |
| | 승전탑에서 남쪽 400m 지점 |
| Open | 08:00〜12:00, 13:30〜16:40 |

Sightseeing

# 위앙싸이 마을 Town Center

기암절벽이 둘러싸고 있는 위앙싸이 마을에는 쌈느아 등지로 빠져나가고 남은 인원만이 머물고 있다. 마을 중심에는 꼭대기에 별이 달려 있는 승전탑이 있고 남쪽으로 500m 정도 내려가면 동굴 방문 센터가 있다. 승전탑에서 북쪽 500m 지점에는 작은 시장이 있다. 마을은 작은 편이며 늦은 시간에는 거의 인적이 없지만 아침에는 작은 국수 가게가 열리고 마을 한쪽에 있는 학교엔 활기가 넘친다. 외국인 여행객이 많지 않아 대부분 신기한 눈빛으로 친절하게 맞아준다.

## Food
❶
### 싸바이디 오디샤 레스토랑 Sabaidee Odisha Restaurant 📶

위앙싸이에서 유일하게 영어로 된 메뉴판이 있는 집으로, 늦은 시간에 식사를 할 수 있는 유일한 곳이기도 하다. 남인도 음식과 라오스 음식을 판매하는데 놀랍게도 만족스러운 인도 음식을 맛볼 수 있다. 다른 곳보다 추운 위앙싸이의 저녁을 따뜻한 짜이 한 잔으로 달래보자.

| | |
|---|---|
| Access | 위앙싸이 시장 북쪽 끝 |
| Open | 07:00~21:00 |
| Cost | 라오 맥주 1만2,000K |
| | 야채카레 1만8,000K, 치킨카레 3만K |
| Tel | 020-2385-0594 |
| Email | sabaidee.odisha81@gmail.com |

## Stay
❶
### 나싸이 게스트하우스 2호점 Naxay Guesthouse 2 📶

절벽 바로 아래 잘 정돈된 정원 안 대나무 방갈로가 운치 있는 곳이다. 방과 욕실도 넓은 창에 환한 분위기를 풍기며 장판이 깔린 바닥이긴 하지만 전반적으로 깨끗하다. 위앙싸이 동굴 방문 센터 바로 맞은편에 위치해 아침 투어에 참여하기에도 좋다. 인근의 나싸이 게스트하우스 1호점과 혼동하지 말자.

| | |
|---|---|
| Access | 위앙싸이 동굴 방문 센터 바로 맞은편에 위치 |
| Cost | 더블, 트윈 8만K / 조식 불포함 |
| Tel | 064-315-017 |

**Special Page**

# 라오스 역사의 한 축, 빠텟라오
### 라오스 공산당 이야기와 비밀전쟁, 그리고 재교육 캠프

### ★ 빠텟라오의 시작과 베트남과의 관계

기원은 확실하지 않지만, 1950년 '레드 프린스'라 불린 쑤파누봉 왕자 Prince Souphanouvong가 1차 인도차이나 전쟁 시 베트남의 호치민과 함께 프랑스에 대항하면서 스스로를 '빠텟라오'라 명명하였다고 한다. 루앙프라방 왕가의 일원이었던 쑤파누봉 왕자는 베트남의 나뜨랑에서 7년 동안 살면서 호치민을 만났고 그의 정치적 동지가 되었다. 곧이어 빠텟라오의 수장이 된 쑤파누봉 왕자는, 반정부 세력을 결성하고 베트남 호치민 군대와 함께 라오스 후아판 지역을 점령한 뒤 위앙싸이에 공산정부를 설립하였다. 이후 1954년 제네바 회의에서 라오스 국토에 주둔한 외부 세력의 철수를 결의하였고, 퐁쌀리 주와 후아판 주를 빠텟라오의 자치구역으로 인정하였다.

그러나 북베트남 세력은 여전히 라오스의 동쪽 지역을 점령하고 라오스의 입헌 군주 정부에 대항하는 빠텟라오를 강력하게 지원했다. 냉전체제 속에서 라오스 내정 역시 공식적인 왕이자 중립주의자인 쑤완나푸마 왕자 Prince Souvannaphouma, 우익 세력인 짬빠싹의 분음 왕자 Prince Bun Oum, 빠텟라오의 쑤파누봉 왕자의 세 세력으로 분열되었다. 이에 인도차이나 반도의 공산화를 우려한 미국이 동남아시아 조약기구 SEATO The Southeast Asia Treaty Organization를 결성하고 라오스 우익 세력에 군사 원조를 시작하면서 극심한 내전이 시작되었다.

### 🞧 호치민 트레일과 비밀전쟁

1955년 11월부터 1975년 4월까지 있었던 베트남 전쟁(2차 인도차이나 전쟁)으로 인하여 소련과 중국이 지원하는 북베트남과 미국과 연합군이 지원하는 남베트남 간의 치열한 전투가 이루어졌으며 이 전쟁은 라오스에 큰 영향을 미쳤다. 당시 북베트남에서 남베트남으로 향하는 전쟁물자 지원이 라오스 영토를 통해 이루어졌는데, 이를 '호치민 트레일'이라고 하였다. 호치민 트레일은 싸완나켓 남쪽과 베트남 국경 지역의 대부분을 관통했는데 미국은 이들의 물자 지원을 중단시키기 위해 총 209만 3,100톤의 폭약과 제초제, 고엽제를 동원하였다. 이는 하루 평균 177번, 즉 9년 동안 8분마다 비행기 한 대 분량의 폭약이 투하된 양이라고 한다. 또한 빠텟라오 점령지인 폰싸완 지역에도 집중 포격이 이루어져, 결국 빠텟라오 수뇌부는 씨앙쿠앙 동굴로 거점을 옮기게 되었다. 미 중앙정보국은 또한 라오스 소수민족인 몽족을 동원해 빠텟라오에 대항하였는데 공식적으로는 이런 사실들을 인정하지 않고 있어 이 당시의 전쟁을 '비밀전쟁Secret War'이라고 부른다.

### 🞧 무혈입성

빠텟라오는 끈질기게 살아남아 1973년에는 라오스 13개 주 중 11개 주를 장악했다. 미국은 베트남 전쟁에서 패배하여 1974년 완전히 철수하였으며 빠텟라오는 푸쿤Phoukhoune 지역에서 정부군을 제압한 후 1975년 12월에 비엔티안으로 무혈입성하였다. 당시 정부군은 비엔티안의 입성을 미리 예고해 많은 수의 왕정인사, 공무원, 의사, 교사, 몽족 사람들이 메콩 강을 건너 태국으로 피신하였고, 이때 피난민의 수는 약 4만 5,000여 명에 달했다고 한다.

### 🞧 재교육 캠프

라오 인민민주주의 공화국이 들어서기 몇 달 전 일이었다. 쑤완나푸마 왕자의 서명이 들어 있는 초대장을 받고 중요한 회의에 참석하기 위해 모인 70인의 왕정군 고위 관리들이 납치되다시피 폰싸완 지역으로 보내졌다. 이후로도 많은 공무원들과 군 관리들이 단지 몇 주 동안만 이루어질 세미나라는 확인을 받고 후아판, 앗따쁘, 퐁쌀리 지역의 재교육 캠프에 자원하였다.

결국 빠텟라오는 비엔티안 무혈입성에 성공하였고 왕을 폐위한 뒤 라오 인민민주주의 공화국을 설립하였다. 폐위된 왕과 가족 역시 재교육을 명목으로 1977년에 후아판으로 추방되었으며 1978~1981년 사이 기아로 사망하였다고 전해진다. 당시 이와 같은 재교육 정책으로 약 4만 명이 추방을 당했는데, 대개 산악 지역의 수용소에 갇혀 새벽부터 밤늦은 시간까지 반복적인 정치 교육과 노동을 강요받았으며, 식량을 자급자족해야 했다. 특별한 학대나 고문이 이루어지지는 않았으나, 대부분 기아와 말라리아 등으로 사망하였으며 살아남은 사람들도 수십 년이 지난 뒤에야 사회에 복귀할 수 있었다. 국제사회의 압력으로 인해 재교육 캠프는 결국 폐쇄되었으나 아직도 몇 명의 정치범이 재교육 캠프에 남아 있다는 이야기도 있다.

# Southern Laos 남부 라오스

Intro

# 타켁
Thakhek

한적한 도로 양쪽으로 울긋불긋 솟아난 석회절벽과 울창한 숲, 곳곳에 흐르는 계곡과 폭포, 동굴, 희귀한 동물들이 가득한 캄무안 주의 푸 힌 뿐(Phou Hin Poun) 보호구역은 라오스에서도 가장 아름다운 절경으로 손꼽힌다. 그러한 캄무안 주의 중심 도시인 타켁은 1920년대에 프랑스가 설계한 도시로 특별한 볼거리는 딱히 없는 작은 강변 도시에 불과하지만, 남부 라오스 여행을 위한 완벽한 쉼터이자 태국과 베트남 사이 육로 이동을 위한 좋은 경유지이기도 하며 푸 힌 뿐 보호구역을 탐험하기 위한 투어를 알아보기에도 좋은 곳이다. 도시 중간의 작은 광장에는 저녁마다 옹기종기 모여 앉아 기분 좋은 저녁시간을 보내는 사람들로 활기가 넘친다. 라오스 남부를 여행하는 많은 여행자들은 이곳을 그저 서둘러 지나칠 뿐이지만, 메콩 강을 따라 쉬엄쉬엄 여행하며 여유로운 타켁의 정취를 느껴보는 것도 좋은 경험이 될 것이다.

### ➕ 여행정보
여행자가 많지 않은 곳이라 안내를 받을 수 있는 숙소가 드물지만, 타켁 여행 안내소에서 비교적 자세한 안내를 해주니 한번 방문해보자. 보통 썽태우를 대절하여 가까운 동굴을 둘러보거나 좀 더 본격적인 바이크 투어를 위해 오토바이를 대여하고 인티라 호텔 1층의 그린 디스커버리 여행사에서 운영하는 각종 투어에 참여하기도 한다.

### ➕ 타켁의 교통정보
타켁에는 메인 버스 터미널, 락쌈 버스 터미널, 딸랏 펫마니, 이렇게 3개의 버스 터미널이 있다. 일반 시외버스는 시내에서 4.5km 떨어진 메인 버스 터미널 Inter Provincial Bus Station에서 출발한다. 꽁로 동굴이 있는 반 꽁로로 향하는 썽태우나 미니밴은 딸랏 펫마니 Talat Phetmany에서 출발한다. 타켁 광장에서 메인 버스 터미널까지 썽태우나 뚝뚝을 대절할 경우 2만K이면 충분하다.

◎ 시외버스

| 노선 | 교통편 | 출발시간 | 요금 | 소요시간 |
|---|---|---|---|---|
| 비엔티안 Vientiane | 일반버스 | 05:30, 06:30, 07:30, 08:30 09:45~24:00(1시간 간격으로 출발) | 6만K | 6시간 |
| | VIP | 09:15 | 8만K | |
| 싸완나켓 Savannakhet | 일반버스 | 10:30 11:30~23:00(1시간 간격으로 출발) | 3만K | 3시간 |
| 빡쎄 Pakse | 일반버스 | 08:30, 10:30 11:30~23:00(1시간 간격으로 출발) | 6만~7만K | 7시간 |
| 앗따쁘 Attapeu | 일반버스 | 15:30, 23:00 | 9만K | 11시간 |

◎ 국제버스

| 노선 | 출발시간 | 요금 |
|---|---|---|
| 태국 나콘파놈 Nakhonpanom | 08:00, 09:30, 10:30, 11:30, 13:00, 14:30 16:00, 17:30 | 1만8,000K(월~금 07:30~04:00) 2만K(시간 외, 토 · 일) |
| 베트남 하노이 Hanoi | 12:30 | 16만K(화 · 목 · 토) |
| 베트남 다낭 Danang | 20:00 | 12만(월 · 금) |

Activity

### 타켁 루프 Thakhek loop

타켁에서 Route12를 타고 출발한 뒤 북쪽의 락 싸오Lak Sao, 반 쿤 캄Ban Khoun Kham, 위앙 캄Vieng Kham, 타켁을 돌아보는 여정을 '타켁 루프'라고 부르며, 이렇게 푸 힌 뿐 보호구역 둘레를 도는 바이크 투어를 위해 많은 여행자들이 타켁을 찾는다. 최소한 3일에서 4일이 걸리는 일정이므로 오토바이에 자신 있는 사람만 참여하는 것을 추천한다. 지도나 자세한 일정은 광장 옆 메콩 강변 근처의 매드 몽키 바이크Mad Monkey Motorbike(☎ 020-2347-7799)에 문의해보자.

Access  푸 힌 뿐Phou Hin Poun 보호구역
Cost    혼다 100cc 14만K~, 250cc 35만K~

Sightseeing

### 탐 빠파(붓다 동굴)
Tam Pa Fa(Buddha Cave)

2004년에 박쥐를 잡으러 나섰던 동네 사람이 처음 발견한 곳으로 당시에 이미 229기의 청동 불상이 이곳에 모셔져 있었다고 한다. 이 불상 중에 몇몇은 만들어진 지가 500년 이상 되었다고 전해지는데, 절벽 중간의 좁은 입구로 들어가면 온통 화려한 불상들로 가득 차 있는 동굴이 나타난다. 동굴 자체도 구경할만하지만 이곳까지 오는 여정에서 잠시나마 캄무안 주의 화려한 석회 지형을 감상할 수 있다는 장점이 있다.

Access  타켁에서 동쪽 8km 방면, Route12 초입의 표지판을 따라 들어간다
Open    08:30~16:30
Cost    5,000K

Sightseeing

### 탓 씩홋(시코따봉 사원)
That Sikhot(Wat Sikottabong)

6세기에 지어진 이 탑은 불사리가 있어 남라오스에서 무척 중요하게 여기는 사원이다. 7세기 크메르 왕조의 지배 하에 있을 때 힌두 양식으로 보수했었다가 16세기 쎗타티랏 왕에 의해 현재의 모습이 되었다. 연꽃 봉우리 모양으로 그 종교적 중요성이 더욱 부각되는 이 탑에서는 매년 2월에 성대한 축제가 열린다.

Access  타켁에서 6km 남쪽 메콩 강변에 위치
Open    08:00~18:00
Cost    입장료 5,000K

Sightseeing

### 탐 씨엥러입 Tam Xiengleib

타켁 도심에서 동쪽으로 뻗은 12번 도로를 따라 이동하다 보면 다른 동굴과는 다르게 길가에 위치해 있어 찾기 쉬운 동굴이다. 동굴 표지판이 나무다리 입구에 세워져 있고 나무다리를 건너자마자 오른쪽에 있는 작은 개천을 따라가면 개천 끝에 동굴이 나온다. 동굴은 특별한 볼거리가 있는 것은 아니지만 주변 마을에서 수영을 즐기기 위해 이곳을 많이 방문한다고 한다. 동굴 탐험을 위해 안쪽 깊이 들어갈 때는 늘 안전사고에 주의해야 한다. 랜턴은 반드시 두 개 이상 준비하자.

Access  타켁에서 동쪽 14km 방면, Route 12
Cost    무료

### Food ❶
### 광장 노점 Food Stalls

저녁 시간이 되면 메콩 강변의 작은 광장에는 의자가 깔리고 흥겨운 분위기로 가득 차기 시작한다. 플라자 근처에는 단순한 빵이지만 바삭한 맛이 일품인 로티와 튀김빵, 생선과 고기구이에서 씬닷까지 다양한 음식을 즐기려는 사람들로 북적인다. 플라자 주변 메콩 강변의 구잇집도 간단한 음식과 함께 저녁 시간을 즐기기 좋은 곳이다.

| Access | 마을 중심 메콩 강변 |

### Food ❷
### 쏭팡콩 레스토랑
Song Fang Khong Restaurant

각종 태국, 라오스 음식을 저렴하고도 무난하게 맛볼 수 있다. 인티라 호텔 옆 플라자 주위에 위치해 찾기도 쉽다. 서양 여행자들이 많이 찾는 곳인 만큼 주문한 뒤 음식이 나오기까지는 인내심이 조금 필요하다.

| Access | 인티라 호텔 옆 코너에 위치 |
|---|---|
| Open | 11:00~23:00 |
| Cost | 메뉴 1,500K~, 맥주 1만K |
| Tel | 020-2218-9664 |

### Food ❸
### 말리사 레스토랑 Malisa Restaurant

만두와 각종 라오스, 태국 음식 등을 판매하는 식당으로 가게 앞에 걸어 놓은 족발이 근사하다. 특히 만두판에 든 미니 족발은 쫄깃하고 부드러운 식감이 일품이다.

| Access | 짜오아누 거리 북쪽 |
|---|---|
| | 비엔티안 거리와의 교차점에 위치 |
| Open | 08:00~22:00 |
| Cost | 밥 5,000K, 매운 똠얌꿍 3만K, 맥주 1만K |
| Tel | 020-567-2344 |

### Food ❹
### 푸칸나 비어 가든 Phoukhanna Beer Garden

시내의 젊은이들이 모이는 곳으로 음악과 함께 흥에 겨운 청년들이 모여 시끌벅적하게 술을 마시는 아지트 같은 곳이다. 음식은 특별할 것이 없다. 간단한 팟타이나 먹을 수 있는 수준. 안주 없이 맥주만 마셔도 좋다.

| Access | 비엔티안 거리, 싸이러디 호텔의 동쪽에 위치 |
|---|---|
| Open | 11:00~23:00 |
| Cost | 맥주 1만K, 메뉴 2만K~ |
| Tel | 020-2216-8088, 020-9953-7988 |

Special Page

# 꽁로 마을과 꽁로 동굴
Ban Kong Lo & Tam Kong Lo

## Sightseeing

### 꽁로 동굴 Tam Kong Lo

라오스에서 동굴이라면 사원만큼이나 흔한 존재지만, 그중에서도 최고로 꼽히는 동굴이 바로 꽁로 동굴이다. 입장료를 내면 내부를 잘 알고 있는 보트 기사가 구명조끼와 헤드랜턴까지 챙겨주는데, 이러한 도움 없이는 이곳의 어마어마한 규모를 감당하기 힘들 것이다. 왕복하는 데만도 두 시간이 걸리는 거대한 규모는 신비로움을 넘어 경외감마저 불러일으킨다. 입구의 푸른 물에는 온갖 물고기들이 가득하며, 높다란 나무들로 가득 우거져 있어 피크닉을 즐기기에도 더할 나위 없이 좋다. 타켁에서 일일투어로 오기도 하지만, 동굴 입구의 작은 마을 반 꽁로(꽁로 마을)는 카르스트 지형의 불규칙한 능선이 아름다운 석회절벽 아래 평화로운 논밭이 펼쳐져 있어 하루를 묵기에도 좋다. 옹기종기 모여 있는 게스트하우스에 짐을 풀고 꽁로 동굴 투어를 마친 사람들은, 저녁이면 슬슬 마을을 한 바퀴 돌고 여유로운 분위기 속에서 맥주를 마시며 라오스의 진정한 시골풍경을 만끽한다.

## Sightseeing

### 반 꽁로 Ban Kong Lo

꽁로 동굴 입구에 형성된 마을로 원래는 몇 채의 농가가 있는 조그만 마을에 불과했지만 최근, 입소문을 타고 많은 여행자들이 꽁로 동굴을 방문하고 있다. 원래 홈스테이 마을이었으나 최근에는 몇몇 게스트하우스가 오픈한 탓인지 예전의 정취는 덜해졌다. 그러나 꽁로 동굴을 여유롭게 돌아보고 한적한 시골풍경 속에서 잠시 여유를 즐기기에는 아직도 매우 좋은 곳이다. 마을은 천천히 산책하듯 걸어도 겨우 10여 분 걸리는 외길에 위치하며 그 끝에 꽁로 동굴이 있으므로 헤맬 염려는 전혀 없다.

## Stay

### 폰 쑥 게스트하우스 Phoun Souk Guesthouse

꽁로 마을에 있는 여러 게스트하우스 중 눈에 띄는 2층집. 나무로 잘 꾸며진 외관과 내부의 아늑한 인테리어가 쾌적하다. 길가에 위치하지만 밤에는 조용하니 염려할 필요는 없다. 2층 테라스에서 이야기를 나누며 여유를 즐기기에도 좋다. 바로 옆의 꾼미 레스토랑 Kounmee Restaurant은 음식은 그저 그렇지만 동네에 얼마 되지 않는 외국인용 레스토랑이다.

| Cost | 팬 더블룸 6만K |
| --- | --- |
|  | 도미토리 4만K |
| Tel | 593-34360 |

### ✚ 꽁로 마을 교통정보

비엔티안 남부 터미널에서 반 꽁로행 버스를 탄다. 10:00에 출발이며 편도 요금으로 8만K를 준비하면 된다. 총 소요시간은 7시간이며 꽁로 마을에서 비엔티안으로 돌아가는 버스는 07:00에 출발한다. 비엔티안뿐 아니라 타켁에서도 꽁로 마을에 갈 수 있다. 타켁 딸랏 펫마니 버스 터미널에서 반 꽁로행 미니밴이나 썽태우를 타면 되는데 07:00에 출발하며 편도 요금은 7만5,000K이다. 타켁으로 돌아올 때는 06:30과 14:00에 출발하는 미니밴이나 썽태우를 타면 된다.

## Stay 1
### 인티라 호텔 Inthira Hotel

라오스의 유명한 호텔 체인점으로, 유난히 호텔 상태가 만족스럽지 않은 타켁에서 단연 빛나는 곳이다. 강변 앞에 있는 광장 옆 중심가에 위치해 최적의 입지조건 또한 갖추고 있다. 1층에 있는 '컵짜이더 레스토랑'도 다른 지점과 마찬가지로 약간 높은 가격이지만 늘 수준 높은 음식, 쾌적한 분위기를 유지해 많은 여행자들이 이곳을 찾는다.

| | |
|---|---|
| Access | 타켁 광장(플라자) 옆 코너에 위치 |
| Cost | 스탠더드 29$, 수피리어 39$, 디럭스 49$ |
| | 부대 서비스 에어컨, 조식 |
| Tel | 051-251-237 |
| Email | bookingtk@inthira.com |
| Web | www.inthira.com |

## Stay 2
### 싸이러디 호텔 Xayluedy Hotel

비교적 강변 가까이에 있는 호텔로, 최근에 지어진 덕분에 타켁의 저렴한 게스트하우스 중에서는 가장 깨끗하고 현대적인 시설을 갖추고 있다. 가장 저렴한 방은 창문이 없으므로 그 다음 단계의 방을 선택하자.

| | |
|---|---|
| Access | Vientiane Road |
| Cost | 에어컨 스탠더드룸 13만~15만K / 조식 불포함 |
| | 부대 서비스 에어컨, 냉장고 |
| Tel | 051-214-299, 020-2217-8222 |

## Stay 3
### 타켁 트래블 롯지 게스트하우스
Thakhek Travel Lodge Guesthouse

가격 대비 깨끗하면서도 인테리어에 신경을 쓴 아늑한 방과 근사한 분위기의 정원이 있는 곳이다. 타켁의 강변과 먼 삭막한 도로변에 있어 관광하기 불편하다는 단점이 있지만, 도미토리 침대가 있어서 혼자 여행하는 여행자들에게는 훌륭한 숙소가 될 것이다.

| | |
|---|---|
| Access | 딸랏 펫마니 버스 터미널 앞 교차로에서 |
| | 딸랏 락쌈 버스 터미널 방면 600m |
| Cost | 팬 도미토리룸 5만K, 에어컨 더블룸 10만~12만K |
| Tel | 051-212-931 |
| Email | Thakhektravellodge@gmail.com |

## Stay 4
### 쑥쏨분 호텔 Souksomboun Hotel

고풍스럽기 그지없는 외관을 갖춘 강변 호텔이다. 욕실이나 룸 내부의 소파 등은 오래된 느낌이 살짝 돌지만 높은 천장과 깨끗한 시트로 비교적 쾌적한 분위기를 연출한다. 저녁에 강변을 산책하거나 술 한잔하기에도 적절한 위치. 그러나 본관 옆에 새로 지은 방은 콘크리트와 시멘트 덩어리다. 그러니 여긴 무조건 피하도록!

| | |
|---|---|
| Access | 메콩 강변, 쎘타티랏 거리의 중간 지점에 위치 |
| Cost | 에어컨 더블룸 13만~15만K |
| Tel | 051-212-225 |

Intro

★

# 싸완나켓
## Savannakhet

태국과 베트남을 잇는 9번 도로 덕분에 일찍부터 교통의 중심지였던 싸완나켓. 이곳에는 많은 인구가 살고 있지만 사실 여행자들을 끌어들일만한 대단한 볼거리가 있는 것은 아니다. 그러나 프랑스 식민 지배 당시에 건설된 반듯한 거리, 작은 광장 옆에 있는 유럽풍의 성당, 넓은 메콩 강변 가득한 노점들이 약간은 심심한 이 도시를 매력적으로 만든다. 라오스 남부의 길목이자 태국 국경과 맞닿은 도시인 싸완나켓에서 맛있는 국수나 근사한 스테이크를 맛보자. 메콩 강변에서 시원한 강바람을 맞으며 다시 새로운 여행을 떠날 준비를 하는 것도 좋을 것이다. 2005년 공식적인 명칭을 이곳에서 출생한 라오스 초대 대통령의 이름을 따 '므앙 까이손 폼비한 Muang Kaysone Phomvihane'으로 바꾸었으나, 이렇게 부르는 사람은 아무도 없다.

### ✚ 여행정보

태국과 베트남 국경을 넘는 여행자들이 잠깐 쉬어가는 곳으로, 허름한 숙소와 레스토랑을 제외한 별다른 편의시설을 찾기 힘들다. 뚝뚝이나 썽태우의 바가지도 심한 편이며 오토바이나 자전거 대여점도 거의 없다.

## ✚ 싸완나켓의 교통정보

### ◎ 항공
공항은 올드타운에서 남동쪽으로 3km 떨어진 지점에 있다. 라오항공에서 비엔티안(화·목)과 빡쎄(일·화·목)행 노선을 운항하고 있다.

### ◎ 버스
싸완나켓은 베트남과 태국을 잇는 교통의 요지이며 많은 국제버스가 이곳에서 운행 중이다. 싸완나켓 버스 터미널에서 비엔티안과 빡쎄를 잇는 13번 도로와는 거리가 있어 남북을 통행하는 버스 대부분은 쎄노Xeno에 정차하므로, 싸완나켓 버스 터미널까지의 연결편 요금이 포함되어 있는지 미리 확인하자.

### ✱ 싸완나켓 버스 터미널
마카쓰완 거리Makhasvanh Road에 있다. 올드타운에서는 북동쪽으로 2.3km 떨어져 있고, 뚝뚝을 이용하면 2만K에 시내에서 터미널까지 이동할 수 있다.

### ❶ 국제버스

| 노선 | 교통편 | 출발시간 | 요금 | 소요시간 |
|---|---|---|---|---|
| 태국 묵다한Mukdahan | 일반버스 | 08:15, 09:00, 09:40, 10:30, 12:30, 13:30 14:30, 15:30 | 13만K | 40분 |
| | | 11:30, 16:30, 17:30, 19:00 | 14만K | |
| 베트남 후에Hue | 일반버스 | 09:00(매일) | 9만K | 9시간 |
| | VIP | 22:00(목·금) | 11만K | |
| 베트남 다낭Danang | 슬리핑 버스 | 07:30(목·토) | 15만K | 12시간 |
| | 일반버스 | 22:00(월·화·수·토·일) | 11만K | |

### ❷ 시외버스

| 노선 | 출발시간 | 요금 | 소요시간 |
|---|---|---|---|
| 국경 | 07:00, 10:00, 12:00 | 4만K | 10분 |
| 비엔티안Vientiane | 06:00, 06:40, 07:20, 08:00, 08:40 09:20, 10:10, 11:30, 21:00(슬리핑 버스) | 7만5,000K(일반버스) 12만K(슬리핑 버스) | 9시간 |
| 타켁Thakhek | 08:00, 09:20, 10:30, 11:30, 13:00 | 3만K | 3시간 |
| 빡쎄Pakse | 07:00, 17:00 | 4만K | 4시간 |
| 앗따쁘Attapeu | 09:00 | 7만5,000K | 10시간 |
| 쌀라완Salavan | 12:00 | 6만5,000K | 8시간 |

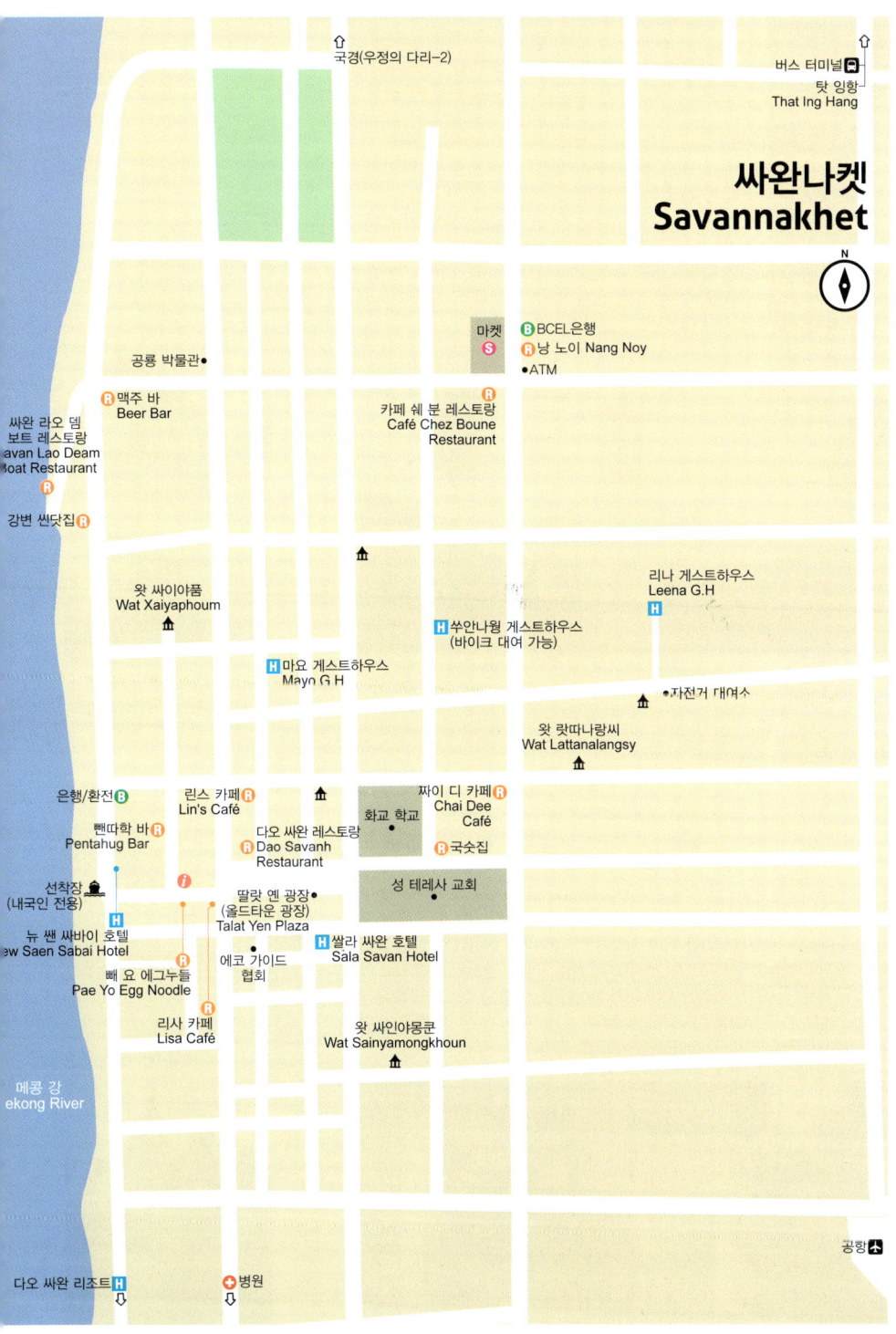

Sightseeing

# 올드타운

싸완나켓의 올드타운은 다소 밋밋한 싸완나켓의 여타 지역과는 좀 다르다. 프랑스 식민지 시절에 지어진 유럽풍 건물들이 병풍처럼 주변을 둘러싸고 있는 작은 광장Talat Yen Plaza과 팔각 첨탑의 희고 소박한 성 테레사 성당St. Teresia Catholic Church, 전시물은 좀 빈약하지만 친절한 관리인이 있는 공룡 박물관(입장료 1만K), 그리고 몇몇 현대식 사원들이 있어 좀 더 아늑한 느낌을 준다. 넓은 메콩 강변에는 저녁이면 각종 노점이 열리는데, 우거진 나무 아래의 노점에는 어김없이 씬닷집이 성황을 이룬다. 오토바이나 자전거를 쑤안나웡 게스트하우스에서 대여할 수 있지만 걸어서도 충분히 돌아볼 수 있다.

**쑤안나웡 게스트하우스**
**Souannavong Guesthouse**
| | |
|---|---|
| Access | Senna Road, 성 테레사 성당 북쪽 골목 |
| Cost | 오토바이 대여 8만K<br>자전거 대여 1만5,000K |
| Tel | 041-212-561, 020-5553-2981 |

Sightseeing

# 탓 잉항 That Ing Hang

10세기 크메르 왕조 시대에 처음 건설되었으며 남부 라오스에서는 왓 푸 사원 다음으로 중요하게 여기는 불탑이다. 땃 잉 항 불탑은 14세기 짜오 파응움 왕Kign Chan Fa Ngum 이후 여러 번 재건축되어 현재의 모습에 이르렀다. 부처님의 방문을 기념하여 건설된 것으로, 부처님이 설법을 한 뒤 이곳의 '항(Hang)'나무 아래에 '기대어(Ing)' 휴식을 취하였다고 한다. 탑의 꼭대기는 황금 우산 모양으로 장식된 연꽃 봉우리를 하고 있으며 탑 내부에는 불사리가, 탑의 둘레에는 32기의 불상이 모셔져 있다. 힌두교를 믿은 크메르 왕조의 영향으로, 탑의 기단 부분에 새겨진 화려한 시바 신의 형상을 볼 수 있다. 매년 2월 보름에는 이곳에서 성대한 축제인 분 탓 잉 항 축제Boun That Ing Hang Festival가 열린다. 싸완나켓에서 거리가 있지만 둘러볼만한 가치가 있다.

| | |
|---|---|
| Access | 싸완나켓 북동쪽 16km 지점 9번 도로를 따라 12km 정도 북쪽으로 향한 뒤, 표지판을 따라 우측으로 3.5km 더 이동 (뚝뚝 왕복 15만K~) |
| Open | 08:00~18:00 |
| Cost | 입장료 5,000K |

# Food

프랑스 식민지 시절, 베트남에서 싸완나켓으로 이민을 온 사람들이 많아 도시 곳곳에서 쌀국수 가게를 쉽게 찾아볼 수 있다. 태국이 보이는 넓은 메콩 강변에는 각종 먹거리 노점이 가득하고 반대로 최고급 와규 스테이크를 맛볼 수 있는 레스토랑까지 찾을 수 있으므로 취향에 따라 저렴하고 소탈한, 혹은 우아하고 고급스러운 식사를 즐겨보자.

### Food ❶
## 낭 노이 Nang Noy

간판이 없는 허름한 국숫집이지만, 이곳의 카우삐약은 기회가 되면 꼭 한번 먹어보길 바란다. 쫀득한 면발과 깔끔한 국물 맛에 반해 수시로 국수를 포장해가는 사람이 눈에 띌 정도로 싸완나켓의 수많은 국숫집 중에서 가장 인기 있는 집이다. 닭, 돼지, 쇠고기 중에서 고명을 고를 수 있다.

| | |
|---|---|
| Access | 시장 동쪽 맞은편 BECL은행 옆에 위치 |
| Open | 07:00~22:00 |
| Cost | 카우삐약 1만K |

### Food ❷
## 빼 요 에그누들 Pae Yo Egg Noodle

여행 안내소 맞은편에 있는 에그누들집으로 꼬들한 에그누들과 작은 만두에 육수를 부어낸 뜨끈한 국수를 판매한다. 아침부터 국수를 먹으러 온 사람들로 작은 가게가 붐비는 곳이기도 하다. 고소한 맛의 면발과 시원한 국물이 아침식사로 제격이다.

| | |
|---|---|
| Access | 여행 안내소 맞은편 |
| Open | 06:00~11:00, 15:30~22:30 |
| Cost | 에그누들 1만5,000K |
| Tel | 020-7737-4345 |

### Food ❸
## 짜이 디 카페 Chai Dee Café

가게에서 파는 일본 음식이나 태국 음식의 맛도 괜찮지만 분위기가 더욱 좋은 레스토랑으로 일본과 라오스 청년들이 함께 운영한다. 작은 화분을 곳곳에 배치해 자연스러운 분위기가 돋보여 한낮의 더위를 피해 시간을 보내기 좋다. 추천 음식이나 인기 있는 음식 옆에 따로 표시가 되어 있어 편하게 주문할 수 있다. 각종 채식메뉴와 비(非)채식 요리도 다양하게 갖추고 있다.

| | |
|---|---|
| Access | 랏싸웡쓱 거리(Latsavongseuk Road), 성 테레사 성당에서 1블록 북쪽 |
| Open | 08:30~21:00   Close 월요일 |
| Cost | 아이스 커피 1만K, 초콜릿 케이크 1만4,000K 일식 가츠동 3만5,000K |
| Tel | 020-5988-6767 |
| Web | www.cafechaidee.com |

## Food

### 카페 쉐 분 레스토랑 Café Chez Boune Restaurant

클래식한 전등과 천장의 팬, 원목 테이블과 벽면의 부조 장식 등의 인테리어가 고풍스러운 느낌을 주는 고급 식당이다. 완벽하진 않지만 괜찮은 수준의 서양음식을 맛볼 수 있다. 싸완나켓에만 몇 개의 분점이 있을 정도로 유명한 곳이기도 하다. 특히 이곳의 부드러운 와규 스테이크는 수준급이다.

| Access | Chaimeuang Road, 시장 남쪽 |
|---|---|
| Open | 08:00~22:00 |
| Cost | 와규 스테이크 13만K~ |
| | 파스타 6만K, 샌드위치 2만K |
| | 아이스 커피 2만K |
| Tel | 041-215-190 |

## Café

### 린스 카페 Lin's Café

서양 여행자들을 겨냥한 깔끔한 카페 겸 음식점으로, 서양식 아침식사나 스파게티, 햄버거와 샐러드 등이 먹을만하다. 각종 머핀과 초콜릿 케이크도 판매한다.

| Access | 싸완나켓 광장 북쪽 골목 |
|---|---|
| Open | 08:30~20:30 |
| Close | 수요일 |
| Cost | 커피류 1만5,000K |
| | 망고 셰이크 9,000K |
| | 바게트 샌드위치 3만K |
| Tel | 020-9988-1630 |

## Nightlife

### 빤따학 바 Pentahug Bar

다소 썰렁한 싸완나켓에서 드물게 젊은 감각이 살아 있는 바. 맥주가 술술 들어갈 것 같은 세련된 인테리어, 시끌벅적한 분위기 덕분에 심심하지 않은 저녁 시간을 보낼 수 있다.

| Access | 뉴 쌘 싸바이 호텔 동쪽 여행 안내소 골목 |
|---|---|
| Open | 17:00~23:30 |
| Cost | 2만~5만K |
| Tel | 020-7776-4447 |

### Stay ①
## 리나 게스트하우스 Leena Guesthouse

싸완나켓에서 가장 유명한 숙소이자, 저렴한 가격에도 늘 청결을 유지하는 곳이라 많은 여행객들에게 사랑받는 곳이다. 작은 팬룸과 에어컨룸은 채광이 좋지 않아 어둡고 낡은 느낌을 풍기지만 그래도 다른 게스트하우스보다는 훨씬 낫다. 2층에 있는 에어컨룸은 조금 더 넓은 공간에다 새로 지은 건물에 있어 더 쾌적하다. 넓은 정원과 아기자기하게 꾸며진 레스토랑도 있다.

| | |
|---|---|
| Access | 랏싸웡쓱 거리(Latsabvongseuk Road)에서 짜오 킴 거리(Chao Kim Road)를 따라 동쪽으로 500m |
| Cost | 팬룸 5만K, 에어컨룸 7만~10만K |
| Tel | 041-212-404, 020-5564-0697 |
| Email | leenaguesthouse@hotmail.com |

### Stay ②
## 쌀라 싸완 호텔 Sala Savan Hotel

프랑스 식민지 시절에 지어진 2층 건물로, 우아한 외관을 갖추고 있다. 최근에 내·외관 모두 새로 단장한 만큼 객실 내부 역시 나무랄 데 없이 청결하다. 광장 바로 옆에 있어서 올드타운을 여행하기에 매우 좋은 곳이다. 명성만큼 인기가 있는 곳이므로 미리 예약을 해두자.

| | |
|---|---|
| Access | 테레사 성당 맞은편 광장 남쪽에 위치 |
| Cost | 에어컨 더블룸 40$~ |
| Tel | 041-212-445 |
| Web | www.salalao.com |

### Stay ③
## 뉴 쌘 싸바이 호텔 New Saen Sabai Hotel

신축 건물처럼 깔끔한 외관과 정원에 비해 다소 좁은 객실 내부는 저렴한 가구들로 채워져 있다. 강변을 향한 넓은 창 덕분에 전반적으로 환한 편이지만 관리가 잘 되지 않아 객실 곳곳에는 수리해야 할 곳 투성이다. 와이파이도 제대로 작동되지 않고 조식도 엉망이지만, 강변과 올드타운 광장 모두가 가까운 위치 덕에 한 번쯤 고려해볼 만한 곳이다.

| | |
|---|---|
| Access | 선착장과 여행안내소 근처 |
| Cost | 스탠더드 40$ 부대 서비스 조식 에어컨 |
| Tel | 041-252-601~3 |
| Email | Newsaensabai99@gmaill.com |

### Stay ④
## 마요 게스트하우스 Mayo Guesthouse

총 7개의 방이 있는 작은 게스트하우스로, 장기로 방을 빌리는 사람이 많아 미리 예약을 해야 한다는 단점이 있지만 세탁기나 취사도구를 이용할 수 있어서 무척 편리한 곳이다. 전반적으로 색색이 예쁜 인테리어로 꾸며져 있고 방도 대체로 넓은 편이지만 1층에는 창문이 없는 방도 있으니 잘 골라야 한다. 장기 렌트의 경우 할인도 가능하다.

| | |
|---|---|
| Access | 왓 싸인야품 동쪽 길 건너편 |
| Cost | 1일 10만~12만K |
| Tel | 030-531-1533 020-9511-1175 |
| Email | Mayo.svk14@gmail.com |

Intro

# 빡쎄
## Pakse

빡쎄는 라오스 남부의 대표적인 도시로, 짬빠싹이나 씨판돈 혹은 태국이나 캄보디아 국경을 넘기 위해 드나드는 여행객들이 거쳐 가는 곳이다. 편리한 위치 덕분에 프랑스 식민 지배 시기에 집중적으로 개발되었지만 특별한 볼거리가 있는 곳은 아니다. 메콩 강변에 자리 잡았음에도 밋밋한 분위기의 도시지만, 라오스 남부를 둘러보는 다양한 여행 상품을 여행사나 숙소에서 쉽게 이용할 수 있어 많은 여행객들이 이곳을 남부 라오스 여행의 베이스캠프로 삼는다.

### ➕ 여행정보

많은 여행객들이 야간버스를 이용해 빡쎄에 도착하므로 아침 일찍부터 웬만한 숙소는 방이 금세 동난다. 그러니 빡쎄에 늦게 도착할 예정이라면 미리 숙소 예약을 하는 것이 좋다. 시내의 여러 여행사에서 투어나 교통편을 예약할 수 있으며 같은 목적지라도 여행 스케줄이 다를 수 있으므로 꼼꼼하게 이야기하고 선택하자. 남부 라오스의 경우 뚝뚝이나 썽태우의 바가지가 심한 편이며, 오토바이를 탈 경우 교통경찰의 뒷돈 요구가 극성이므로 여행사의 상품을 이용하는 것이 속 편할 수도 있다. 빡쎄는 환율이 좋은 편이므로 미리 환전해 갈 필요가 없다.

## 빡쎄 드나들기

### ➕ 빡쎄의 시내교통

여행 안내소, 몇 개의 숙소들과 여행사, 레스토랑 및 시장 등이 모두 모여 있으므로 웬만한 곳은 걸어서 둘러볼 수 있다. 그 외의 시내 이동은 뚝뚝이나 썀러(시내 1만K, 남부 터미널 2만K)로 이동하면 된다. 미스 노이, 알리사 게스트하우스, 빡쎄 트래블에서 오토바이나 스쿠터, 자전거를 빌릴 수 있는데 경쟁이 치열하므로 미리 예약을 하는 것이 좋다.

| Cost | |
|---|---|
| 오토바이 | 6만K |
| 스쿠터 | 10만K |
| 자전거 | 2만K(1일 대여 기준) |

## ➕ 빡쎄의 시외교통

### ◎ 항공

빡쎄국제공항은 빡쎄 시내에서 북서쪽으로 2km 떨어진 지점에 위치한다. 비엔티안과 루앙프라방, 싸완나켓을 연결하는 국내선 항공 외에 씨엠립, 호치민, 방콕을 연결하는 국외선이 운항된다. 항공 스케줄은 라오항공 홈페이지를 확인하자(p.239 참고). 공항에서는 썽태우나 뚝뚝(4만K~) 혹은 공항택시(8만K)를 타고 시내로 들어갈 수 있다. 빡쎄 외에 인근의 짬빠싹, 씨판돈까지 바로 가는 미니밴도 대절할 수 있다. 시내에서 공항까지 뚝뚝 대절 시 4만K 정도 요구한다.

### ◎ 여행사 버스

라오스 남부는 뚝뚝이나 배 이용 시 바가지가 심한 편이므로 여행사의 연계 서비스를 이용하는 것이 오히려 저렴할 때도 많다. 빡쎄의 여러 여행사에서는 인근의 주요 여행지 외에 비엔티안이나 태국, 캄보디아까지 광범위한 교통편을 제공한다. 각 여행사의 미니밴이나 버스는 대개 오전 7~8시에 출발하며 여행사마다 버스 종류나 출발시간 등이 다양하므로 티켓 구입 시 꼼꼼하게 확인하는 것이 좋다. 숙소 픽업에서부터 씨판돈 섬에 도착하기 위한 보트 요금까지 포함되어 있는지 꼭 확인하자.

| 노선 | 교통편 | 출발시간 | 요금 | 소요시간 |
|---|---|---|---|---|
| 태국 방콕 | 직통 VIP버스 | 15:00 | 23만5,000K | 14시간30분 |
| | 미니버스+슬리핑 기차 | 13:00 | 41만K~ | 17시간 |
| | | 15:00 | 31만K | 16시간30분 |
| 캄보디아 프놈펜 | VIP버스 | 07:30 | 41만K | 17시간 |
| | | 15:00 | 31만K | 16시간30분 |
| 씨판돈 (돈 콩, 돈 뎃, 돈 콘) | 미니밴 | 00:00 | 7만K(편도) 13만K(왕복) *보트 요금 포함 | 3시간 |
| 짬빠싹 | 미니밴 | 08:00 | 5만5,000K 12만K~(왓 푸 왕복) | 1시간30분 5시간 |

### ◎ 버스

빡쎄에는 북부 터미널, 남부 터미널, 쎙짤른 버스 터미널, 끄리앙까이 버스 터미널, 찟빠쏭 버스 터미널까지 다섯 개의 버스 터미널이 있으며, 딸랏 다오흐앙 시장 입구에서도 장거리 썽태우가 운행 중이다. 이 중 가장 중심이 되는 곳은 남부 터미널로, 남부행 버스 외에도 북부행 버스, 국제버스, 남부행 썽태우까지 이곳을 경유한다. 영어 안내도 되어 있어서 외국인도 쉽게 이용할 수 있다. 마을 중심에 있는 여행 안내소에 자세한 시간표와 터미널 정보가 안내되어 있다. 많은 여행자들이 주로 비엔티안-빡쎄간 나이트버스를 이용하지만, 안전벨트가 없어서 자칫 사망사고로 이어질 우려가 있으므로 주간버스를 이용하여 쉬엄쉬엄 이동하자.

## ＊국제버스

### ❶ 남부 버스 터미널 Southern Bus Station

빡쎄 중심에서 동쪽 8km 지점, 13번 도로변에 있다. 현지인들은 '끼우 롯 락 뺏(8km 터미널)'이라고 부른다. 빡쎄 시내에서 뚝뚝을 이용하면 3만K, 썽태우 합승은 1만K의 요금이 든다.

| 노선 | 출발시간 | 요금 | 소요시간 |
|---|---|---|---|
| 태국 방콕 | 09:00, 15:30 | 900B | 11시간 |
| 태국 우본랏차타니 | 08:00, 15:00 | 200B | 3시간 |
| 캄보디아 프놈펜 | 07:00 | 28$ | 13시간 |
| 캄보디아 씨엠립 | 07:30 | 35$ | 12시간 |

### ❷ 끄리앙까이 버스 터미널 Kriang Kai Bus Station

38번 도로(Rte.38)변에 있는 버스 터미널이며 딸랏 다오흐앙 시장에서 동쪽으로 1km 떨어져 있다. 여행자 거리의 중심인 란캄 호텔 인근에서 뚝뚝으로 1만K의 요금이 든다.

| 노선 | 출발시간 | 요금 | 소요시간 |
|---|---|---|---|
| 태국 우본랏차타니 | 08:30, 15:30 | 6만K | 2~3시간 |
| 태국 방콕 | 16:00 | 24만K(VIP) | 14시간 |

끄리앙까이 버스 터미널

남부 버스 터미널

## ＊시외버스

### ❶ 남부 버스 터미널 Southern Bus Station

빡쎄의 가장 중심이 되는 버스 터미널로, 국제버스 외에 라오스 남북으로 향하는 거의 모든 버스가 이곳을 경유한다.

| 노선 | 출발시간 | 요금 | 소요시간 | 비고 |
|---|---|---|---|---|
| 비엔티안 Vientiane | 07:00~16:00 (40분 간격 출발) | 11만K | 15시간 | 쌩짤른, 북부 버스 터미널 경유 |
| 타켁 Thakhek | 07:00~16:00 (40분 간격 출발) | 6만K | 9시간 | |
| 싸완나켓 Savannaket | 07:00~16:00 (40분 간격 출발) | 4만K | 5시간 | 쎄노-싸완나켓 연결편 포함 |
| 쌀라완 Salavan | 07:45, 09:15, 11:00 13:00, 16:00 | 3만K | 3시간 | |
| 쎄콩 Sekong | 08:15, 10:45, 14:30 | 3만5,000K | 2~4시간 | |
| 앗따쁘 Attapue | 07:00, 08:00, 09:00 11:30, 16:00 | 4만5,000K 5만5,000K(VIP) | 4~5시간 | |

### ❷ 북부 버스 터미널 Northern Bus Station

빡쎄 중심에서 공항 방면으로 북쪽 7km 지점에 위치하며 '까우 롯 락 쨋(7km 터미널)'이라고 부른다. 빡쎄 시내에서 뚝뚝을 이용하면 3만K, 썽태우 합승은 1만K의 요금이 든다.

| 노선 | 교통편 | 출발시간 | 요금 | 소요시간 | 비고 |
|---|---|---|---|---|---|
| 비엔티안Vientiane | 일반버스 | 06:25~17:50(40분 간격 출발) | 11만K | 15시간 | 싸완나켓 경유 |
| | 슬리핑 버스 | 20:00 | 17만K | | |

### ❸ 쎙짤른 버스 터미널 Sengchalean Bus Station

빡쎄 중심에서 동쪽 2km 지점, 13번 도로변에 위치하며 까우 롯 락 쏭(2km 버스 터미널)이라고도 부른다. 란캄 호텔 인근에서 도보로는 20분 정도 걸리며 뚝뚝을 이용할 경우 1만K이면 충분하다. 캄보디아행 국제버스 외에 시외버스도 이곳을 거치지만 영어가 통하지 않는 곳이기 때문에 예매가 쉽지 않다는 단점이 있다.

| 노선 | 교통편 | 출발시간 | 요금 | 소요시간 |
|---|---|---|---|---|
| 캄보디아 프놈펜Pnompenh | 일반버스 | 07:30 | 30만K(씨엠립Siemleap 환승) 23만K(직통) | 12~13시간 |
| 비엔티안Vientiane | 일반버스 | 07:30, 08:30, 09:30 10:30, 11:30 | 11만K | 16시간 |
| | VIP | 16:00 | 17만K | |
| 싸완나켓Savannaket | 일반버스 | 07:30, 09:30, 11:30 16:00, 22:30 | 5만K | 5시간 |
| 앗따쁘Attapue | 일반버스 | 07:30, 08:30, 09:30 10:30, 11:30 | 5만K | 5시간 |
| 쎄콩Sekong | 일반버스 | 07:00, 08:00, 10:00 11:30, 13:00, 14:30, 16:00 | 4만5,000K | 2~4시간 |
| | VIP | 09:00 | 6만K | |

### ❹ 찟빠쏭 버스 터미널(VIP버스 터미널) Chitpasong Bus Station

여행 안내소 남쪽 강변에 위치한 버스 터미널로 비엔티안행 슬리핑 버스가 출발한다. 시내의 여행사와 현장에서 티켓을 구매할 수 있으며 티켓 가격은 어디서든 큰 차이가 없다. 낡은 버스에서 최신형 버스까지 다양하므로 여러 조건을 알아보고 선택하자. 안전벨트 없이 그저 칸막이 안에 두 명씩 눕도록 개조된 슬리핑 버스인 만큼 좁고 안전하지 않다는 점이 문제다.

| 노선 | 교통편 | 출발시간 | 요금 | 소요시간 |
|---|---|---|---|---|
| 비엔티안Vientiane | 슬리핑 버스 | 20:30 | 17만K | 10시간 |

북부 버스 터미널

쎙짤른 버스 터미널

슬리핑 버스

◎ **썽태우**

빡쎄 인근 도시로 향하는 썽태우는 딸랏 다오흐앙 시장 혹은 남부 터미널에서 출발한다. 씨판돈으로 향할 경우 각 섬 건너편 선착장이 있는 반 핫 싸이쿤Ban Hat Xai Khoun, 반 나까쌍Ban Nakasang에서 내려 보트를 타야 한다.

\* **딸랏 다오흐앙 시장(뉴 마켓)**

딸랏 다오흐앙 시장에서 짬빠싹행 썽태우를 탈 수 있다. 아침 8시부터 4시간 동안 운영하며 요금은 2만5,000K이다. 일본 다리Japanese Bridge를 건너 짬빠싹 타운 중심에 하차한다. 오후에도 3시 정도까지 불규칙적으로 운영되니, 꼭 필요하다면 현장에서 출발 여부를 확인하자.

\* **남부 터미널**

남부 터미널에서는 반 핫 싸이쿤Ban Hat Xai Khoun과 반 나까쌍Ban Nakasang행 썽태우를 탈 수 있다. 아침 7시부터 오후 4시까지 운영하며 총 소요시간은 3시간, 요금은 5만K이다. 빡송행도 있는데 똑같이 아침 7시부터 오후 4시까지 운영하고 3시간이 걸리며 요금은 5만5,000K이다.

> **Tip 왕따오-총맥 국경**
>
> 라오스 입국 시, 태국 우본랏차타니-빡쎄 간 국제버스(09:30, 15:30, 200B, 3시간)가 있으나 당일 버스 예매는 쉽지 않다. 총맥 버스 터미널까지는 수시로 미니밴(100B, 1시간30분)이 있으며 총맥 버스 터미널에서 국경까지는 도보 이동이 가능하다. 라오스 입국 후 왕따오 국경 출입국 사무소에서 빡쎄의 딸랏 다오흐앙 시장 맞은편까지 가는 미니밴(2만5,000K, 태국 바트로 계산 시 100B, 40분)이 수시로 운영된다. 라오스 국경 통과 시 각종 이유를 들어 뒷돈을 요구한다. 라오스 출국 시에는 총맥 버스 터미널에서 방콕행 버스에 탑승하거나 우본랏차타니행 미니밴을 타고 간 후 우본랏차타니에서 운행되는 버스를 이용하면 된다.

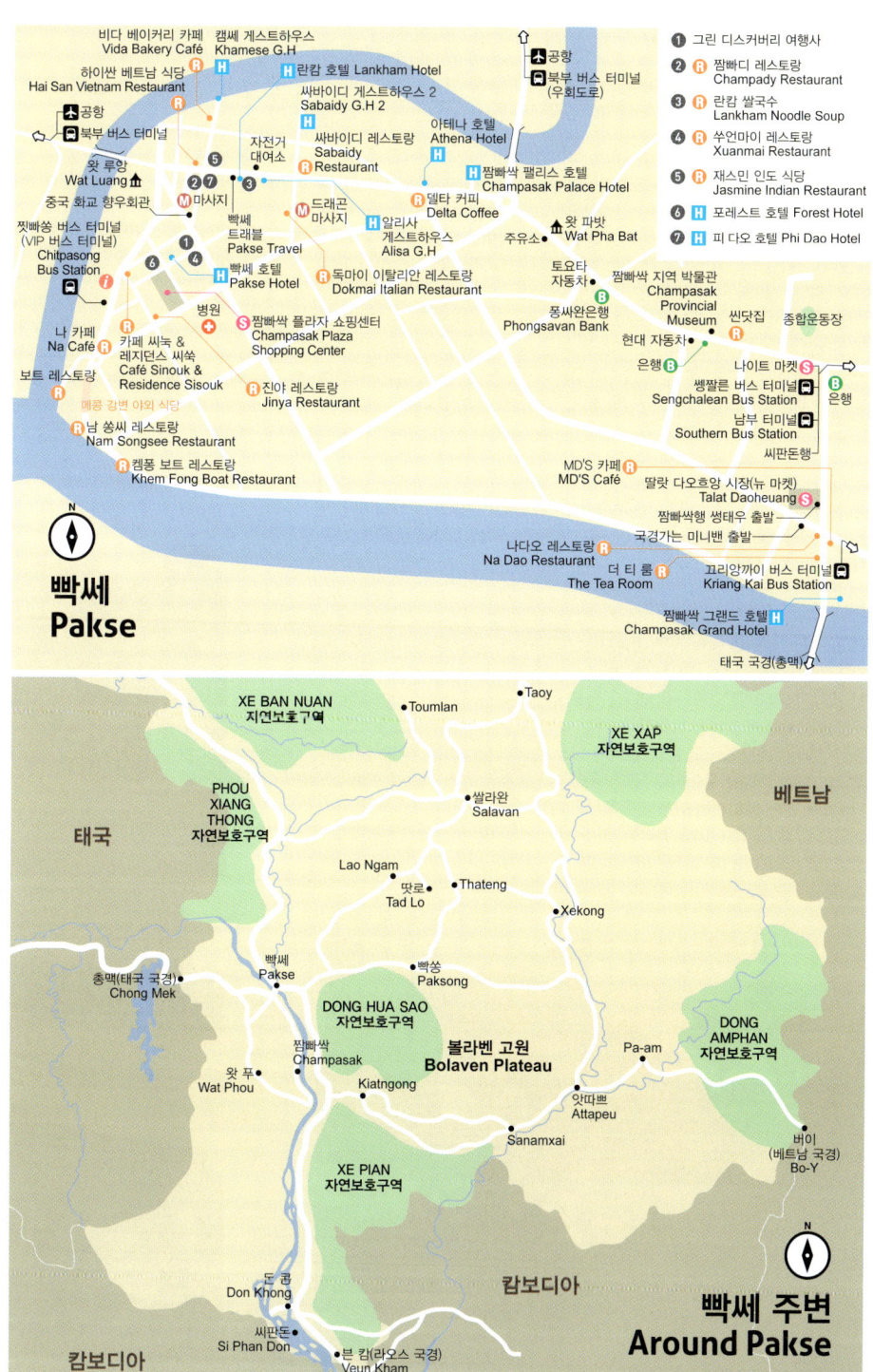

## Activity

# 빡쎄 주변 지역 투어

빡쎄에서는 주변 지역으로 떠나는 각종 투어 상품을 손쉽게 이용할 수 있다. 주로 짬빠싹 인근의 왓 푸 사원으로의 일일투어나 볼라벤 고원의 각종 폭포나 커피 농장을 방문하는 일일투어가 유명하다. 그 외에도 반 싸파이Ban Saphai 마을의 천 짜는 풍경이나 돈 코Don Kho 섬의 한적한 시골마을을 돌아보는 투어 프로그램, 그리고 반 끼앗응옹Ban Kiatngong 마을에서 코끼리 트레킹을 하며 아름다운 풍경을 돌아보는 프로그램도 인기 있다.

주로 숙소에서 예약을 하지만 숙소에 있는 상품이 마음에 들지 않는다면 빡쎄 트래블Pakse Travel에서도 다양한 상품을 운영 중이니 이를 참고하자. 라오스의 명물 중 하나인 빡송의 트리 탑 익스플로러Tree Top Explorer나 라오스 남부를 좀 더 자세히 둘러볼 수 있는 2박3일 트레킹 코스를 원한다면 그린 디스커버리Green Discovery를 방문해보자.

### 빡쎄 트래블 Pakse Travel

빡쎄 인근 지역을 도는 저렴한 일일투어 프로그램을 운영하고, 태국이나 베트남행 국제버스, 시외버스 티켓 판매를 대행한다. 빡쎄 시내에 두 곳의 사무실을 운영 중이다.

### 그린 디스커버리 Green Discovery

라오스 에코 투어와 탐험 전문 여행사로 손꼽히는 곳 중 하나로, 비엔티안, 루앙프라방, 방비엥, 타켁, 루앙남타, 농키아우, 빡쎄에서 지점을 운영하고 있다. 특히 2011년에 볼라벤 고원의 아름다운 폭포 주변으로 짚라인과 스카이워킹, 나무집을 설치해 커피 농장 하이킹, 트레킹, 수영, 폭포와 절벽 사이를 누비는 아찔한 짚라인 등을 즐기고 20m 높이의 나무 위에서 하룻밤을 보내는 라오스 최고의 모험 여행을 주도하고 있다. 유럽이나 호주의 안전 기준을 적용하여 라오스의 많은 액티비티 여행사 중에서도 가장 수준 높으면서도 안전한 액티비티를 즐길 수 있다. 이렇게 발생되는 수익은 각 지역 사람들에게 돌려주는 것을 원칙으로 하는데 자연을 보호하면서도 지역 발전에 기여하는 생태 투어로, 현재 1박2일(200$~), 2박3일(270$~) 코스를 운영하고 있다.

### 빡쎄 트래블 Pakse Travel
- Access  Road No.12, 란캄 호텔 옆
- Cost  볼라벤 고원 일일투어
  (08:00~17:00, 18만K, 식사 불포함)
- Tel  031-212-842, 020-227-7277
- Web  www.paksetravel.com

### 그린 디스커버리 Green Discovery
- Access  Road No10. Lukmueng Village
  (쌀라 짬빠 호텔 맞은편)
- Open  08:00~20:30
- Tel  031-252-908
- Email  champassak@
  greendiscoverylaos.com
- Web  www.greendiscoverylaos.com

### Sightseeing

### 왓 루앙 Wat Luang

왓 루앙은 빡쎄 중심에 있는 가장 오래되고 커다란 사찰 중 하나이지만, 특별한 볼거리가 있는 것은 아니다. 새로 지은 본당 옆의 오래된 목조 건물이 기존에 지어졌던 법당 건물이며 현재는 승가학교로 이용되고 있다.

Access   French Bridge 남쪽, 메콩 강변에 위치
Cost   입장료 무료

### Sightseeing

### 짬빠싹 지역 박물관
Champasak Provincial Museum

짬빠싹 지역의 각종 부조가 보존된 지역 박물관으로 빈약한 전시품이 다소 실망스럽지만 왓 푸 사원을 방문하지 않는다면 이곳에서 약간이나마 아쉬움을 달랠 수 있다.

Access   No.13 Road, 여행자 거리에서 동쪽 1.5km
Open    월~금 08:00~11:30, 13:30~16:00
Cost    1만K

### Food

### 메콩 강변 야외 식당

삭막한 빡쎄 시내에서 조금만 벗어나면 메콩 강변을 따라 줄지어져 있는 야외 식당을 만날 수 있다. 도입부에는 오뎅과 소시지 튀김을 야채와 함께 먹을 수 있는 간단한 노점들이 있으며 노점을 지나면 좀 더 제대로 된 식당에서 생선이나 돼지구이, 볶음국수 등을 먹을 수 있다. 강에서는 레스토랑용 배에서 노래를 틀어놓고 거하게 모임을 즐기기도 한다. 저녁에는 메콩 강의 일몰을 바라보며 식사를 하려는 많은 사람들로 늘 북적인다.

### Food

### 란캄 쌀국수 Lankham Noodle Soup

걸쭉한 고기국수가 약간 짜긴 하지만 그래도 맛있다. 진하게 우러난 육수에 쇠고기를 듬뿍 넣어 야채와 함께 내준다. 샌드위치 등 다른 메뉴도 있지만 다들 국수만 먹을 정도로 인근에서는 유명한 국숫집이다. 그러나 불친절하다는 평도 있다.

Address   라오개발은행 맞은편에 위치
Open     07:00~14:00
Cost     고기국수 2만~2만5,000K, 라오 커피 1만K
Tel      020-5583-6888

### Food ❸

## 쑤언마이 레스토랑 Xuanmai Restaurant

베트남 쌀국수, 소시지를 채소에 싸먹는 넴느엉, 스프링 롤을 파는 가게로 오래전부터 유명했던 곳이다. 시원하게 탁 트인 분위기가 여유롭다. 메인 거리에서 안쪽에 위치해 어수선하지 않으며 깔끔한 맛으로 서양 여행객들에게 인기가 많다. 베트남 음식 외에 라오스와 태국 음식도 판매한다. 주 2회 정도 베트남 요리 강좌도 이곳에서 열린다.

| | |
|---|---|
| Access | 쌀라 짬빠 호텔 맞은편 |
| Open | 06:00~23:30 |
| Cost | 국수 2만K, 넴느엉 3만K, 물 3,000K |
| Tel | 030-944-5005 |

### Food ❹

## 짬빠디 레스토랑 Champady Restaurant

다오 커피에서 운영하는 음식점으로 간단한 태국 음식과 라오스 음식을 판다. 큰길에서 약간 들어간 조용한 위치에 있으면서, 깔끔하고 여유로운 분위기의 야외 파라솔 테이블도 있다. 무난한 맛의 메뉴 덕분에 여행객들에게 인기 있는 식당이다.

| | |
|---|---|
| Access | No.13 Road에서 No.10 Road 방면 골목 |
| Open | 07:00~21:00 |
| Cost | 아이스 커피 1만K, 아이스 라테 1만4,000K, 치킨카레 3만K |
| Tel | 030-5348-999, 020-5954-4555 |

### Food ❺

## 독마이 이탈리안 레스토랑
Dokmai Italian Restaurant

약간 뜬금없이 느껴질 수도 있는 이탈리안 레스토랑이지만 한국에서도 쉽게 맛볼 수 없는 수준의 음식을 내놓는다. 바삭바삭한 바게트와 목구멍을 술술 타고 넘어가는 파스타, 상큼한 샐러드에 정통 이탈리아 커피 모두 훌륭한데다가 저렴하기까지 하다. 그러나 피자는 없다.

| | |
|---|---|
| Access | No.24 Road |
| Open | 11:00~23:00 |
| Cost | 스파게티 3만K, 샐러드 1만8,000K, 에스프레소 1만K |
| Tel | 020-9800-8652 |
| Email | dokmailaorstaurant@gmail.com |

### Food ❻

## 하이싼 베트남 식당
Hai San Vietnam Restaurant

새로 들어선 정통 베트남 음식점으로 각종 해산물을 재료로 한 일품요리를 맛볼 수 있다. 가게 입구부터 신선한 게, 조개, 꼬막, 심지어 두꺼비까지 수족관에 가득 차 있다. 주말 밤이면 인근의 많은 현지인들이 모여 거하게 식사를 하는 곳이다.

| | |
|---|---|
| Access | No.13 Road |
| Open | 11:00~23:00 |
| Cost | 게요리 한 마리 7~8만K(kg당 14만K) |
| Tel | 020-996-96-179, 020-959-31-279 |

## Food

### 진야 레스토랑 Jinya Restaurant

라오스 전역에서 괜찮은 생맥줏집을 찾기란 쉬운 일이 아니다. 그렇기에 특별히 할 일이 없는 빡쎄에서 만나는 라오 생맥주는 더 시원한 느낌이다. 메콩 강변의 식당에서 마시는 라오스 병맥주도 좋지만 생맥주 마니아라면 일식 전문점 진야 레스토랑의 야외 생맥줏집을 찾아가보자.

| | |
|---|---|
| Access | No.1 Road & No.9 Road |
| Open | 17:00~22:00 |
| Cost | 라오 생맥주 1만2,000K |
| Tel | 030-919-9960 |

## Shopping

### 짬빠싹 플라자 쇼핑센터
Champasak Plaza Shopping Center

본래 있던 시장이 화재로 소실된 뒤 최근에 새로 지어진 쇼핑센터로 시내 중심에 있어 이용하기 편리하다. 건물 2층에 있는 슈퍼마켓에서 필요한 물품을 사거나 쇼핑센터 바깥의 시장에서 과일이나 간식거리를 사기도 좋다. 쇼핑센터 근처에는 사진관 겸 복사집도 있어 국경을 넘기 전 여권을 미리 복사하거나 입국 비자용 사진을 찍을 수 있다.

| | |
|---|---|
| Access | No.5 Road |

## Café

### 카페 씨눅 Café Sinouk

라오스를 대표하는 양대 커피 중, 고급 유기농 커피를 표방하는 씨눅 커피의 직영점으로, 직영 호텔인 레지던스 씨숙 호텔의 1층에 자리하고 있다. 진한 커피 외에도 우아한 인테리어와 각종 화분으로 장식된 외부 테라스가 분위기 있다. 슬리핑 버스의 기착점인 찟빠쏭 버스 터미널 입구에 자리해 버스를 기다리며 시간을 때우기에도 편리하다.

| | | | |
|---|---|---|---|
| Access | No.11 Road & No.9 Road | | |
| Open | 07:00~22:00 | Cost | 아이스 커피 2만5,000K |
| Tel | 020-956-6776 | | |

## Shopping

### 딸랏 다오흐앙 시장(뉴 마켓)
Talat Daoheuang

빡쎄 인근 마을에서 각종 먹거리와 생필품을 사고파는 중심 시장으로, 거대한 건물 안에 각종 상점들이 빡빡하게 몰려 있다. 건물 중간에 있는 공간에는 주로 채소나 과일, 그리고 국수를 파는 노점들이 있고 한쪽에는 각 지방으로 향하는 썽태우 기사들이 호객 행위를 한다. 전체를 다 둘러보려면 한두 시간으로는 부족할 만큼 큰 규모의 시장이며 이곳은 아침부터 저녁까지 활기찬 라오스 사람들을 볼 수 있는 곳이니 오가는 길에 한 번쯤 들러보자.

| | |
|---|---|
| Access | No. 13 Road, 여행자 거리의 중심인 란캄 호텔에서 동쪽으로 1.8km (여행자 거리에서 뚝뚝 1만K) |
| Open | 06:00~18:00 |

### Stay ❶

# 싸바이디 게스트하우스 2호점
Sabaidy Guesthouse 2

빡쎄 배낭여행들의 중심지라고 할 수 있는 숙소로, 친절하진 않지만 아주 저렴한 방에서부터 새로 지어져 깨끗하고 운치 있는 방까지 다양한 선택이 가능하다. 모여 앉아 대화를 나누기 좋은 테이블이 곳곳에 있고 많은 여행객이 모이는 만큼 인근 지역으로의 투어 프로그램도 다양하게 운영되고 있다.

| Access | No. 24 Road |
|---|---|
| Cost | 도미토리(공동욕실) 3만5,000K |
| | 싱글(공동욕실) 4만5,000K, 더블(공동욕실) 7만K |
| | 팬룸 9만K / 뉴빌딩 팬룸 11만K, 에어컨룸 13만5,000K |
| Tel | 031-212-992 |
| Web | www.sabaidy2tour.com |

### Stay ❷

# 알리사 게스트하우스 Alisa Guesthouse

조용하고 넓은 로비와 비교적 깔끔한 인테리어가 단정한 느낌을 주는 곳이다. 객실 역시 깨끗한 타일 바닥에 충분한 두께의 침대, 넓은 창, 약간 낡았지만 잘 관리된 욕실까지 갖추고 있다. 관리가 잘 되어 있는 새 오토바이도 대여해준다(오토바이 6만K~). 여행자 거리에 있고 주변에 맛집도 많아 이용하기가 편리한 만큼 인기가 많은 곳이니 미리 예약하지 않으면 묵기 힘들다.

| Access | No. 13 Road |
|---|---|
| Cost | 더블 12만K, 트윈 12만K, 3인실 15만K, 4인실 20만K |
| | 부대 서비스 에어컨 |
| Tel | 031-251-555 |
| Email | alias_guesthouse@hotmail.com |
| Web | www.alisa-guesthouse.com |

### Stay ❸

# 포레스트 호텔 Forest Hotel

2014년에 새로 오픈한 깔끔한 일본식 비즈니스 호텔이다. 1층에 위치한 일식 음식점이나 로비, 객실 내부는 특별한 점은 없지만 일본계 호텔답게 무척이나 깔끔하고 군더더기 없는 구조로 되어 있다. 1층에 위치한 작은 공중목욕탕과 일본식으로 제공되는 조식은 별다를 것 없는 이 호텔을 다시 돌아보게 만든다. 4시 이후 늦은 체크인을 할 경우 할인도 해 준다. 엘리베이터가 없는 게 흠이지만 픽업 서비스를 제공한다.

| Access | No. 6 Road, 레지던스 씨쑥 인근 |
|---|---|
| Cost | 더블 35$, 트윈(작은 침대+큰 침대) 40$, 트리플 45$ |
| Tel | 030-2828-972 / 020-5865-2620 |
| Web | pthotel.jimdo.com |

### Stay ❹

# 란캄 호텔 Lankham Hotel

이곳은 빡쎄의 저가 게스트하우스 중 가장 대표적인 숙소로, 거대한 콘크리트 건물에 수많은 방이 가득 차 있지만 성수기에는 방을 찾기 힘들 정도로 인기가 많은 곳이다. 특별할 것 없고, 라오스의 다른 지역 숙소보다 비싸지만 빡쎄의 높은 물가를 감안할 때 적당한 수준의 방과 시설이라 할 수 있다. 에어컨이 있는 디럭스룸은 새로 지은 만큼 깨끗한 편이지만 특별한 점은 없다.

| Access | No. 13 Road |
|---|---|
| Cost | 도미토리 4만K, 팬 더블룸 6만K, 에어컨 더블룸 10만K |
| | 에어컨 디럭스룸 15만K |
| Tel | 031-213-314, 020-5583-6888 |
| Email | lankamhotel@yahoo.com |

### Stay ❺
## 피 다오 호텔 Phi Dao Hotel 🛜

적당한 가격에 비교적 넓고 깨끗한 방을 갖추고 있어 인기가 많아 종종 객실을 찾기 힘들 때가 있다. 친절한 직원들 덕분에 빡쎄에서 가장 인기 좋은 호텔이다. 이곳에서 숙박을 하기 위해서는 무조건 예약을 해야 한다. 1층에는 카페가 있어 무료한 시간을 때우기도 좋다.

| | |
|---|---|
| Access | No. 13 Road |
| Cost | 창 없는 방 13만K, 창 있는 방 15만5,000K, 트리플 18만K |
| Tel | 031-215-588 |
| Email | phidaohotel@gmail.com |

### Stay ❻
## 빡쎄 호텔 Pakse Hotel 🛜

빡쎄의 대표적인 호텔이다. 약간 어둡지만 우아한 분위기의 복도에는 각종 예술품이나 전통 공예품들이 장식되어 있다. 에코룸은 창이 복도로 나 있어 어둡고 비좁은 편이며, 스탠더드와 수피리어룸 역시 조금 비좁지만 깔끔하다. 디럭스룸은 넉넉한 공간에 고급스러운 욕조를 갖추고 있으며, 일부는 발코니도 딸려 있다. 7층의 레스토랑은 빡쎄 시내 전체가 한눈에 보이는 전망으로 유명하다.

| | |
|---|---|
| Access | No.6 Road |
| Cost | 에코 25만K, 스탠더드 30만K, 수피리어 40만K, 파노라마 55만K, 미니스위트 75만K, VIP스위트 95만K |
| Tel | 031-212-131, 030-777-2297 |
| Web | www.paksehotel.com |

### Stay ❼
## 아테나 호텔 Athena Hotel 🛜

가장 세련된 분위기의 숙소이자 빡쎄에서 유일하게 수영장까지 갖추고 있는 곳이다. 번쩍거리는 마룻바닥과 야외 공동 테라스의 라탄 의자, 사이사이 장식된 열대나무로 시원하면서도 모던한 호텔 분위기가 물씬 풍긴다. 디럭스룸은 굉장히 넓은 방에 욕조까지 마련되어 있다.

| | |
|---|---|
| Access | No.13 Road |
| Cost | 디럭스 90$, 스탠더드 60$ / 부대 서비스 조식, 수영장 |
| Tel | 031-214-888 |
| Email | athena.pakse@gmail.com |
| Web | www.athena-pakse.com |

### Stay ❽
## 레지던스 씨쑥 Residence Sisouk 🛜

60년대 식민지 시대의 건물에 자리한 호텔로, 외관은 약간 밋밋한 건물이지만 1층의 카페 씨눅과 프런트 전체를 장식한 넝쿨나무, 각 객실의 고풍스러운 테라스가 분위기 있는 곳이다. 객실 내부로 들어서면 고전적인 테이블과 라탄 의자, 아기자기한 소품들이 다른 호텔보다 수준 높은 분위기를 풍긴다. 옥상에는 작지만 마치 유럽에 온 듯한 느낌을 주는 바가 있어 분위기 있는 시간을 보낼 수 있다. 빡쎄 시내에 있다.

| | |
|---|---|
| Access | No.11 Road, 여행 안내소 맞은편 |
| Cost | 스탠더드 50$, 수피리어 70$, 디럭스 100$ |
| Tel | 031-214-716, 020-5434-6006 |
| Web | www.residence-sisouk.com |

Intro

# 딷로
Tad Lo

딷로는 여유로운 강과 언덕, 크고 작은 폭포, 조그만 마을들이 아름다운 볼라벤 고원 안에 있는 마을이다. '반 쌘왕Ban Saen Vang'이라고 불리기도 하는 이곳은 저렴한 숙소, 폭포와 강, 숲이 가까이 있어 그 덕분에 좀 더 한적한 곳을 찾아 모여든 배낭여행객들에게 인기가 많은 곳이다. 숙소가 있는 마을이라고 해 봤자 왕복 5분 거리의 작은 길이지만 각지에서 몰려든 여행객들이 모여 조용하면서도 때로는 시끌벅적한 분위기를 만든다.

**+ 여행정보**

강변의 해먹에서 시간을 보내거나, 폭포 아래에서 쉬엄쉬엄 즐기며 볼라벤 고원을 둘러보고 싶다면 한 번쯤 묵어도 좋다. 건기에는 물이 많지 않고 탁한 편이므로 수영이나 폭포를 즐기고 싶다면 우기가 끝날 무렵이 가장 좋다. 인근 투어나 트레킹을 원한다면 마을 중심에 있는 여행 안내소를 찾아가보자. 빠라미 게스트하우스에서 일일 혹은 반일투어도 운영하고 있으니 참고할 것.

**+ 여행 안내소**

| | |
|---|---|
| Access | 딷로 삼거리에서 딷로 다리 방향 |
| Open | 08:00~16:30 |
| Tel | 020-5445-5907, 034-211-528 |

**+ 딷로의 교통정보**

빡쎄의 남부 터미널에서 쌀라완행 버스를 탑승하면 딷로에서 1.5km 떨어진 마을인 반 쿠아 쎗Ban Khoua Set을 지나간다. 반 쿠아 쎗 시장에서 하차 후 30분 정도 더 걸어가야 하는데, 뚝뚝이 있다면 1만K에 이용할 수 있으며 게스트하우스에 미리 예매를 하면 픽업서비스를 받을 수 있다. 다시 빡쎄로 나오려면 딷로 여행자 거리에서 시장까지 쌈러 택시(1인당 1만K)를 타면 된다. 택시뿐만 아니라 시장 맞은편에서 빡쎄로 나오는 버스(07:40, 09:20, 10:00, 11:00, 15:00, 16:30, 17:30 출발, 2시간, 3만K)도 이용할 수 있다. 버스 시간은 바뀔 수 있으니 숙소나 여행 안내소에서 다시 확인하자.

### Food
### ❶
### 빠라미 게스트하우스 Palami Guesthouse

땃로에서 가장 인기 있는 게스트하우스이자 레스토랑이지만 특별한 맛을 기대하진 말자. 전반적으로 간은 잘 맞는 편이다. 치킨 바비큐와 스프링 롤을 추천한다. 아늑한 분위기 덕에 가벼운 식사와 맥주를 하며 저녁 시간을 보내기 좋다. 냉장고가 부실해서 맥주가 덜 시원할 수는 있지만, 얼음을 달라고 하면 된다. 뒤쪽 정원에 위치한 방갈로도 비교적 깨끗하고 조용해 편안히 쉬기에 좋다.

| | |
|---|---|
| Cost | 방갈로 7만K, 맥주 1만2,000K, 치킨카레 2만5,000K 팟타이 1만5,000K |
| Tel | 030-962-0192 |

### Food
### ❷
### 그린 가든 레스토랑
### Green Garden Restaurant

그린 가든 게스트하우스에 있는 우아한 커피숍으로 마을에서 가장 훌륭한 조식을 판다는 플래카드에 쓰인 문구가 어색하지 않다. 과일을 넣은 뮤즐리, 달걀과 베이컨, 바게트 등 아침 세트메뉴뿐 아니라 베이컨 치즈 샌드위치도 일품이다. 갓 볶은 커피로 만든 훌륭한 블랙커피는 한 잔으로는 성에 차지 않을 만큼 훌륭한 맛이다.

| | |
|---|---|
| Access | 땃로 삼거리에서 남쪽으로 100m |
| Open | 07:00~19:00 |
| Cost | 커피 1만K, 조식메뉴 3만K~, 샌드위치 2만5,000K~ |

### Stay
### ❶
### 판디 게스트하우스 Fandee Guesthouse 📶

땃로에서 가장 세련된 분위기의 레스토랑이 있는 숙소로, 겨우 6개의 방갈로가 있을 뿐이어서 숙박을 원한다면 꼭 빡쎄에서 예약을 하고 가자. 방갈로는 허름하지만 깨끗하고 저렴하다.

| | |
|---|---|
| Access | 땃로 삼거리에 위치 |
| Cost | 방갈로 6만K |
| Email | welcome@fandee-guesthouse.com |
| Web | fandee-guesthouse.webs.com |

### Stay
### ❷
### 씨빠섯 게스트하우스
### Sipaserth Guesthouse 📶

강 바로 옆에 있어 운치 있는 게스트하우스로, 화장실 타일이 바닥에 깔린 저렴한 숙소지만 대체로 깨끗하므로, 비교적 쾌적하게 묵을 수 있다.

| | |
|---|---|
| Access | 땃로 다리 입구 |
| Cost | 가든뷰 방갈로 5만K, 리버뷰 방갈로 7만K, 에어컨 빌딩 9만K |

Intro

# 짬빠싹
Champasak

라오스 남부지방의 짬빠싹 왕국이 자리했던 곳으로, 라오스에서 가장 오래된 유적인 왓 푸 사원이 인근에 있다. 고대 왕국이 있었던 흔적을 찾기 힘든 작은 마을이지만 한적한 메콩 강변과 조용한 마을 풍경, 아직 발달되지 않은 관광업 덕분에 오히려 여행자들에게는 더욱 매력적인 곳이기도 하다. 빡쎄에서 한 시간 정도 거리에 있는 짬빠싹 시내에는 대여섯 개의 숙소와 두어 개의 레스토랑이 있을 뿐이지만 저렴한 게스트하우스에서 고급 호텔까지, 식당은 현지 라오스 음식점에서 태국이나 이탈리안 레스토랑까지 비교적 다양한 선택을 할 수 있다.

**+ 여행정보**

빡쎄에서 짬빠싹으로 오는 썽태우나 미니버스를 타면 대부분 짬빠싹의 숙소 앞까지 데려다주므로 대충 숙소를 정한 뒤 마음에 들지 않으면 마을을 천천히 걸어다니며 마음에 드는 곳을 찾으면 된다. 짬빠싹 마을 강 동쪽 편에는 돈 뎅 섬이 있는데, 약 5분 거리의 돈 뎅 섬 안에는 몇 개의 마을과 논밭, 물소 농장 등이 아기자기하게 있다. 이곳을 걷거나 자전거를 타고 한 바퀴 둘러본 뒤 넓은 모래강가에 앉아 일몰 무렵 붉게 물들어가는 강을 바라보는 것은 감동적이기까지 하다.

## 짬빠싹 드나들기

### ➕ 짬빠싹 시외교통

별도의 버스 터미널이 있는 것은 아니지만 빡쎄나 씨판돈행 썽태우를 각 숙소에서 예약할 수 있다. 씨판돈으로 가기 위해서는 짬빠싹 북쪽 2km 지점인 반 파핀Ban Phaphin에서 메콩 강을 건너 맞은편 반 므앙Ban Muang으로 간 뒤 그곳에서 다시 빡쎄에서 출발한 버스를 타고 반 핫 싸이 쿤Ban Hat Xai Khun(돈 콩 맞은편 선착장) 혹은 반 나까쌍Ban Nakasang(돈 뎃, 돈 콘 맞은편 선착장)까지 가면 된다. 여기서 배로 갈아타고 각 섬으로 들어가면 된다. 숙소에서 씨판돈행 버스표를 끊으면 보통 씨판돈 섬에 들어가는 배를 제외한 나머지 교통편(배+버스)을 연결해 준다. 반 핫 싸이쿤이나 반 나까쌍행은 08:00(6만K), 빡쎄행은 07:00(2만K), 13:00(5만K)에 출발한다.

### ➕ 짬빠싹 시내교통

짬빠싹 마을 자체는 무척 작아 걸어서 이동하면 된다. 마을 건너편의 돈 뎃 섬으로 건너가기 위해서는 세 사람까지 탈 수 있는 보트를 대절해야 하며 처음엔 왕복 10만K을 부르지만 협상이 가능하다. 왓 푸 사원으로 가기 위해서는 숙소에서 대여해 주는 자전거(1일 1만~2만K)를 이용하거나 뚝뚝(왕복 8만K)을 대절해야 한다. 뚝뚝은 사원 입구에서 기다려 주므로 원하는 시간만큼 머물 수 있지만, 오가는 길에 변변한 레스토랑이 없다는 점을 감안해야 한다.

Sightseeing

## ATOC 극장

인형극이나 무성영화를 상영하는 극장이다. 저녁 8시 반, 조용한 마을 한쪽에 있는 야외극장에 전 세계에서 온 여행자들이 모여 같은 시간을 보내는 것만으로도 색다른 느낌을 준다. 14명의 라오스 전통 악기 연주자, 가수, 코미디언, 성우들이 모여 전통 문화 보호와 관련한 공연을 펼치는데 영어와 프랑스어로 안내가 되지만 내용이 단순해서 전반적인 이해에는 큰 무리가 없다. 유쾌한 공연을 보고 있으면 한 시간이 훌쩍 지나가 버린다. 별빛 가득한 밤하늘 아래에 있는 이 작은 극장은 프랑스인이 운영하는데, 공연 일정이 유동적이니 미리 확인한 뒤 본인 일정과 공연 시간이 맞는다면 꼭 한번 들러보도록 하자. 극장 입구에서 당일 상영일정과 내용을 안내하는 팸플릿을 미리 구할 수 있다.

| | |
|---|---|
| Access | 여행 안내소 옆 |
| Open | 화·금 인형극 |
| | 수·토 무성영화 상영 |
| | (20:30, 1시간15분) |
| Cost | 관람료 5만K |
| Tel | 010-5508-1109 |
| | 020-5656-9214 |
| Email | ciam.laos@gmail.com |

Sightseeing

## 돈 뎅 Don Deng

짬빠싹 마을 옆을 지나는 메콩 강 중심에 있으며 라오스의 전원풍경을 원하는 여행자들에게 새롭게 각광받고 있는 곳이다. 작은 시골길을 따라 8개의 마을이 전통 가옥, 논밭과 학교, 물소 농장, 작은 사원들로 연결되어 있는데 아직도 외국인 여행자들을 보면 먼저 반갑게 인사하는 등 때 묻지 않은 모습을 볼 수 있다. 섬 전체를 도는 데는 두 시간 이상이 걸리는데, 짬빠싹 여행 안내소에서 섬으로 가는 보트를 대절할 수 있다. 강의 수위에 따라 모래강변이 생기는데 이곳에서 유유자적하며 메콩 강의 일몰을 감상하는 것도 좋다. 섬의 한쪽에서는 민박도 할 수 있으므로 좀 더 현지인의 삶을 가깝게 느끼고 싶다면 짬빠싹 여행 안내소에 문의해보자. 돈 뎅 섬 주변과 몇 개의 유적을 포함한 투어도 연계 가능하다.

| | |
|---|---|
| Access | 짬빠싹 마을 동쪽 메콩 강 중심 |
| | 5분 거리 |
| Cost | 보트 왕복 10만K(3인 기준) |

문의

| | |
|---|---|
| 짬빠싹 여행안내소 | |
| Tel | 031-511-011 |

## Sightseeing

### ❸ 왓 푸 Wat Phou

푸 까오Phou Kao 산 아래 위치한 '산의 사원', 왓 푸. 이곳은 고대 크메르인들이 지은 힌두 사원으로, 건설 시기는 정확히 알려지지 않고 있지만 대략 6~8세기에 착공하여 9~13세기경 완성된 것으로 보고 있다. 다른 크메르 사원들에 비해 그리 큰 편은 아니지만, 건축 당시에는 앙코르와트보다 더 중요한 사원으로 여겨 승려들이 매년마다 이곳으로 순례를 왔다고 한다. 일반적으로 크메르 사원은 우주의 중심인 메루 산을 상징하는 탑을 사원 중심에 건축한다. 그러나 왓 푸 사원은 인근 푸 까오 산 정상에 있는 약 10m 높이의 바위 부분을 시바 신을 상징하는 '링가Linga(보통은 남근 모양의 기둥)'로 보아 이 산(고대인들은 링가 산이라고 불렀다)의 산꼭대기부터 강변까지를 축으로 삼아 약 10km에 걸쳐 사원, 사당, 수로 역할을 하는 메콩 강을 기하학적으로 배치하였다. 자연과 인간의 관계를 힌두교적 관점으로 표현한 왓 푸 사원은, 주변 자연과 영적 의미를 통합하여 상징적인 경관을 만들어 낸 뛰어남이 인정되어 2001년 유네스코 세계문화유산에 등재되었다.

최근에 있었던 연구에 의하면 서쪽으로는 푸 까오 산, 동쪽으로는 메콩 강둑에 이르는 짬빠싹 평원이 있어 이곳이 과거에는 세련된 문화의 중심지였다는 것이 밝혀졌다. 짬빠싹 평원 중심에는 사원, 사다이, 저수로, 수로, 채석장, 앙코르로 가는 고대의 길이 있다. 13세기 크메르 제국이 붕괴되기 직전 짬빠싹 문화는 마지막 꽃을 피우고 사라졌다. 란쌍 왕국 이후 이곳은 테라바다 불교로 개종하고 사원 내부에 불상을 모시면서 중요한 불교 사원이 되었다. 매년 10월에는 이곳에서 성대한 왓 푸 축제가 열리며, 전국에서 불교 순례자들이 왓 푸 사원을 방문한다.

| | |
|---|---|
| Access | 짬빠싹에서 8km 남서쪽에 위치 |
| Open | 08:00~16:00 |
| Cost | 5만K(왓 푸 내부의 전동차 이용료, 박물관 입장료 포함) |

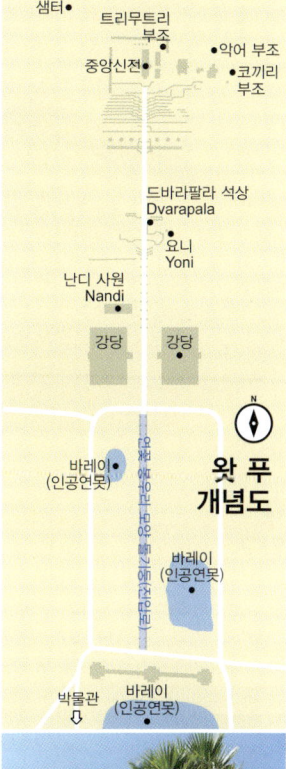

### Wat Phou

## 왓 푸 짬빠싹 박물관 Wat Phou Champasak Museum

유적지에 대한 전반적인 설명과 함께 잘 보존된 조각품들이 전시되어 있다. 시바 신을 상징하는 링가 외에도 코끼리 형상을 한 가네샤나 독수리 형상의 가루다, 비슈누의 형상 외에도 8세기에 만들어진 부처의 조각상까지 다양한 모양과 크기의 전시품이 있어 라오스의 박물관 중에서는 가장 흥미로운 곳이기도 하다. 짬빠싹 매표소를 지나면 바로 맞은편에 위치하므로, 유적을 둘러보기 전에 먼저 방문해보자. 내부 촬영은 금지되어 있다.

Access 왓 푸 유적 입구

### Wat Phou

## 입구

왓 푸에는 크메르 사원에서 자주 볼 수 있는 바레이(인공 연못)Baray가 중앙통로 옆쪽에 있다. 인공 연못을 지나면 양쪽으로 연꽃 봉우리 모양 돌기둥이 있는 긴 진입로에 들어서게 된다. 푸 까오 산으로 곧바로 나 있는 한적한 진입로를 걸어 들어가면 두 개의 강당이 나타난다. 이 강당은 순례자를 위해 만들어진 것으로, 오른쪽은 남자, 왼쪽은 여자를 위한 건물이라고 한다. 왼쪽 강당 뒤편에는 힌두교의 시바Shiva 신이 타고 다니던 황소, 난디Nandi를 위한 사원이 있다. 현재 이 난디 상은 박물관에 전시되어 있다.

### Wat Phou
**③**
# 진입로

진입로는 도중에 막혀 있어서 왼편이나 오른편으로 돌아 올라가야 하는데, 오른편으로 오르면 보이는 몸통만 남은 석상은 방치된 듯 누워 있고, 여성의 성기를 상징하는 '요니'도 있다. 요니는 시바 신의 배우자인 샤크티 여신의 상징물로, 대체로 시바 신의 '링가'와 결합된 상태로 발견된다고 한다. 다시 조금 더 걷다 보면 작은 계단을 오르게 되는데 계단 옆에는 힌두 사원의 입구에서 종종 볼 수 있는 무시무시한 수호자 '드바라팔라'가 서 있다. 계단 옆으로는 라오스의 국화인 독짬빠 나무가 있어, 운이 좋으면 청순한 흰색 독짬빠가 흐드러지게 피어 있는 모습을 볼 수 있다.

### Wat Phou
**④**
# 중앙신전

진입로의 끝에는 가파른 계단이 있으며 계단을 오르다 보면 중앙신전이 나온다. 훗날 불교 사원으로 변했지만 건물 자체는 전형적인 크메르 초기 건축 양식으로 지어졌다. 중앙신전의 정문 출입문 좌우로는 드바라팔라(수문장)와 데바타(여신)의 형상이 잘 보존되어 있다. 건물 뒤쪽에는 여러 개의 얼굴을 가진 시바 신, 브라마(좌), 비슈누(우)의 형상을 볼 수 있다. 성소 가운데에는 원래 링가가 있었지만, 지금은 여러 종류의 불상들로 가득 차 있다.

중앙신전 오른쪽에는 악어와 코끼리 문양이 새겨진 바위가 있고, 성소 뒤편에 있는 건물 뒤쪽에는 얕은 동굴이 있다. 이곳에는 지하수가 흐르는데 현지인들은 이 물을 성스럽게 생각해 일부러 물병에 담아가기도 한다. 본당 주위에는 시원한 그늘이 많으므로 메콩 강이 보이는 유적의 경관을 감상하며 여유를 만끽해보자.

### Food

## 프라이스 앤 류재니 레스토랑 Frice & Lujanie Restaurant

원래 이탈리아인이 운영하던 레스토랑이었는데 현재에는 라오스 현지인이 운영 중이다. 하지만 맛은 예나 지금이나 여전하다. 비교적 깔끔한 라탄 테이블에 테이블보도 깔아 준다. 나름 괜찮은 파스타가 라오스 현지 음식에 지친 속을 달래준다.

| | |
|---|---|
| Access | 여행 안내소 북쪽 700m, 메콩 강변 |
| Cost | 파스타 4만K, 콜라 1만K |

### Food
②

## 더 키친 The Kitchen

제대로 된 레스토랑의 분위기와 음식을 원한다면 이곳을 추천한다. 태국 음식이나 서양 음식의 평이 좋은 편이고, 라오스 음식은 평범한 수준이다. 작지만 짬빠싹에서 가장 고급스러운 곳이다.

| | |
|---|---|
| Access | 인티라 호텔 1층 |
| Cost | 팟타이 2만8,000K |
| | 볶음밥 2만8,000K |

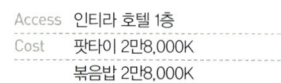

### Food

## 짬빠싹 위드 러브 Champasak With Love

짬빠싹에서 인기 있는 강변 레스토랑으로, 태국 음식을 맛볼 수 있다. 짬빠싹의 젊은이들이 모여 과일 셰이크나 맥주를 마시는 모습을 종종 볼 수 있다. 태국 음식이 아주 특별하지는 않지만 메콩 강을 향해 탁 트인 위치와 깔끔한 테이블이 이곳의 매력 포인트다.

| | |
|---|---|
| Access | 여행 안내소 북쪽 500m, 메콩 강변 |
| Cost | 똠얌꿍 4만K, 볶음국수 2만K |
| Tel | 030-0926-5926 |

### Stay ①
## 싸이통 게스트하우스
Saythong Guesthouse

메콩 강변을 향한 넓은 레스토랑, 새로 리모델링 중인 건물의 깨끗한 실내와 욕실, 넓은 창문, 극장과 여행 안내소가 가까운 편리한 위치 등을 갖춘 곳이라 짬빠싹에서 가장 인기 있는 숙소라 할 수 있다. 건물의 리모델링이 완성된 후에는 가격이 오를 수도 있지만 진행 속도를 봐서는 한두 해는 더 걸릴 것 같다.

| Access | 여행 안내소 남쪽 300m, 메콩 강변 |
|---|---|
| Cost | 팬룸 5만K |
| Tel | 020-2220 |

### Stay ②
## 인티라 호텔 Inthira Hotel

라오스에서 유명한 호텔 체인점으로, 작지만 고급스럽고 세련된 실내 인테리어와 체계적인 서비스를 자랑한다. 다른 곳보다는 서비스나 청결도가 약간 떨어지는 편이지만 짬빠싹 마을에서 묵고 싶다면 가장 편리한 위치에 있는 이곳을 추천한다. 메콩 강변 쪽 2층짜리 건물의 스탠더드룸은 같은 가격이라도 1층의 객실이 훨씬 넓고 욕조도 있다. 전체적으로 흠잡을 데 없이 우아한 디자인이지만 욕실 전등이 켜지지 않거나 헤어드라이어가 작동되지 않는 등 부실한 점이 종종 발견된다.

| Access | 여행 안내소 남쪽 600m |
|---|---|
| Cost | 스탠더드(트윈) 71$, 방갈로(트윈) 100$, 듀플렉스(복층, 더블) 114$ |
| Tel | 031-511-011 |
| Email | bookingch@inthira.com |
| Web | www.inthira.com |

### Stay ③
## 캄푸이 게스트하우스
Khamphouy Guesthouse

오렌지색 외관의 숙소가 눈에 띄는 작은 게스트하우스로, 메콩 강변이 아닌 안쪽 거리에 있는 것이 조금 실망스럽긴 하지만 콘크리트 건물에 타일 바닥을 갖춰 비교적 가격 대비 쾌적한 곳이다. 특히 가장 바깥쪽에 있는 테라스가 딸린 방이 답답하지 않으면서도 여유로운 분위기를 풍겨 인기가 많다.

| Access | 여행 안내소 남쪽 300m |
|---|---|
| Cost | 팬룸 4만~5만K |
| Tel | 031-511-010 |

### Stay ④
## 르 폴리 롯지 Le Polie Lodge

돈 뎅 섬 내에 있는 최고급 호텔로 고급스러운 방갈로와 레스토랑 외에 작은 수영장까지 완벽하게 갖춰져 있다. 건기에는 호텔 앞에 넓은 모래강변이 만들어지고 한적한 강가를 지나는 물소 떼들이 여유로운 라오스 시골풍경을 완성한다. 메콩 강 동쪽에 위치해서 호텔 레스토랑이나 수영장의 선베드에 누워 아름다운 일몰을 볼 수 있는 것도 큰 장점이다. 픽업서비스나 교통 서비스가 없으므로 주변 지역을 돌아다니기에는 불편한 점이 있다.

| Access | 돈 뎅 섬 서쪽 강변 |
|---|---|
| Cost | 스탠더드 90$, 스탠더드 메콩뷰 180$ |
| Tel | 030-534-7603, 020-5553-2004 |
| Email | reservation@lafolie-laos.com |
| Web | www.lafolie-laos.com |

Intro

# 씨판돈
Si Phan Don

라오스 남부 짬빠싹 주와 캄보디아 국경이 맞닿은 메콩 강 하류에는 많은 섬과 물길이 흩어져 있어 '씨판돈(4,000개의 섬)Si Phan Don'이라고 불린다. 우기와 건기에 강물의 수위가 달라짐에 따라 섬의 개수도 달라지는데, 건기에 가장 많은 섬을 볼 수 있다. 주로 캄보디아 국경을 넘는 배낭여행객들이 잠시 쉬어 가기 위해 들르는 곳인데, 특별히 할 일이 없는 곳임에도 불구하고 예정보다 더 오래 게으름을 피우게 되는 곳이다.

### ✚ 여행정보
씨판돈의 수많은 섬(돈Don) 중에서 여행객을 위한 편의시설이 구비되어 있는 곳은 돈 콩Don Khong, 돈 뎃Don Det, 돈 콘Don Khon 섬이다. 그중 가장 큰 돈 콩은 최근에 다리가 건설되어 육지와 연결되었다. 이곳은 여행객들이 많이 찾지는 않지만 한적하고도 여유로운 씨판돈의 아름다움이 가장 많이 남아 있는 곳이다. 남쪽의 돈 뎃과 돈 콘은 프랑스 식민지 시절 건설한 다리로 서로 연결되어 있고, 씨판돈을 향하는 여행객들 대부분이 돈 뎃에 머물지만 좀 더 마을 사람들과 어울릴 수 있는 여유로운 분위기를 원한다면 돈 콘에 묵는 것도 좋다. 어느 섬에 묵든지 대부분의 숙소나 레스토랑, 여행사가 선착장 부근에 자리하고 있어 편리하게 여행할 수 있다.

### ✚ 씨판돈 교통정보
메콩 강 동쪽 강변을 지나는 도로가 북쪽으로는 빡쎄, 남쪽으로는 캄보디아로 향한다. 돈 콩은 최근에 다리가 건설되었지만, 여행객들은 여전히 섬 맞은편 강변에서 배를 타고 각 섬의 선착장으로 들어서게 된다. 돈 콩은 반 핫 싸이 쿤Ban Hat Xai Khoun, 돈 뎃과 돈 콘은 반 나까쌍Ban Nakasang에서 버스와 보트를 갈아타게 된다. 각 섬에서 나올 때는 개별적으로 보트를 흥정해서 타고 나온 뒤 반 핫 싸이 쿤이나 반 나까쌍에서 버스 티켓을 별도로 구입할 수도 있지만, 각 섬의 여행사에서 판매하는 연계 교통편을 이용하는 것이 더 저렴하고 편리하다. 여행사에서 빡쎄나 북쪽 주요 도시, 혹은 캄보디아행 버스 티켓도 쉽게 구입할 수 있다.

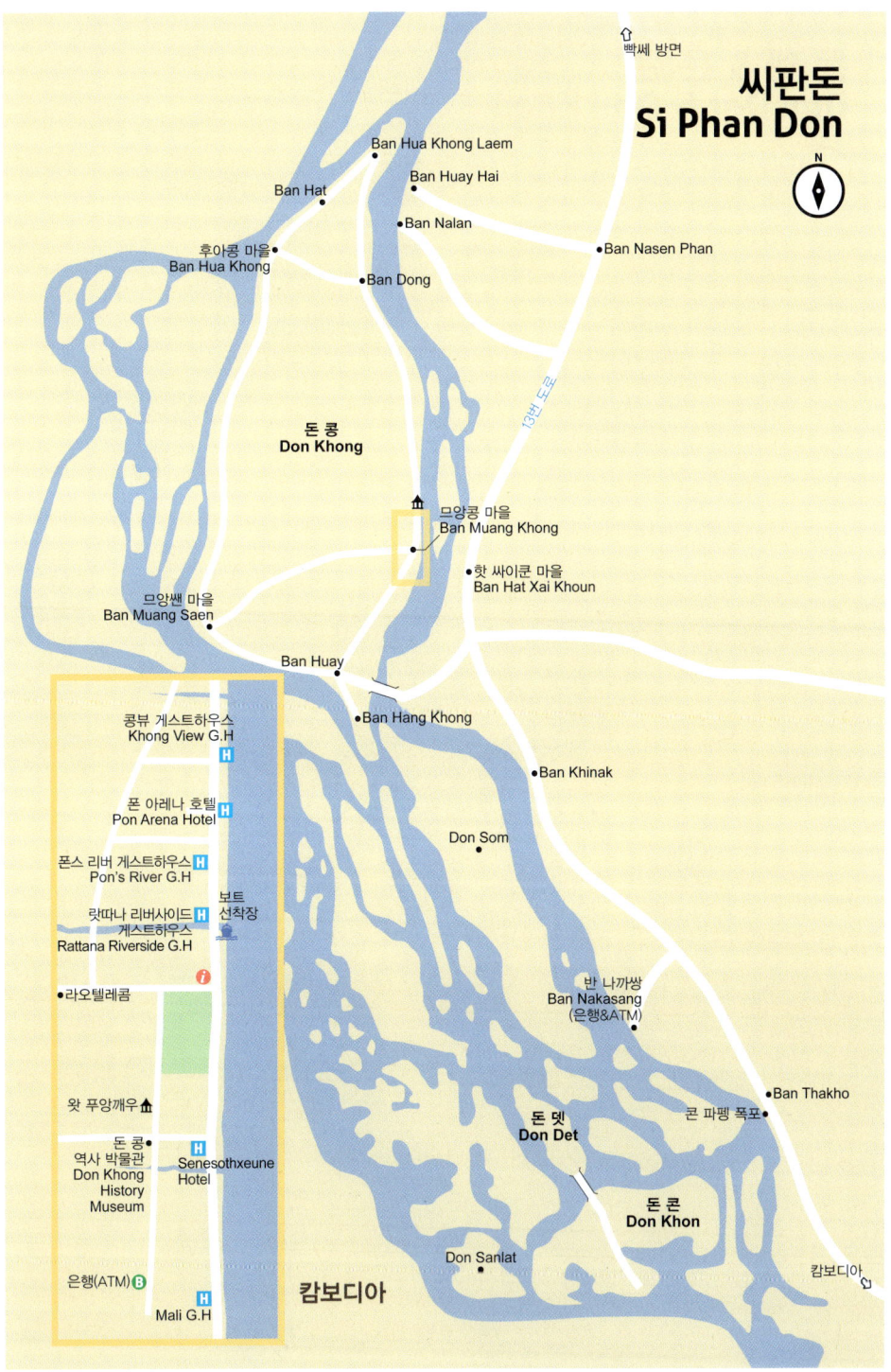

Intro

# 돈 뎃
Don Det

돈 뎃과 돈 콘은 작은 다리로 연결되어 있는데, 씨판돈을 찾는 많은 배낭여행객들은 주로 돈 콘 북쪽에 위치한 선착장 부근 여행자 거리에 많이 머문다. 돈 콘의 동쪽은 일출 지역, 서쪽은 일몰 지역으로 부르는데 복잡한 여행자 거리가 싫다면 강변을 따라 형성되어 있는 작은 방갈로에서 느긋한 시간을 보낼 수도 있다. 사원 하나 없는 밋밋한 섬이지만 그래서 오히려 아무것도 하지 않으면서 시간을 보내려는 여행자들에게 인기 만점인 곳이다.

### ➕ 여행정보
돈 뎃에는 자동차는커녕 오토바이도 드물어, 대부분의 여행자는 자전거(대여료 1만K)를 이용한다. 돈 뎃 안에는 특별한 볼거리가 없어 남쪽의 돈 콘까지 가야 하는데 뜨거운 한낮의 더위를 피하고 싶다면 아침 일찍 출발하는 게 좋다. 돈 뎃과 돈 콘을 연결한 다리(French Bridge)에서는 3만5,000K을 통행료로 요구하는데 여기에는 쏨파밋 폭포(리피 폭포) 입장료도 포함되어 있다. 매표소는 아침 8시부터 오후 4시까지 운영한다. 사설 환전소가 있지만 은행이나 ATM이 없으므로 좋은 환율을 원한다면 미리 환전을 하고 들어가는 것이 유리하다.

### ➕ 돈 뎃 교통정보
라오스 최남단의 섬답게, 캄보디아로 향하는 여행자들이 많다. 그 외에 베트남이나 태국, 혹은 라오스 북부로 가기 위해서는 빡쎄에서 갈아타야 한다. 라오스 남부는 뚝뚝이나 보트 바가지가 심하므로 개별적인 이동보다는 여행사의 보트, 버스 연계 상품을 이용하는 것이 편리하다.

| 노선 | 출발시간 | 요금 | 소요시간 |
| --- | --- | --- | --- |
| 캄보디아 | 08:00 | 5$ | 2시간(국경까지) |
| 빡쎄, 짬빠싹 | 11:00 | 5만K | 3시간 |
| 반 나까쌍-돈 뎃 | 수시출발 | 1만5,000K(보트) | 20분 |

Activity
①
# 카약 투어

여행사에서 카약, 튜빙, 선셋 파티, 아일랜드 투어 등 각종 투어 프로그램을 운영하지만 실상 선택할 수 있는 투어는 많지 않고 일일 카약 투어가 가장 보편적이다. 카약을 타고 돈 뎃 선착장을 출발하여 남쪽으로 한 시간쯤 내려간다. 돈 콘에 도착해서는 카약을 내려 나무가 울창한 마을길을 20분 정도 걸어 콘 파쏘이 폭포에서 잠시 휴식을 취한다. 다시 폭포 남쪽에서 카약을 타고 씨판돈의 명물인 민물돌고래가 서식하는 캄보디아 국경에서 돌고래를 찾아 헤매다가 점심식사를 한다. 식사를 마친 후 동남아에서 가장 큰 폭포인 콘 파펭 폭포를 구경하고 다시 반 나까쌍으로 썽태우를 타고 이동한다. 이후 돈 뎃 북쪽 선착장까지 카약을 타고 내려오면 투어 끝. 투어 비용에는 물이나 모자, 구명조끼 외에도 조식과 바비큐 비용까지 포함되어 있다. 하루 종일 카약을 하게 되므로 생각보다 훨씬 힘든 일정이지만 씨판돈의 가장 중요한 볼거리가 모두 포함되어 있는 투어이므로 체력에 자신 있다면 도전해보자. 돈 뎃 주변의 강은 지역에 따라 위험한 곳도 있지만 가이드의 지시를 잘 따르면 안전하게 투어를 마무리할 수 있다. 강의 물살이 빨라지는 우기에는 권하지 않는다.

Cost | 18만K

# Food

사실 돈 뎃에서 맛집을 찾기란 쉬운 일이 아니다. 대부분의 게스트하우스에서는 고객들이 숙소 내의 음식점을 이용하게 하려고 애를 쓰는 반면 맛은 거기서 거기이므로 분위기에 따라 식당을 고르는 것도 나쁘지 않은 선택이다. 메인 거리가 좁은 지역인 만큼 천천히 둘러보며 마음에 드는 곳을 선택해보자. 대부분의 레스토랑은 아침 8시경에 문을 열고 10시 전에 문을 닫는다.

### Food ❶

## 국숫집 Noodle Shop

주로 현지인들이 찾는 작은 식당으로, 간단한 볶음국수나 일반국수, 혹은 볶음밥을 판매한다. 고기가 든 메뉴보다는 고기가 없는 음식이 좀 더 깔끔해 입맛에 맞는 편이다. 특별히 맛있는 먹거리를 찾기 힘든 돈 뎃에서 그나마 한국인의 입맛에 맞는 음식을 먹을 수 있는 곳으로 가격도 저렴하다.

Access 요말레이 게스트하우스 맞은편
Cost 쌀국수 1만K, 콜라 5,000K

### Food ❷

## 쎙타완 게스트하우스 레스토랑
Sengthavan Guesthouse Restaurant

쎙타완 게스트하우스에서 운영하는 레스토랑으로 특별한 재료가 들어가는 것도 아니지만 적당히 간이 되어 있어 입맛에 맞는 편이며 인근 식당보다 저렴하다. 역시 일몰을 감상하기에 더없이 좋은 분위기로 적당히 기댈 수 있는 쿠션이 있어 할 일 없는 대낮에도 음료를 마시며 유유자적하기 좋다.

Access 서북쪽 메콩 강변
Cost 생과일 주스 5,000K~, 치킨 팟타이 1만5,000K~

### Food ❸

## 아담스 바 앤 레스토랑
Adams Bar & Restaurant

중심가에 있는 레스토랑으로, 얼핏 보면 평범한 레스토랑이지만 저녁 6시 반부터 시작하는 뷔페가 무척 인기 있는 곳이다. 각종 꼬치구이나 볶음국수 등 푸짐한 음식을 먹을 수 있는데 생각보다 특별한 먹거리를 찾기 힘든 씨판돈에서 외국인 여행자들에게 인기 있는 몇 안 되는 레스토랑이다.

Access 선착장 인근
Open 06:30~21:30    Cost 뷔페 5만K

Food ④

## 재스민 인도 식당
Jasmine Indian Restaurant

선착장 인근에 위치하면서도 강변을 향해 탁 트인 전망이 근사한 인도 음식점이다. 전망 못지않게 훌륭한 인도 카레와 난을 먹을 수 있어 많은 여행자들에게 인기가 있다. 사모사는 평범한 맛에 비해 살짝 비싼 편이다.

| Access | 선착장 인근 |
|---|---|
| Cost | 카레 1만5,000K~, 난 7,000K~, 사모사 1만2,000K~ |

Food  ⑤

## 버거 콩 Burger Kong

특별히 크거나 각종 야채가 멋들어지게 들어간 버거는 아니지만, 역시나 먹을 것이 부족한 돈 뎃 중심가에서 그나마 맛집으로 인기 있는 곳이다. 현지 음식에 질렸을 때 이곳에서 판매하는 치즈버거를 먹어보자.

| Access | 선착장 인근 |
|---|---|
| Open | 17:00~21:00 |
| Cost | 버거 3만5,000K~ |

Food  ⑥

## 화이자 인도 식당 Faija Indian Restaurant

솔직히 일반적인 메뉴는 근처의 재스민 레스토랑이 낫지만 간단한 바나나 라시, 혹은 아침에 먹을 수 있는 요구르트 샐러드 등은 나쁘지 않으며 일단 가격이 조금 더 저렴하다. 입구의 사모사 노점에서는 저렴한 사모사를 낱개로도 판매하므로 간식거리로 먹기에 좋다.

| Access | 선착장 인근 | Open | 07:00~21:00 |
|---|---|---|---|
| Cost | 바나나 라시 1만K, 사모사 1만2,000K | | |
| | 마살라도사 2만5,000K | | |

Food  ⑦

## 해피 바 & 레스토랑
Happy Bar & Restaurant

젊은 여행자들이 모여 남은 열기를 발산하기에 최적인 장소로 강변으로 탁 트인 레스토랑에 앉아 일몰을 바라보며 술 한잔하기 좋다. 음식이 전반적으로 짜게 나오긴 하지만 비교적 괜찮은 맛이다. 밤에는 히피풍의 여행자들이 모여 술을 마시거나 비디오를 보며 이야기를 나누곤 한다.

| Access | 서북쪽 메콩 강변 | Open | 07:00~24:00 |
|---|---|---|---|
| Cost | 생과일 주스 8,000K~, 치킨 팟타이 2만K~ | | |

## Food

### 포싸우전드 아일랜드 바 & 레스토랑
4000 Island Bar & Restaurant

돈 뎃 선착장 인근에 숙소를 잡는 여러 이유 중 하나가 바로 이곳이다. 낮에는 한적하다가도 밤이면 젊음의 열기를 물씬 느낄 수 있는 곳으로 변한다. 각국에서 모인 여행자들의 만남의 장소인 만큼 여유로우면서도 약간은 들떠 있는 분위기가 자정까지 계속된다. 일주일에 한 번은 인근의 섬으로 비치 파티를 떠나는데, 바 앞쪽에 안내문이 걸려 있으니 일정이 맞으면 한번 문의해보자.

| | |
|---|---|
| Access | 선착장 인근 |
| Open | 07:00~24:00 |
| Cost | 국수 2만K, 피자 4만5,000K, 라오 맥주 1만2,000K |
| | 비치 파티 3만5,000K |

## Food

### 선셋 아일랜드 레게 바 & 레스토랑
Sunset Island Reggae Bar & Restaurant

레게머리를 한 주인장이 운영하는 선착장 인근의 바로, 일몰 쪽에 위치한 해피 바와 함께 최근 가장 핫한 공간이다. 대낮부터 카드 게임을 하거나 술을 마시면서 시간을 보내려는 많은 여행객들이 들르는 곳으로 밤에는 이따금씩 가게 한쪽에서 라이브 공연도 열린다. 이곳만의 선셋 파티나 튜빙 투어는 이름만큼이나 시끌벅적한 분위기다.

| | |
|---|---|
| Access | 선착장 인근 |
| Open | 07:00~24:00 |
| Cost | 라오 맥주 |
| | 1만2,000K |
| | 국수 1만5,000K |
| | 피자 4만K |

## Café

### 빈 데어 돈 뎃 커피숍
Bean There Don Det Coffeeshop

세련되지 않고 약간 어수선한 감이 있지만 자다 깬 아주머니가 내려주는 커피의 맛만은 일품이다. 일몰을 바라볼 수 있는 탁 트인 강변에서 시원한 바람을 맞으며 한 잔 마시는 아이스 카푸치노는 씨판돈의 더위를 날려버리기에 손색이 없다.

| | | | |
|---|---|---|---|
| Access | 선셋 방갈로 옆 | Open | 07:00~20:00 |
| Cost | 아이스 아메리카노 1만K, 아이스 카푸치노 1만2,000K | | |

## Café

### 미스터 빈스 커피 하우스
Mr. Bean's Coffee House

캐나다에서 온 영어 선생님이 새로 오픈한 커피숍으로 외관은 좀 허름하지만 갓 로스팅한 원두로 만든 커피를 마실 수 있다. 아메리카노와 함께 치즈 케이크나 초콜릿 케이크를 간식 삼아 즐기기에 좋다. 아침으로 치즈를 얹은 토스트나 두유에 탄 뮤즐리가 무난하지만 느끼한 크림이 얹어진 카푸치노는 추천하지 않는다.

| | |
|---|---|
| Access | 선착장 인근 |
| Open | 07:00~20:00 |
| Cost | 아메리카노 1만K |
| | 블루베리 |
| | 치즈 케이크 |
| | 2만5,000K |

# Stay

돈 뎃 북쪽 선착장 부근은 각종 레스토랑이나 숙소가 몰려 있다. 숙소는 대부분 허름하고 낡은 방갈로 형태이지만, 최근 깔끔한 콘크리트 빌딩들이 곳곳에 생겨나고 있다. 강변의 레스토랑에서 시간을 보내더라도 숙소는 깔끔한 곳을 원하는 경우에 만족할만한 숙소를 얻을 수 있다.

## Stay

### 요말레이 게스트하우스 Yommalay Guesthouse

깨끗한 2층 건물에 비교적 넓은 방, 편안한 침대, 넓은 창문이 있어 쾌적한 곳이다. 비록 메콩 강변이 잘 보이지는 않지만 저렴한 가격에 깨끗한 숙소에서 묵고 싶다면 고려해보자. 숙소 맞은편에 허름하지만 맛있는 국숫집도 있다.

| | |
|---|---|
| Access | 선착장 인근에서 서쪽 강변으로 향하는 골목 입구 |
| Cost | 팬룸 8만K, 에어컨룸 12만K |
| Tel | 020-9769-6935 |

## Stay

### 리버 가든 River Garden

강변을 바라볼 수 있는 몇 개의 방갈로가 우거진 나무에 둘러싸여 있는 이곳은, 레스토랑과 함께 운치 있는 풍경을 만드는 곳이다. 방갈로는 기본적인 구조이고 깨끗한 편이며 방갈로 앞 데크의 해먹에 누워 강변에서 불어오는 바람을 맞으며 한낮의 열기를 식힐 수 있다. 외딴 곳에 있는 숙소이지만 숙소나 레스토랑 모두 인기 있는 편이므로 그다지 외롭지 않게 지낼 수 있다. 무엇보다 친절한 매니저가 더욱 아늑한 분위기를 만든다.

| | |
|---|---|
| Access | 동쪽 강변 |
| Cost | 팬룸 4만~5만K / 조식 불포함 |
| Tel | 020-7770-1860 |

## Stay

### 마마 류아 Mama Leuah

기본적인 나무 방갈로 구조이지만 겉보기에도 세련된 느낌이며 실내도 상당히 깔끔하다. 욕실을 두 방갈로가 함께 쓴다는 점이 옥의 티이지만, 욕실 역시 청결한 편이다. 강변을 향해 나 있는 방갈로 아래쪽에도 넓은 공간의 잔디와 벤치가 있어 매우 시원하다. 한쪽에 있는 레스토랑 역시 세련된 음악과 음식을 저렴한 가격으로 즐길 수 있어 할 일 없이 시간을 보내기에 더없이 좋은 곳이다.

| | |
|---|---|
| Access | 동쪽 강변 |
| Cost | 팬룸(공동욕실) 6만K / 조식 불포함 |
| Tel | 020-5907-8792 |
| Web | www.mamaleuah-dondet.com |

## Stay
### ❹
### 쎙타완 게스트하우스
Sengthavan Guesthouse

허름하고 매우 기본적인 시설만 있는 방갈로지만 썬셋 쪽에서는 저렴하면서도 깨끗한 편인 숙소로, 강변 쪽의 저렴한 레스토랑과 마주하고 있다. 게스트하우스 내에 있는 레스토랑도 가장 저렴한 가격이지만 맛은 나쁘지 않다.

| Access | 서쪽 강변 |
|---|---|
| Cost | 팬 방갈로 8만K / 조식 불포함 |
| Tel | 020-5613-2696 |

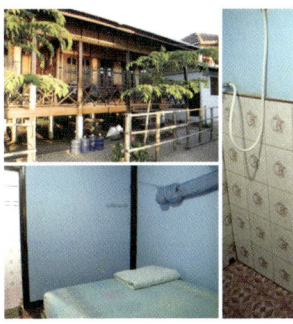

## Stay
### ❺
### 선셋 방갈로 Sunset Bungalows

매우 기본적인 방갈로지만 조용한 곳에 있으면서도 저렴하고 깨끗하다. 메콩 강 바로 앞에 있어 느긋하게 해먹에 누워 일몰을 감상하기에는 최고인 숙소. 선착장 부근에 있어 이동하기에도 편리하다. 방갈로 옆에 있는 빈 데어 돈 뎃 커피숍 Bean There Don Det Coffeeshop 에서는 돈 뎃에서 가장 맛있는 커피를 판매한다.

| Access | 서쪽 강변 |
|---|---|
| Cost | 팬방갈로 10만K / 조식 불포함 |
| Tel | 020-9788-2978 |

## Stay
### ❻
### 르 비 쥬 게스트하우스
Le Bi Jou Guesthouse

돈 뎃의 레스토랑이 밀집한 북쪽 거리의 중심에 있다. 넓은 정원 안쪽에 있는 2층 건물로 새로 지은 지 얼마 안 되어 방이 깨끗한 편이며, 방도 비교적 넉넉한 크기여서 쾌적하게 지낼 수 있다. 입구의 원더풀 투어 Wonderful Tour 여행사에서 운영하는 게스트하우스이다.

| Access | 선착장 인근 여행자 거리 중심 |
|---|---|
| Cost | 팬룸 10만K<br>에어컨룸 15만K<br>조식 불포함 |
| Tel | 020-5570-5173<br>030-955-1522 |

## Stay
### ❼
### 리틀 에덴 호텔 Little Eden Hotel

돈 뎃에서 유일한 호텔 급 숙소로, 서비스는 다소 부실하지만 돈 뎃에서 가장 고급스럽고 깨끗하다. 일몰을 감상하기에 가장 좋은 돈 뎃 북서쪽 끝에 있다. 어수선한 선착장에서도 떨어져 있어 조용한 분위기로, 대부분의 객실에서 메콩 강이 바로 보이지는 않지만 강변의 고급스러운 레스토랑에서 조용하게 일몰을 즐기기에 좋다.

| Access | 돈 뎃 북서쪽 강변 |
|---|---|
| Cost | 스탠더드 40$~ |
| Tel | 030-534-6020 |
| Web | www.littleedenguesthouse-dondet.com |

Intro

# 돈 콘
Don Khon

여행자를 위한 시설은 적지만 오히려 메콩 강의 자연을 즐기기 좋은 섬이다. 몇 개의 사원과 웅장한 폭포, 유유자적하기 좋은 강변과 아기자기한 마을까지 다양한 볼거리가 있고, 우거진 나무그늘 아래 깔린 철길을 따라 넓고 평평하게 나 있는 도로가 섬의 남북을 연결하고 있어 자전거를 타고 돌아다니기에도 안성맞춤이다.

### ✚ 여행정보

돈 뎃과 연결된 다리를 기준으로 동쪽의 반 콘 Ban Khone 마을에 대부분의 숙소와 레스토랑이 모여 있다. 돈 콘 역시 자동차와 오토바이를 찾기 힘든 곳이며, 숙소에서 자전거(대여료 1만K)를 대여할 수 있다. ATM, 우체국 등의 편의시설은 전혀 없으므로 미리 환전을 넉넉히 하고 들어오는 것이 좋다. 다리를 이용해 돈 뎃에서 돈 콘으로 향할 때는 통행료를 내지 않아도 되지만, 돈 콘에서 돈 뎃으로 향할 때는 통행료를 내야 한다. 통행료(3만5,000K)에는 땃 쏨파밋(리피 폭포) 입장료가 포함되어 있다.

### ✚ 돈 콘의 교통정보

돈 콘의 여행사는 돈 뎃의 여행사와 연계한 상품을 판매하므로, 일부러 돈 뎃까지 가지 않아도 다양한 여행 상품을 편리하게 구할 수 있다. 여행사를 통해 교통편을 구매하면 돈 콘 선착장에서 출발하여 돈 뎃까지 간 후 그곳에서 좀 더 많은 인원과 함께 반 나까쌍으로 나가서 버스나 미니밴으로 갈아타게 된다. 배편이 많지 않으므로 하루 전에 미리 예약하는 것이 좋다. 반 나까쌍과 돈 콘 간의 보트 요금은 편도 2만K, 돈 콘과 돈 뎃 사이 보트 요금은 편도 5,000K이다. 대부분의 보트는 오전에 돈 콘에서 출발한다.

Sightseeing

## 콘 파펭 폭포 Khon Phapheng

동남아시아에서 가장 큰 폭포로 유명한 콘 파펭 폭포는, 높이가 21m, 폭이 9.7km에 달하는 폭포다. 우기에는 폭이 14km까지 늘어나기도 한다. 티벳에서 발원하여 약 4,180km를 흐르는 메콩 강이 바다가 없는 라오스의 젖줄 역할을 하면서 1,500km를 흘러 캄보디아와의 접경 지역 하류에서 만들어내는 물살은 낙차가 크지 않아 나이아가라 폭포 등 세계적인 폭포에 비하면 압도적인 느낌은 적다. 그러나 우기 때 콘 파펭 폭포를 가까이서 접하면 '자애로운 어머니 강'의 위용을 충분히 느낄 수 있다. 19세기 말 프랑스는 메콩 강을 통해 중국으로 진출하려고 했으나 씨판돈 인근의 여러 급류와 폭포에 막혀 실패하고 돈 뎃과 돈 콘을 연결하는 철로를 만들 수밖에 없었다고 한다. 또한 이 폭포는 세계에서 가장 큰 민물고기로 알려진 메콩 자이언트 메기인 플라벅Plabuck이 서식하는 서식지이다. 어떤 것은 길이 3m, 무게 293kg에 달하기도 한다.

Access  No.13 Road, 반 나까쌍에서 뚝뚝
        (왕복 10만K) 대절
Cost    입장료 5만5,000K

Sightseeing

## 콘 빠쏘이 폭포 Khon Pa Soi

돈 콘의 '작은 폭포Little Waterfall'로, 숙소 밀집 지역인 동쪽에서 멀지 않은 곳에 있어 한 번쯤 찾아가볼만하다. 길을 안내하는 팻말이 군데군데 설치되어 있어 수월하게 찾아갈 수 있다. 폭포 입구에는 공중 다리가 있는데 그다지 튼튼하지 않으므로 최대 두 명씩 건너도록 하자. 다리에서 5분 거리에 있는 이 폭포는 쏨파밋 폭포처럼 크고 웅장하지는 않지만 아기자기한 맛이 있다. 폭포 앞쪽에는 폭포를 거슬러 오르는 물고기들을 잡기 위한 시설이 설치되어 있다.

Access  동쪽 강변
Cost    무료

Sightseeing

## 땃 쏨파밋(리피 폭포) Tat Somphamit

거대한 크기의 폭포가 장엄하기까지 한 쏨파밋 폭포(리피 폭포)는 돈 콘의 중요한 볼거리 중 하나이다. 라오스 첫 통일 왕국인 란쌍 왕국을 세운 파응움 왕이 이곳을 배로 건너다가 신성한 불상 '파'를 물에 떨어뜨려 다시는 찾을 수 없었다는 이야기가 있다. 일반인은 이곳을 리피 폭포로 부르는데, 이곳을 배로 건너려 하면 귀신이 사람들을 익사시킨다는 소문이 있다. 나쁜 영혼이 폭포의 거센 물살에 씻겨 내려가기 때문에 귀신을 뜻하는 피라는 이름으로 부른다고 한다. 씨판돈 사람들은 나쁜 짓을 한 영혼이 지옥으로 갈 때 이곳을 지난다고 여긴다. 돈 뎃 프랑스 다리를 건널 때 구입하게 되는 표로 이곳도 방문할 수 있다. 푯말이 잘 설치되어 있어 찾기는 굉장히 쉬운 편이며 입구에 자전거를 주차하고 들어서면 피크닉을 위한 넓은 공간이 나온다. 거대한 폭포 입구 근처 벤치에 앉아 쉬거나 근처 레스토랑에서 식사를 하면서 시원하게 하루를 보내기 좋다.

| Access | 서쪽 강변 |
|---|---|
| Cost | 입장료 3만5,000K |

Sightseeing

## 프랑스 다리 & 구 철교 French Bridge & Old Train

프랑스 식민지 시절, 캄보디아와 라오스를 잇고 물자를 이동시키기 위한 수단으로 건설된 열차가 이 다리를 지나다녔다고 한다. 씨판돈 인근은 각종 폭포로 인해 뱃길이 험난하다. 육로로 이동하기 위해 건설된 기찻길은 돈 콘 남쪽 끝에서부터 다리를 통과하여 돈 뎃 북쪽까지 연결되었다고 한다. 다리의 서쪽과 돈 콘 남쪽 끝에는 그 당시에 이용했던 기차가 보존되어 있다.

| Access | 돈 뎃, 돈 콘을 잇는 다리 |
|---|---|
| Cost | 돈 콘과 땃 쏨파밋(리피) 폭포 입장료 3만5,000K |

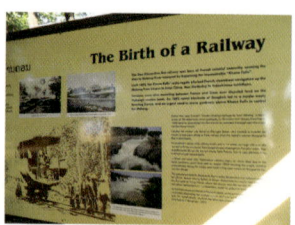

Sightseeing

## 왓 콘 따이 Wat Khon Tai

돈 콘 마을 사람들이 이용하는 사원으로, 딱히 특별한 건 없지만 강변에 있어 운치 있는 곳이다. 프랑스 다리에서도 멀지 않은 곳에 있으므로 자전거를 타고 리피 폭포로 가는 도중에 쉬어가기에도 좋다. 아침이면 이 사원 앞에도 두세 명의 마을 사람들이 음식을 들고 앉아 승려들이 지나가기를 기다린다. 긴 승려들의 행렬은 찾아볼 수 없지만 몇몇 승려들이 소박하게 탁발을 받고 경전을 읊어주는 모습을 볼 수 있다.

Access  서쪽 강변    Cost  무료

Sightseeing

## 롱 비치 Long Beach

강변의 모래에 누워 선탠을 하고 싶다면 리피 섬에서 좀 더 남쪽에 위치한 롱 비치를 방문해보자. 이곳에는 넓은 공간에 부드러운 모래가 깔려 있어 선탠에는 제격인 곳이다. 물살이 세지 않아 수영도 그리 위험하진 않지만 각종 보트가 정박해 있어 그다지 쾌적하지는 않다. 입구에 두 개의 레스토랑이 있어 간단하게 한 끼를 때우기에도 좋다.

Access  서쪽 강변    Cost  무료

Sightseeing

## 돌핀 선착장 Dolphine Watching Boat Dock

돈 콘 서쪽의 모든 해변에서 돌고래 투어 보트를 찾아볼 수 있지만 돌고래 서식지는 캄보디아 인근 국경이므로 섬의 남쪽 끝에 돌고래 투어용 선착장이 따로 마련되어 있다. 이곳에는 돌고래 투어뿐 아니라 각종 보트 투어에 대한 가격과 안내 표지판도 있어 흥정의 부담이 덜하다. 보통 보트 한 대에 4인까지 탈 수 있으므로 사람들을 모아 이용하는 것이 유리하다. 민물돌고래는 돈 콘과 캄보디아 사이를 돌아다니지만 굉장히 예민한 편이다. 그렇기에 민물돌고래를 보려면 보트 전원을 끄고 오랫동안 기다리는 인내심이 필요하다.

Access  돈 콘 남쪽 반 항콩 마을, 메콩 강변
Cost    돌고래 투어 7만K~

# Food

돈 콘은 여행 인프라가 크게 발달하지 않아서 각 숙소에 딸린 레스토랑이나 폭포 등지의 입구에 있는 허름한 레스토랑을 이용해야 한다. 일부러 찾아갈 만큼 특별한 곳은 없지만 돈 콘 선착장에서 동쪽 끝으로 이동하면 강변의 시원한 바람이 통하는 분위기 좋은 레스토랑이 몇 개 있으므로 할 일 없이 노닥거리고 싶다면 동쪽으로 향하자.

Food

## 플뢰 두 메콩 Fleur du Mekong

다른 레스토랑들과는 사뭇 다른 이름을 가진 이곳은 강변에 위치하진 않았지만 아기자기한 열대나무로 둘러싸인 입구가 눈에 띄는 곳이다. 프랑스어를 하는 전직 투어 가이드답게 생과일 주스나 음식 모두 세련된 맛을 낸다. 이곳의 스페셜 메뉴인 오리카레는 부드러운 오리고기와 감자가 소스와 잘 어우러져 깊은 맛을 낸다.

| | |
|---|---|
| Address | 다리 서쪽 반 콘 따이 마을 쎙 알룬 선셋 리조트 맞은편에 위치 |
| Cost | 메인 1만5,000~5만K |

Food

## 라오 롱 레스토랑 Lao Long Restaurant 🛜

돈 콘 지역의 몇 안 되는 레스토랑 중에서 중심지에 있으면서도 분위기까지 좋은 흔치 않은 레스토랑이다. 편안한 라탄 의자와 흰 테이블보, 화분 등으로 이루어진 인테리어가 근사하다. 여행자들을 위한 일반적인 메뉴를 갖추고 있으며 적당한 가격으로 깔끔하게 서빙해준다.

| | |
|---|---|
| Address | 다리 동쪽 반 콘 마을 중심 |
| Cost | 볶음밥 2만K, 생선구이 7만K |
| Tel | 020-9942-6110, 020-992-8941 |

# Stay

돈 콘의 숙소는 대부분 돈 뎃과 연결된 다리에서 동쪽으로 10분 거리 내에 몰려 있으며 돈 뎃과 돈 콘을 오가는 보트 역시 이곳에 정차한다. 숙소가 많지는 않지만 강변 쪽으로 저렴한 게스트하우스에서 중급 호텔까지 다양한 수준의 숙소가 있어 취향대로 고를 수 있다. 강변이 좀 더 유유자적하기에 좋지만 이른 아침부터 좁은 강을 오가는 모터보트 소리에 잠을 깨기 싫다면 안쪽의 아늑한 방갈로에서 묵는 것도 좋다. 숙소마다 운영하는 레스토랑이 있지만 대부분 비슷한 수준이니 식당의 분위기를 보고 선택하는 것도 괜찮다. 모든 숙소에서 와이파이를 이용할 수 있고, 따뜻한 물로 샤워도 할 수 있다고 하지만 정도의 차이는 있다.

## Stay ❶
### 독짬빠 게스트하우스 Dokchampa Guesthouse

강변을 향해 있으며 대나무로 짜인 방갈로가 깔끔하고 운치 있다. 한쪽에 마련된 레스토랑 역시 강을 향해 깔끔하게 지어져 있어 쾌적한 느낌이다. 방갈로 입구에 있는 화장실이 외관을 조금 망치는 경향이 있다. 방갈로가 몇 개 없는 탓에 미리 예약을 하지 않으면 방을 구하기 힘들다.

| | |
|---|---|
| Access | 다리 동쪽 반 콘 마을, 메콩 강변 |
| Cost | 에어컨룸 10만K |
| Tel | 030-986-3889 |

## Stay ❷
### 쏨파밋 게스트하우스 Somphamit Guesthouse

강변에서 떨어진 팬 방갈로와 강변에 걸쳐진 에어컨 방갈로로 나뉜다. 팬 방갈로는 낡은 판잣집 느낌으로 바닥에는 장판이 깔려 있고 욕실도 청결하지 않은 느낌이지만 새로 지어진 에어컨 방갈로는 깨끗한 시멘트 벽면과 타일 바닥을 갖춰 훨씬 쾌적한 느낌이다. 공동으로 사용하는 넓은 테라스가 마련되어 있어 유유자적하기 좋다.

| | |
|---|---|
| Access | 다리 동쪽 반 콘 마을, 메콩 강변 |
| Cost | 팬 방갈로 6만K |
| | 에어컨 방갈로(리버뷰) 15만K |
| Tel | 020-5526-2491 |

### Stay ③
# 미스터 분 게스트하우스 Mr.Boune Guesthouse 📶

붉은색과 갈색의 세련된 외관이 인상적인 5개의 나무 방갈로 중앙에는 여유로워 보이는 정원이 있다. 넓은 테라스에 있는 해먹이 운치 있으며 방 내부 역시 깔끔한 나무 벽면과 흰 시트를 갖춰 아늑하고 쾌적하다. 그러나 새로 손봐야 할 것 같은 좁고 낮은 욕실은 이곳의 마이너스 요소이다.

| Access | 다리 동쪽 반 콘 마을 |
|---|---|
| Cost | 팬룸 6만K |
| Tel | 030-777-1637 |

### Stay ④
# 돈 콘 레지던스 Don Khon Residence 📶

강변을 향해 있는 2층짜리 빌딩으로, 나무로 마감된 외관과 넓은 테라스의 의자, 작은 잔디 정원이 아늑하다. 저렴한 가구들로 이루어져 있고 욕실도 미흡한 편이지만 전반적으로 아기자기하게 꾸며져 있어 여타의 방갈로보다는 쾌적하게 묵을 수 있다. 판스 게스트하우스에서 관리하는 곳이다.

| Access | 다리 동쪽 반 콘 마을, 메콩 강변 |
|---|---|
| Cost | 스탠더드 18만K(조식 불포함) |
| | 수피리어 24만K(조식 포함) |
| | 부대 서비스 에어컨 |

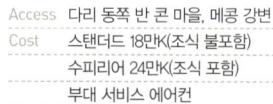

### Stay ⑤
# 판스 게스트하우스 Pan's Guesthouse 📶

정원은 약간 어수선하지만, 나무 방갈로의 넓은 테라스와 그 주변의 울창한 나무들이 운치 있는 곳이다. 내부 역시 연두색 벽면과 갈색의 나무 마감 덕분에 아늑한 느낌이고, 두 곳에 창문이 넓게 나 있어 채광이 잘 되는 것도 장점이다.

| Access | 다리 동쪽 반 콘 마을, 메콩 강변 |
|---|---|
| Cost | 일반 더블룸 15만K, 리버뷰 18만K |
| Tel | 020-9797-8222 |

### Stay
### 6
## 쎙 알룬 빌라 Seng Ahloune Villa 🛜

동명의 리조트에서 추가로 지은 건물로, 강변을 향해 나 있는 테라스와 넓은 유리창, 고풍스럽게 마감된 높은 천장과 잘 정돈된 깨끗한 느낌의 객실에 비교적 고급스러운 외관으로 중저가 호텔치고는 분위기가 훌륭하다. 시설에 비해 서비스는 실망스럽지만, 돈 콘의 숙소나 레스토랑과 가까우며 돈 뎃과 연결된 다리에서도 크게 멀지 않아 편리하다.

| Access | 다리 동쪽 |
| --- | --- |
| | 반 콘 마을 |
| | 메콩 강변 |
| Cost | 가든뷰 35$ |
| | 리버뷰 45$ |
| | 부대 서비스 조식, 에어컨 |
| Tel | 031-260-934 |

### Stay
### 7
## 뽀분판 게스트하우스
### Por Boun Phan Guesthouse 🛜

강 바로 옆에 지어진 방갈로는 해먹에 누워 메콩 강을 바라보며 여유로운 시간을 보내기에 안성맞춤이다. 가격 대비 깔끔하게 유지되지만 낡은 면이 있으므로, 청결을 중시한다면 안쪽에 새로 지은 2층 건물을 고려해보자. 같은 가격으로 넓은 창에 흰 시트, 깨끗한 욕실에서 묵을 수 있다.

| Access | 다리 동쪽 반 콘 마을, 메콩 강변 |
| --- | --- |
| Cost | 팬룸 5만K |
| Tel | 030-531-2010, 031-271-0613 |

### Stay
### 8
## 쌀라 돈 콘 호텔 & 리조트
### Sala Don Khon Hotel & Resort 🛜

비교적 고가의 숙소 세 개가 한군데 모여 있다. 메인은 안쪽에 위치한 오버지 쌀라 돈 콘 호텔 Auberge Sala Don Khon Hotel로, 병원 건물이었던 곳을 개조한 본관과 그 주변에 새로 지은 방갈로들로 이루어져 있다. 잘 지어진 저택 느낌이 나는 스위트룸은 거대한 방과 창문, 테라스가 고풍스럽지만 오래된 건물이라 눅눅한 느낌이 있다. 오히려 새로 지은 스탠더드룸이 좀 더 쾌적하다. 잘 꾸며진 정원을 향한 테라스도 여유로운 느낌을 준다. 그 옆에 새로 건설 중인 반딜 룸 Ban Dil Room은 시멘트 바닥에 어수선한 느낌이지만, 객실 내부는 넓고 고급스러운 침대와 황토 벽면으로 이루어져 있다. 수상 방갈로 Floating Bungalow는 매우 낡은 수영장과 객실 탓에 전반적인 개선이 필요해 보인다.

| Access | 다리 동쪽 반 콘 마을 |
| --- | --- |
| Cost | 오버지 쌀라 돈 콘 55~70$ |
| | 반딜룸 60$ |
| | 수상 방갈로 70$ |
| | 부대 서비스 조식, 에어컨 |
| Tel | 031-260-940 |

Intro
★
# 돈 콩
Don Khong

4,000개의 섬 중에서 가장 큰 섬으로 최근 다리가 건설되어 육지와 연결된 유일한 섬이기도 하다. 다리를 통해 버스가 드나들지만 여행자들은 여전히 돈 콩 맞은편의 핫 싸이쿤까지 버스나 미니밴으로 이동한 후 그곳에서 배를 타고 이 섬으로 들어오게 된다. 큰 섬이지만 여행자들을 위한 시끌벅적한 바나 레스토랑은 드물고 십여 개 남짓한 숙소나 호텔들은 모두 선착장 주변에 자리하고 있다. 비교적 넓은 강으로 둘러싸여 있어 시끄러운 보트 소리로 방해받는 일 없이 숙소나 강변의 레스토랑에 앉아 한적한 강의 정취를 느끼기에 좋다. 강변을 따라 드문드문 마을이 형성되어 있고 섬의 대부분에는 넓은 논밭이 자리하고 있어, 자전거로 섬을 천천히 한 바퀴 돌며 라오스의 시골풍경을 느끼다가 한적한 강변에서 일몰을 감상하며 느리게 하루를 보내는 것이 이 섬을 즐기는 방법이다. 좀 더 한적한 메콩 강의 정취를 느끼고 싶은 여행자들에게 좋은 곳이다.

## ✚ 여행정보

돈 콩 동쪽, 선착장과 여행자들을 위한 숙소가 모여 있는 반 므앙콩Ban Muang Khong 마을 중심에 여행 안내소, 은행, ATM이 있어 편리하다. 섬 남쪽 끝의 반 훼이Ban Huay 마을을 지나 서쪽 강변의 반 므앙쌘Ban Muang Saen 마을로 들어오는 자전거 여행을 해보자. 총 25km로 섬이 평탄하고 도로가 잘 갖추어져 있어 여유로운 자전거 여행을 즐길 수 있다.

## ✚ 돈 콩 교통정보

게스트하우스에서 교통편 예매 및 자전거 대여가 가능하다. 자전거 대여는 1만K 정도, 오토바이 대여는 6만K 정도가 든다. 여행 안내소도 있지만 문을 잘 열지 않는다. 선착장에 있는 메콩 투어Mekong Adventure Tour에서도 빡쎄나 돈 뎃, 돈 콘, 태국과 베트남행 버스를 연계한 교통편(대부분 11:00 출발)을 예매할 수 있다. 강에서 해 지는 모습을 감상하기 위해 작은 보트를 대절할 경우에는 5인 기준으로 왕복 10만K 정도의 비용이 든다.

| 노선 | 출발시간 | 요금 | 소요시간 |
| --- | --- | --- | --- |
| 핫 싸이쿤 | 수시출발 | 2만K | 20분 |
| 돈 뎃, 돈 콘 | 08:00 | 5만K(편도), 6만K(왕복) 25만K(사설 보트 대절) | 1시간 30분(돈 뎃 방면) 2시간 30분(돈 콩 방면) |
| 빡쎄, 짬빠싹 | 11:00 | 5만K | 3시간 |

Sightseeing
❶
# 돈 콩 역사 박물관
Don Khong History Museum

1930년대 프랑스 식민지 시절 정부 관리가 지은 건물로, 그 당시 돈 콩의 집들은 모두 나무로 지어져 있어서 이 프랑스 스타일의 벽돌집은 더욱 눈에 띄었다고 한다. 현재는 돈 콩 역사 박물관으로 사용되는데 거의 찾는 사람이 없어서 늘 문이 닫혀 있지만 건물 뒤쪽에서 생활하는 관리인에게 말하면 문을 열어준다. 내부에는 전통 악기와 생활용품 등이 전시되어 있지만 특별히 볼만한 것은 아니고 고위 관리가 직접 지었다는 2층집과 정원 자체가 볼거리다.

| Access | 왓 푸앙깨우 사원 옆 |
|---|---|
| Open | 09:00~15:30 |
| Cost | 입장료 5,000K |

Sightseeing
❷
# 마을 사원 Town Temples

므앙콩 마을의 북쪽 메콩 강변에는 이 섬에서 가장 오래된 사원인 왓 쫌통 Wat Jom Thong이 있다. 낡은 법당에는 오래된 나무 입불상과 다양한 형태의 불상이 놓여 있다. 메콩 강과 사원이 어우러져 운치 있는 곳으로 산책하기 좋다. 마을 중심에는 훨씬 세련된 모습의 왓 푸앙깨우 Wat Phuang Kaew 사원이 있다.

Sightseeing
❸
# 므앙쌘 마을 Ban Muang Saen

섬의 동쪽에 위치한 므앙콩 마을에서 서쪽으로 난 길을 따라가면 반대편 강변에 므앙쌘 마을이 있다. 강변에는 작은 레스토랑이 있어, 일몰을 구경하기 좋다. 섬 전체를 둘러보지 않더라도 가볍게 산책하듯 둘러보며 한적한 섬의 풍광을 감상하기 좋다.

Access 돈 콩 서쪽 강변. 므앙콩 마을에서 8km 서쪽에 위치

# Food

돈 콩 숙소에서 강변 쪽에 몇 개의 레스토랑을 운영하지만 사실, 시설뿐 아니라 맛이나 가격 모두 비슷비슷한 수준이다. 돈 콩 역사 박물관 맞은편에 현지인들을 위한 식당을 한두 개 찾아볼 수 있지만 이곳에서조차 비슷한 가격과 비슷한 수준의 맛밖에 느낄 수 없으므로 굳이 찾아갈 필요는 없다. 폰 아레나 호텔 레스토랑도 평범한 맛이지만 좀 더 깔끔하고 좋은 분위기에서 식사를 할 수 있다.

## Stay ①
### 콩뷰 게스트하우스
Khong View Guesthouse

2층의 테라스에서 메콩 강이 시원하게 내려다보이는 최고의 전망을 자랑하는 곳으로, 건물도 비교적 새로 지어 깨끗하다. 메콩 강변쪽에 위치한 방이 하나밖에 없고 창이 없는 객실도 있지만, 거리 쪽을 향한 방에는 깨끗한 타일이 깔려 있고 창도 넓게 나 있어 밝은 분위기로 가격 대비 좋은 시설에서 머물 수 있다.

| | |
|---|---|
| Access | 므앙콩 마을 북쪽 끝, 메콩 강변 |
| Cost | 팬룸 6만K, 에어컨룸 8만~10만K / 조식 불포함 |
| Tel | 020-2244-6449 |

## Stay ②
### 랏따나 리버사이드 게스트하우스
Rattana Riverside Guesthouse

강변을 향해 나 있는 넓은 전면 유리창과 비교적 고급스러운 가구, 흰 시트가 깔끔하게 정돈된 침대에서 밝고 쾌적하게 지낼 수 있다. 새로 타일을 깐 듯한 욕실 또한 청결하지만 부실 공사의 흔적이 조금 남아 있다. 인근의 저렴한 숙소들에 비해 가격은 약간 비싸지만 보트 선착장이나 여행 안내소, 은행 등과 가까우며, 강변 쪽에 위치한 레스토랑은 인근에서 가장 인기 있는 곳이다.

| | |
|---|---|
| Access | 므앙콩 마을 선착장 인근 |
| Cost | 17만K / 조식 불포함 / 부대 서비스 에어컨 |
| Tel | 020-2220-1618, 013-213673 |
| Email | vongdonekhong@hotmail.com |

## Stay ③
### 폰 아레나 호텔 Pon Arena Hotel

메콩 강을 향한 수영장과 레스토랑, 고급스러운 평면 텔레비전과 냉장고를 갖춘 중급 호텔. 한적한 메콩 강변을 향한 테라스에서 여유로운 시간을 즐길 수 있는 최고의 장소다. 씨판돈 일대의 투어도 연결해준다.

| | |
|---|---|
| Access | 반 므앙콩 마을, 메콩 강변 |
| Cost | 디럭스 50$<br>스위트(리버뷰) 80$<br>부대 서비스 조식<br>에어컨, 냉장고 |
| Tel | 020-2227-0037<br>031-515-018 |
| Email | pon_arena@hotmail.com |
| Web | www.ponarenahotel.com |

## Stay ④
### 폰스 리버 게스트하우스
Pon's River Guesthouse

폰 아레나 호텔 운영자의 동생이 운영하는 숙소로 메콩 강의 전망은 볼 수 없고 기본적인 형식의 방이지만, 넓고 비교적 깨끗하다. 맞은편 메콩 강변에 레스토랑을 운영하고 있는데 대단한 맛은 아니지만 어차피 선택의 여지가 별로 없다.

| | |
|---|---|
| Access | 므앙콩 마을 |
| Cost | 팬룸 6만K, 에어컨룸 8만K, 복층 에어컨룸(리버뷰) 10만K<br>조식 불포함 |
| Tel | 020-2227-0037 |

# Step to Laos

## Step to Laos 1
# 라오스 여행 준비

### ✚ 여권 만들기
모든 여행자들은 여권을 항상 휴대하고 있어야 한다. 또한 항공권을 구입하거나 비자를 받기 위해서는 유효기간이 6개월 이상 남아 있는 여권을 가지고 있어야 하므로 유효기간이 얼마 남지 않은 여권을 소유하고 있거나 처음 해외여행을 가는 사람이라면 가까운 접수처에서 여권을 만들어야 한다. 외교부 여권안내 홈페이지(www.passport.go.kr)에 들어가 여권 발급에 관한 내용을 미리 확인하는 것이 좋다. 구비서류, 사진규정, 수수료와 접수할 수 있는 가까운 관공서를 검색해보자. 여권 발급에는 일정 기간이 소요되므로 출발일자 전에 여유롭게 신청해야 한다. 라오스 현지에서 여권 재발급이나 유효기간 연장이 필요한 경우에는 주라오스 한국 대사관(lao.mofa.go.kr)에 문의하자. 3~5일의 소요시간이 필요하다.

### ✚ 라오스비자 받기
2014년 현재 대한민국 국민은 미리 비자를 받지 않아도 15일간 라오스 여행을 할 수 있다. 처음부터 15일 이상 여행을 원한다면 라오스 공항이나 국경에서 30일 단수비자를 발급 받을 수 있다. 여권사진 2매와 30$, 유효기간이 6개월 이상 남은 여권을 미리 준비하여 도착비자를 발급받도록 한다.

### ◎ 라오스비자 연장하기
별도로 비자를 받아 입국한 경우에 한해 비엔티안의 이민국 관리소에서 하루에 2$의 비용으로 1회 최대 30일까지 연장이 가능하다(접수비 3천K, 수수료 3$, 사진 1장, 유효기간이 6개월 이상 남은 여권 준비). 15일의 무비자 체류기간은 연장이 불가하므로 출국 후 재입국해야 한다. 체류기간을 넘겨 체류 시 하루에 10$의 벌금을 부과한다. 비자와 관련한 규정은 수시로 바뀔 수 있으므로 여행 전에 미리 확인하자.

**이민국 관리소** Immigration Office
- **Access** 딸랏 싸오 몰 맞은편
- **Open** 월~금 08:00~12:00, 13:00~04:00
- **Tel** 021-212-250

### ✚ 항공권 준비하기

인천에서 라오스의 비엔티안까지 직항노선이 있는 항공사는 현재 라오항공과 진에어, 티웨이항공이 있다. 라오스 국내선은 라오항공, 라오센트럴항공, 라오스카이웨이에서 운항한다. 항공권은 해당 항공사 사무실이나 여행사, 혹은 인터넷 사이트를 통해서 구입할 수 있다. 출발하는 날짜와 직항, 경유 횟수 등에 따라 요금 차이가 있다. 또한 일정 변경에 따른 페널티가 있을 수 있고 유효기간이 짧은 항공권은 연장이 불가능할 수도 있으므로 꼼꼼하게 살펴보는 것이 좋다. 또한 여권에 기재한 영문성명과 티켓 예약 시의 영문성명이 동일한지도 잘 체크하자. 항공권이 발권되면 보통 이메일로 E티켓을 보내주는데, 인터넷이 되는 곳이라면 어디서든 다시 뽑을 수 있는 장점이 있지만 라오스의 인터넷 사정을 생각해 미리 한 장 더 뽑아 두는 것이 편리하다.

**라오항공** Lao Airlines www.laoairlines.com
**진에어** Jin Air www.jinair.com
**티웨이** T Way www.twayair.com
**베트남항공** Vietnam Airlines www.vietnamairlines.com
**타이항공** Thai Airlines www.thaiair.co.kr
**타이스마일에어** Thai Smile Air www.thaismileair.com
**방콕에어** Bangkok Airways www.bangkokair.com
**녹에어** Nok Air www.nokair.com
**에어아시아** Airasia www.airasia.com
**중국동방항공** China Estern Airlines www.ceair.com
**라오센트럴항공** Lao Central Airlines www.flylaocentral.com
**라오스카이웨이** Lao Skyway www.laoskyway.com

### ✚ 여행정보 수집하기

여행은 여행갈 곳을 정하고 그곳에 관련된 여행정보를 찾는 데서부터 시작된다. 각종 에세이나 가이드북 외에도 인터넷의 각종 카페나 블로그에 최신 여행정보들이 넘쳐난다. 여행정보 외에도 현지의 안전 상태에 관한 정보를 알려주는 해외안전여행홈페이지(www.0404.go.kr)와 주라오스 한국 대사관 홈페이지(lao.mofa.go.kr)도 꼭 한번 둘러보자. 라오스 관광청(www.tourismlaos.org)에서도 각종 여행정보를 얻을 수 있다.

### ✚ 여행루트 만들기

여행 일정에 따라, 혹은 취향에 따라 나만의 루트를 짜보자. 비엔티안으로 들어가 방비엥에서 카약이나 튜빙을 즐기고 루앙프라방의 올드타운을 둘러보는 것으로 여행을 마무리하기에는 넓은 라오스 곳곳에 다양한 매력이 넘쳐난다. 남부의 빡쎄 지역에서 근처의 왓 푸 사원이나 커피 고원을 방문하거나 4천 개의 섬 아름다운 씨판돈에서 묵은 스트레스를 떨쳐낼 수도 있다. 혹은 북부 고산 지역에서 소수민족들을 만나 낯선 라오스의 정취를 만끽할 수도 있다.

### ✚ 숙소 예약

현지의 호텔에 직접 전화를 하거나 혹은 호텔 홈페이지를 통하는 방법도 있지만 오히려 한국의 여행사를 통하거나 호텔 예약사이트에서 예약을 하는 것이 더 저렴한 경우도 있다. 가격뿐 아니라 호텔의 위치, 조식 포함 여부 등 여러 요소를 고려해 결정하자. 대부분 가족들이 운영하는 소규모 숙소라서 정해진 가격이 없고 성수기나 주말, 혹은 라오스 현지의 공휴일 여부에 따라 같은 방이라도 가격이 크게 달라지곤 한다. 또한 대부분의 저렴한 숙소에서 제공되는 조식은 별로 기대하지 않는 것이 좋다.

### ✚ 환전, 신용카드, 현금카드

라오스 화폐 단위는 낍(Kip)이며 500K부터 100,000K까지 모두 지폐로 이루어져 있다. 2015년 9월 기준 1$당 8175K. 1만K은 한국 원화로 1,442원의 환율을 보인다. 라오스 국내나 라오스 국경이 아니면 K으로 환전할 수 있는 곳이 없으므로 먼저 달러나 바트(태국 화폐)로 환전한 후 라오스 현지에서 다시 라오스 화폐로 환전해야 한다. 일부 지역에서는 바트도 쓸 수 있다. 100$짜리 큰 단위의 화폐 환율이 좀 더 유리하며 지폐가 지저분하면 환전을 거부당할 수도 있다. 비상시를 대비하여 국제 현금카드도 가져가는 것이 좋다. 최근 라오스 전역의 주요 도시에서 24시간 ATM기를 쉽게 찾아볼 수 있다. 대개 1회당 70만K까지 출금 가능하며 2만K의 수수료를 받고 환율은 그다지 좋지 않다. 아직까지 대도시의 호텔이나 고급 레스토랑 외에는 신용카드를 사용하기 쉽지 않다. 환전할 때는 그 자리에서 금액을 정확히 확인해야 한다.

### ✚ 로밍

국제전화는 물론 국내전화도 잘 터지지 않는 곳도 있지만 유명 여행지에서는 큰 무리 없이 데이터를 쓸 수 있다. 비싼 데이터 로밍을 하는 것보다는 여분의 공기계를 준비해서 현지에서 통화까지 가능한 유심카드나, 데이터만 사용할 수 있는 넷심카드를 사는 것이 좋다. 심카드를 구입한 뒤 선불 요금을 충전하여 사용하는 방식이다. 라오텔레콤이나 유니텔, M폰 등 다양한 통신사에서 쉽게 구입할 수 있다.

### ✚ 여행자 보험

여행 중에는 물건을 잃어버리거나 질병, 상해 등 예기치 못 한 손해가 발생하기 쉬우므로 되도록이면 여행자 보험에 가입하도록 하자. 실수로 타인에게 피해를 준 경우에도 일정 부분 혜택을 받을 수 있는 상품도 있다. 물건 분실의 경우 관할 경찰서에서 분실증명서를 받아와야 하고 치료를 받은 경우에는 병원에서 진단서와 영수증을 받아와야 한다. 스마트폰이나 인터넷으로 간편하게 가입할 수 있다. 보험 상품에 따라 보상 정도와 범위가 달라지니 미리 내용을 확인하고 가입하도록 하자.

### ✚ 짐 꾸리기

여권, 비행기 티켓, 돈 외에 나머지는 취향에 따라 준비하면 된다. 라오스는 지역의 고도에 따라 기후가 무척 다양하므로, 지역에 맞춰 옷차림을 준비하자. 전원은 220V와 110V를 혼용하는 곳도 있지만 대체로 220V를 사용한다. 전압이 불안정하므로 오래 꽂아놓지는 말자. 각종 상비약을 챙기고, 특히 모기 쫓는 약은 반드시 챙기도록 하자.

### Step to Laos 2
# 라오스 들어가기

## 1. 한국 출국

출국 수속 시간을 고려해 출발시간에서 2시간 전까지는 인천공항에 도착하는 것이 좋다. 명절이나 휴가철에는 평소보다 훨씬 일찍 도착해야 하며 인천공항 라운지나 면세점을 이용하거나 인터넷 환전을 한 후 공항의 은행에서 돈을 찾으려고 한다면 그 시간도 감안해야 한다. 3층의 출국장에 도착하면 항공권을 끊은 항공사의 카운터로 가서 여권과 예약확인증을 제출하고 짐을 부친다. 기내에는 작은 보조가방 정도만 소지할 수 있으며 가방 속에 기내반입금지품목이 있지는 않은지 미리 확인하자. 그다음에는 여권과 보딩패스, 수화물표를 받아 출국장으로 향하면 되는데 1만$ 이상을 소지하거나 고가의 물건을 가지고 있다면 입국할 때 세금을 내지 않기 위해 휴대물품반출신고서를 작성하는 것이 좋다.

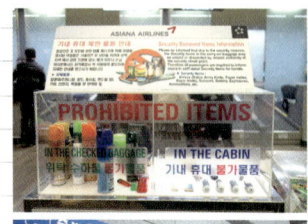

## 2. 라오스 입국

### ✚ 항공

라오스에는 비엔티안, 루앙프라방, 빡쎄 세 곳에 국제공항이 있으며, 인천에서 운항되는 직항노선은 모두 비엔티안의 왓 따이 공항에 도착한다. 비행기 내에서 승무원에게 라오스 입출국카드를 받아 작성하면 되는데 이름과 여권 기재 사항만 정확하게 적으면 큰 문제없이 입국할 수 있으므로 너무 걱정하지 않아도 된다. 한국인은 15일까지는 비자가 없어도 여행이 가능하지만 그 이상의 기간을 여행하려면 입국심사대에 도착하기 전에 도착비자Visa on Arrival를 발급하는 창구에서 먼저 30일 단수 도착비자를 발급받도록 하자. 입국심사대에서는 여권과 입국카드를 제출하여 입국 도장을 받은 뒤 짐을 찾고 세관검사대를 통과해 입국하면 된다. 라오스의 경우에는 1인당 담배 500개비, 주류 1L까지 반입할 수 있다.

### ✚ 육로

비행기를 이용하는 것 외에도, 태국 · 베트남 · 캄보디아 · 중국 국경에서 육로로 라오스에 입국할 수 있다. 한국인의 경우 모든 국경에서 15일 무비자로 입국이 가능하며 30일 도착비자도 발급받을 수 있다. 종종 진행 비용, 시간 외 근무비 등 각종 추가 비용을 관례적으로 요구한다. 미얀마-라오스는 육로로 이동하는 것이 불가능하다.

◎ 태국 국경

한국은 비자가 없어도 3개월까지 태국을 여행할 수 있다. 총 8개의 국경이 외국인에게 개방되어 있으며 보통 훼이싸이 Huay Xai–치앙콩 Chiang Khong, 비엔티안 Vientiane–농카이 Nong Khai, 타켁 Thakhek–나콘파놈 Nakhon Phanom, 싸완나켓 Savannakhet–묵다한 Mukdahan, 빡쎄 Pakse–총맥 Chong Mek 국경을 이용한다.

◎ 베트남 국경

한국인은 비자가 없어도 15일까지 베트남 여행이 가능하지만 베트남 출국일로부터 30일 내 재입국이 금지되어 있는 점을 주의하자. 총 6개의 국경이 외국인에게 개방되어 있으며 보통 솝훈 Sop Hun–떠이짱 Tay Trang, 단싸완 Dansavanh–라오 바오 Lao Bao, 푸끄아 Phu Keua–버이 Bo Y, 남파오 Nam Phao–까우째오 Cau Treo, 나파오 Na Phao–차로 Cha Lo 국경을 이용한다.

◎ 캄보디아 국경

육로 이동은 라오스 원캄 Veun Kham – 캄보디아 돔끄라 Dom Kralor 국경을 통해 가능하다. 캄보디아의 경우 비자가 필요한데 국경에서 30일 비자 발급이 가능하며 여권사진과 영문신청서, 20$의 수수료가 필요하다. 국경 통과 시 각종 이유를 들어 추가금을 요구하니 날러 소액권으로 어웃돈을 넉넉하게 준비해놓자. 빡쎄(라오스)에서 캄보디아의 쓰뚱뜨랭 Stung Treng, 끄라쩨 Kratie, 프놈펜 Phnom Penh 등지를 연결하는 국제버스 혹은 미니버스를 이용할 수 있다. 씨판돈의 여행사에서도 캄보디아까지 버스를 운행한다.

◎ 중국 국경

라오스 보뗀 Boten–중국 모한 Mohan 국경을 통해서만 육로 이동이 가능하다. 중국비자는 국경에서 받을 수 없으므로 미리 한국이나 태국의 치앙마이 혹은 비엔티안의 중국 대사관에서 받아야 하는데 비엔티안의 중국 대사관에서 중국비자를 받으려면 왕복항공권이나 숙박예약확인증 등 많은 서류를 구비해야 한다. 국경은 걸어서 건널 수 있으며 중국의 모한에서 중국 내륙지방으로 이동하는 버스는 수시로 출발한다. 국경까지 가지 않더라도 라오스 루앙남타 Luang Namtha–중국 징훙 Jing Hong, 라오스 루앙프라방 Luang Prabang–중국 쿤밍 Kunming, 중국 징훙 Jing Hong, 라오스 우돔싸이 Oudomxay–중국 멍라 Mengla 등지를 연결하는 국제버스가 있어 편리하게 이용할 수 있다.

## Step to Laos 3
# 지금은 여행 중

## 1. 시차

라오스는 그리니치 표준시로 +7시이며 한국 시간에서 2시간을 빼면 된다. 태국, 베트남, 캄보디아와 시차 없이 동일한 시간이어서 편리하다.

## 2. 교통

### ✚ 항공

라오항공Lao Airlines과 라오센트럴항공Lao Central Airlines, 라오스카이웨이Lao Skyway에서 국내선을 운항한다. 홈페이지나 시내의 여행사에서 티켓 구입이 가능하며 공항에서 구입할 수는 없다.

**라오항공** www.laoairlines.com
**라오센트럴항공** www.flylaocentral.com
**라오스카이웨이** www.laoskyway.com

### ✚ 보트

훼이싸이-루앙프라방을 잇는 메콩 강 슬로 보트나 농키아우-므앙응오이를 잇는 남우 강 보트가 여행자들에게 가장 유명하다. 훼이싸이-루앙프라방 슬로 보트는 최근 도로가 정비됨에 따라 점점 인기가 식고 있긴 하지만 여전히 많은 여행자들이 이용한다.

### ✚ 버스

라오스의 도로 상태는 전보다 많이 좋아졌지만 대부분이 산악지대에 있어 육로 이동이 쉽지 않다. 버스 역시 낡은 중고차들이 대부분으로, 유명 여행지를 벗어날수록 상황은 더 나빠진다. 여행사에서 말하는 VIP버스는 우리나라의 고속버스 정도라고 생각하면 된다. 버스 수리에 몇 시간씩 허비하고 싶지 않다면 최대한 새 버스를 고르도록 하자. 밤에 운행하는 슬리핑 버스는 비엔티안-루앙프라방 구간을 다니는 최신형 버스를 제외하면 모두 딱딱한 바닥에 칸막이를 설치한 수준으로, 작은 라오스인들의 체구에 맞춰져 있어 불편하고 위험하다. 평지에서 거의 직선운행을 하는 남부는 비교적 나은 편이지만 구불구불한 산악 도로를 지나야 하는 북부 지역에서는 안전을 위해 되도록 타지 않는 것이 좋다.

### ➕ 미니밴
대중교통이 좋지 않고 산악 도로가 많으므로 차체가 낮은 미니밴이 유리한 경우가 많다. 여행자들이 많이 찾는 비엔티안, 방비엥, 루앙프라방에서는 여행사에서 운영하는 많은 미니밴이 있으므로 선택의 여지가 많다. 요금도 저렴한 편이지만 좀 더 좋은 미니밴의 경우 요금도 조금 더 비싸다.

### ➕ 시내버스
비엔티안에 유일하게 시내버스가 운행되고 있다. 일본에서 지원한 에어컨 버스로 모두 16개 노선이 있다. 05:30부터 17:30까지 운행되는데 거리에 따라 3,000~5,000K 정도의 요금을 받는다.

### ➕ 오토바이
비엔티안이나 루앙프라방에서는 수동 오토바이나 스쿠터 모두 쉽게 대여할 수 있지만 그 외의 지역에서는 스쿠터를 보기 힘들다. 특별히 면허증을 요구하는 건 아니지만 교통경찰들이 국제면허증 제시를 요구하며 벌금(혹은 뒷돈)을 물릴 수 있다. 헬멧은 반드시 착용해야 한다. 오토바이 대여 시 대체로 여권을 맡길 것을 요구하는데, 일부 대여점에서는 반납 시 각종 핑계를 대며 추가 요금을 요구한다고 하므로 신중하게 대여해야 한다. 또한 주행 중 고장이 난 경우 전적으로 자비를 들여 수리를 해야 한다.

### ➕ 자전거
싸구려 자전거에서부터 마운틴 바이크까지 다양한 종류의 자전거를 쉽게 대여할 수 있다. 도난당하지 않도록 자전거 보관에 주의하자.

### ➕ 썽태우, 뚝뚝
픽업트럭을 개조해 만든 썽태우와 오토바이를 개조한 것 같은 뚝뚝은 모두 시내에서 사용된다. 여럿이서 함께 타는 썽태우에 합승할 경우 1만K 정도의 가격으로 저렴하게 이용할 수 있다. 남부지방에서는 썽태우가 장거리 버스 대용으로 사용되기도 한다. 뚝뚝은 보통 택시로 이용된다.

## 3. 인터넷, 우편, 전화

라오스 전역에 인터넷이 보급되어 있고 숙소나 세련된 커피숍에서 와이파이 사용도 가능하지만 속도는 인내심을 요구한다. 우체국은 각 지방에 있지만, 비엔티안의 중앙우체국이 좀 더 믿을만하다. 국제전화의 경우 각 대도시의 우체국과 전화국에서 쉽게 이용할 수 있고, 핸드폰 로밍도 가능하다. 선불 유심카드를 일반 상점이나 라오텔레콤, 유니텔 매장에서 구입해 핸드폰에 꽂으면 저렴하게 전화를 사용할 수 있다. 데이터 역시 선불로 충전해서 저렴하게 이용할 수 있다.

Cost   유심카드 2만K~, 선불 데이터 1GB 4만K~

## 4. 라오스 화폐, 신용카드

라오스 'K'은 1,000K에서 10만K까지 지폐로만 발행되고 있다. 미국 달러와 태국의 바트도 광범위하게 사용된다. 신용카드는 비자가 가장 일반적이지만 고급 호텔과 레스토랑을 제외하면 쉽게 사용하기 힘들다.

## 5. 숙박

수영장과 스파가 딸린 최고급 호텔에서부터 하루 6,000~7,000원짜리 도미토리까지 다양한 숙박 시설이 있다. 저렴한 숙소에서는 대체로 조식을 제공하지 않으며, 가족이 운영하는 숙박 업소가 많으므로 수준 높은 서비스를 기대할 순 없지만, 대체로 친근감 있게 대해준다.

## 6. 영업시간

**정부기관** 월~금 08:30~12:00, 13:00~16:00
**은행** 월~금 08:30~15:30

## Step to Laos 4
# SOS 라오스

### ➕ 범죄

라오스는 인근 동남아 국가는 물론 서방 선진국들과 비교해도 범죄율이 상당히 낮은 편에 속한다. 여성 여행자의 경우에도 성희롱이나 성추행 같이 위험한 상황에 처하는 일이 드물다. 그러나 어디에서든 외국인 여행객은 범죄의 표적이 되기 쉬우므로 기본적인 안전은 스스로 챙기는 것이 좋다. 서양 배낭여행자들이 많은 방비엥, 씨판돈 등지에서는 술에 취한 여행객들에 의한 성추행이나 절도 등의 범죄를 주의해야 하며, 비엔티안 중심가에서는 오토바이 날치기에 대비해야 한다. 밤늦게 혼자 낯선 곳을 돌아다니지 않도록 하고 모르는 사람의 초대는 피하며, 직접 주문하지 않은 음료나 음식은 먹지 않도록 하자. 또한 버스를 탈 때나 숙소에 묵을 때는 귀중품을 따로 몸에 지니고 있어야 한다. 환전 시에는 그 자리에서 금액을 확인하자.

### ➕ 안전

현재 훼이싸이와 우돔싸이 간 새로운 도로가 건설되는 등 전반적으로 도로 사정이 크게 개선되었다. 그러나 구불구불한 산악 도로가 대부분이므로 웬만하면 날씨가 좋지 않은 시기에 밤 버스를 타는 것은 피하는 것이 좋다. 베트남 전쟁 당시 광범위한 폭격이 있었던 지역(씨앙쿠앙, 폰싸완, 싸완나켓 등)은 여전히 많은 수의 불발탄이 존재하므로 사람들이 많이 다니는 길이 아닌 곳은 절대 피하고, 정체 모를 물건을 발로 차거나 던지는 행위는 삼가야 한다. 라오스의 오토바이 사고율은 상당히 높은 편이므로 한석한 길이라도 주의해야 하며, 종종 오토바이 분실 사고도 일어난다. 튜빙이나 카약킹을 할 땐 반드시 구명조끼를 착용하고, 술에 취한 채 액티비티에 참여하는 일이 없도록 해야 한다. 특히 수영 실력이 좋지 않음에도 물에 뛰어들어 사망하는 경우가 종종 발생하므로 주의하자. 여성 여행자의 경우에는 튜빙 도중 일행과 떨어진 상태에서 강도를 만나 성추행 및 강탈을 당할 수도 있으므로 혼자 튜빙을 하는 것은 좋지 않다. 루앙프라방의 꽝씨 폭포는 흐르는 물살에 따라 바닥에 소용돌이가 발생하는 곳이므로 물살이 빠른 우기 때나, 수영 실력이 부족한 사람인 경우 물에 뛰어들어서는 안 된다. 각종 안전에 관한 사항과 연락처를 미리 주라오스 한국 대사관 홈페이지(lao.mofa.go.kr)에서 확인하는 것이 좋다.

## ➕ 질병

비엔티안 및 각 도에 종합병원이 있어 간단한 응급처치 등은 받을 수 있으나 의료시설이 열악하여 정밀검사, 수술 등을 받기는 어렵다. 현지 약국에는 라오스 자체생산 약품 외에 프랑스, 태국, 중국 등지에서 수입된 약품들이 구비되어 있으며, 감기약, 진통제, 소화제, 알러지약, 설사약, 항생제 등을 처방전 없이 구입할 수 있으나 되도록이면 자신이 평소 복용하던 비상약을 미리 휴대할 것을 권한다. 기생충 감염과 장티푸스 발병 위험이 있으므로 날 음식은 먹지 않도록 하고 가급적 생수 또는 끓인 물을 마시는 것이 안전하다. 또한 주기적인 구충제 복용을 권장하며 뎅기열의 위험이 있으므로 모기에 물리지 않도록 뿌리는 모기약을 구비하고, 몸이 좋지 않은 경우 무리하지 않는 것이 좋다. 수도와 주변국 접경지대를 중심으로 AIDS 보균자 및 마약 중독자가 늘고 있다는 보고가 있으므로 각별한 주의를 요한다. 해외여행질병정보센터(travelinfo.cdc.go.kr)에서 현지에서 문제되고 있는 질병을 미리 확인하자.

## ➕ 긴급 연락처

### 1. 주라오스 한국 대사관
- **Address** Lao-Thai Friendship Road, Ban Watnak, Sisattanak District, P.O.Box 7567, Vientiane(라오스 국립대학교 공과대학 캠퍼스 옆에 위치)
- **Open** 월~금 08:30~12:00, 14:00~17:00
- **Close** 공휴일
- **Tel** 856-21-352-031~3,
  **긴급전화** 856-20-5551-3152, 856-20-5552-7765
- **Web** lao.mofa.go.kr
- **Note** 한국 대사관은 '싸탄툿 까올리 따이'라 발음한다.

### 2. 긴급 의료 지원 연락처
**비엔티안 앰뷸런스** 195(24시간 운영, 영어 가능자 근무)
**비엔티안 Mahosot Hospital(International)**
856-21-214022, 응급실 856-21-240656
**비엔티안 Setthathirath Hospital** 856-21-351156
**비엔티안 French Clinic** 856-21-214150
**태국 우돈타니 Aek Udon International Hospital** 66-42-342555

### 3. 기타 긴급 연락처
**화재** 190
**경찰** 191

## Step to Laos 5
# 서바이벌 라오스어

각 부족마다 여전히 자신들의 언어를 사용하고 있지만 그래도 표준 라오스어가 대부분 보급되어 있다. 문자나 성조가 있는 라오스어 발음은 익숙해지기 어렵지만 간단한 인사말을 익히거나 숫자를 익히면 좀 더 친근감 있게 다가갈 수 있다. 숫자는 1,000단위이므로 우리나라의 10,000단위와 비교해 헷갈리기 쉽다.

### 인사말

| | |
|---|---|
| 안녕하세요? | 싸바이 디 |
| 잘 가요 | 락꼰 |
| 당신은 요즘 어때요? | 짜오 싸바이 디 버? |
| 잘 지냅니다 | 싸바이 디 |
| 행운을 빌어요 | 쏙디 |
| 정말 감사합니다 | 컵짜이 라이라이 |
| 괜찮습니다 | 보뺀냥 |
| 또 만나요 | 폽 깐 마이 |
| 실례합니다 | 커톳 |
| 미안합니다 | 커톳 |
| 문제 없습니다 | 버 미 반하 |

### 숫자

| | | | | | | | |
|---|---|---|---|---|---|---|---|
| 1 | 능 | 8 | 뺏 | 21 | 싸오엣 | 10,000 | 씹판 |
| 2 | 쏭 | 9 | 까우 | 22 | 싸오쏭 | 20,000 | 싸오판 |
| 3 | 쌈 | 10 | 씹 | 30 | 쌈씹 | 30,000 | 쌈씹판 |
| 4 | 씨 | 11 | 씹엣 | 100 | 허이 | 40,000 | 씨씹판 |
| 5 | 하 | 12 | 씹쏭 | 200 | 쏭호이 | 100,000 | 쎈 |
| 6 | 혹 | 13 | 씹쌈 | 1000 | 판 | 200,000 | 쏭쎈 |
| 7 | 쩻 | 20 | 싸오 | 2000 | 썽판 | 1000,000 | 란 |

### 기본 표현

| | | | |
|---|---|---|---|
| 예 | 멘 | 아파요 | 커이 쑤아 |
| 아니오 | 버 | 추워요 | 커이 헌 |
| 좋아요 | 디 | 더워요 | 커이 나오 |
| 나빠요 | 버 디 | 도와주세요 | 쑤어이 대 |
| 얼마입니까? | 타오 다이? | 불이야! | 파이 |
| 비싸요 | 펭 라이 | 도둑이야! | 쫀 |
| 피곤해요 | 커이 므아이 | 길을 잃었어요 | 커이 롱 탕 |

| 교통 | |
|---|---|
| 버스 터미널 | 싸타니 롯메, 키우롯 |
| 공항 | 싸남빈 |
| 선착장 | 타 흐아 |
| 택시 | 롯땍씨 |
| 미니밴 | 롯뚜 |
| 오토바이 | 롯짝 |
| 티켓 | 삐 |

| 숙소 | |
|---|---|
| 게스트하우스 | 반 팍 |
| 방 | 홍 |
| 호텔 | 홍 햄 |
| 욕실 | 홍 암남 |
| 에어컨 | 애 |
| 수건 | 파쎗또 |
| 비누 | 싸부 |

| 날짜, 시간 | |
|---|---|
| 몇 시예요? | 짝 몽? |
| 다섯 시 | 하 몽 |
| 오늘이 며칠인가요? | 므 니 완티 타오 다이? |
| 오늘 | 므 니 |
| 어제 | 므완 니 |
| 내일 | 므 은 |
| 아침 | 싸오 |
| 오후 | 바이 |
| 밤 | 큰 |

| 중요한 단어 | |
|---|---|
| 한국인 | 콘 까올리 따이 |
| 병원 | 홍머 |
| 약국 | 한 카이야 |
| 대사관 | 싸탄툿 |
| 경찰서 | 싸타니 땀루엇 |
| 시장 | 딸랏 |
| 식당 | 한아한 |
| 은행 | 타나칸 |
| 화장실 | 홍노 |

| 식당 | | | |
|---|---|---|---|
| 배고파요 | 커이 히오 카오 | 돼지고기 | 씬 무 |
| 목말라요 | 커이 히오 남 | 닭 | 까이 |
| 맛있어요 | 쌥 | 물고기 | 빠 |
| 맵게 해주세요 | 막 펫 | 과일 | 막마이 |
| 쌀밥 | 카오 짜오 | 과일 주스 | 남 막마이 |
| 쇠고기 | 응우아 | 시원한 차 | 씨 옌 |
| 빵 | 카오 찌 | 고수 빼주세요 | 버 싸이 빡홈 |

**셀프트래블**
# 라오스

**초판 1쇄** | 2015년 9월 21일
**초판 3쇄** | 2016년 11월 7일

**글과 사진** | 이은영, 한동철

**발행인 겸 편집인** | 유철상
**책임편집** | 장다솜
**디자인** | 노세희
**지도** | 노세희
**교정·교열** | 장다솜
**마케팅** | 조종삼, 조윤선

**펴낸 곳** | 상상출판
**주소** | 서울시 동대문구 정릉천동로 58, 103동 206호(용두동, 롯데캐슬피렌체)
**구입·내용 문의** | **전화** 02-963-9891, 070-8886-9892 **팩스** 02-963-9892
**이메일** cs@esangsang.co.kr
**등록** | 2009년 9월 22일(제305-2010-02호)
**찍은 곳** | 다라니

※ 가격은 뒤표지에 있습니다.

ISBN 979-11-86517-31-4(14980)
ISBN 978-89-94799-01-8(set)

ⓒ 2015 이은영·한동철

※ 이 책은 상상출판이 저작권자와의 계약에 따라 발행한 것이므로
　본사의 서면 허락 없이는 어떠한 형태나 수단으로도 이용하지 못합니다.
※ 살못된 책은 구입하신 곳에서 바꿔 드립니다.

www.esangsang.co.kr

# 셀프 트래블
## 다낭 Da Nang

어린왕자의
작은별
여행사

**다양한 컨셉의 여행이 가능한 곳, 다낭**
(가족여행 · 셀프허니문 · 풀빌라팩 · 리조트팩 · 호텔팩 · 세미패키지 · 맞춤패키지)

**2박4일, 3박5일, 4박6일 [인천출발]**
[5개항공사, 매일출발] 인천–다낭
제주항공/진에어/베트남항공/아시아나/대한항공

**3박5일, 4박6일 [부산출발]**
[매일출발] 부산–다낭
에어부산/진에어

**예약문의:** 02-775-8788  **예약메일:** booking@smallstartour.com
**1:1 카톡상담:** 친구추가 검색 '작은별여행'  **홈페이지:** www.smallstartour.com

**\*\* 셀프트래블이란?**
출발전 여행에 필요한 물품과 현지정보를 충분히 제공하여 여행자 본인만의 여행을 진행할 수 있도록 지원해주는 색다른 여행방식입니다.

# 셀프 트래블
# 나트랑
Nha Trang

어린왕자의
작은별
여행사

하얀 백사장과 푸른바다를 간직한 베트남 중부의 대표 휴양지!
내셔널 지오그래픽에서 꼭 가봐야 하는 휴양지로 선정된 나트랑

### 이런 분들께 추천합니다.
- ✓ 괌? 사이판? 오키나와? No~No~ 새로운 휴양지를 원하는 분!
- ✓ 가족과 연인과 함께 프라이빗한 휴양을 즐기고 싶은 분!
- ✓ 휴양지의 저렴하고 맛있는 해산물을 찾는 분!

**3박5일**
대한항공(수/목출발)

**4박6일**
대한항공(토/일출발)

예약문의: 02-775-8788      예약메일: booking@smallstartour.com
1:1카톡상담: 친구추가 검색 '작은별여행'      홈페이지: www.smallstartour.com

**\*\* 셀프드래블이란?**
출발전 여행에 필요한 물품과 현지정보를 충분히 제공하여 여행자 본인만의 여행을 진행할 수 있도록 지원해주는 색다른 여행방식입니다.

# 셀프 트래블
# 라오스 Laos

**어린왕자의 작은별 여행사**

맛있는 라오스를 만나보세요. **비엔티안**
액티비티의 천국, 청춘의 에너지가 가득합니다. **방비엥**
근사한 전설이 가득한 올드타운의 품위있는 거리를 걸어보세요. **루앙프라방**

**[인천출발 셀프트래블]**
3박5일, 4박6일, 5박7일, 6박8일
라오항공/진에어/티웨이

**[부산출발 셀프트래블]**
3박5일, 4박6일, 6박8일
라오항공(주3회, 운항)

예약문의: 02-775-8788  예약메일: booking@smallstartour.com
1:1카톡상담: 친구추가 검색 '작은별여행'  홈페이지: www.smallstartour.com

*** 셀프트래블이란?
출발전 여행에 필요한 물품과 현지정보를 충분히 제공하여 여행자 본인만의 여행을 진행할 수 있도록 지원해주는 색다른 여행방식 입니다.

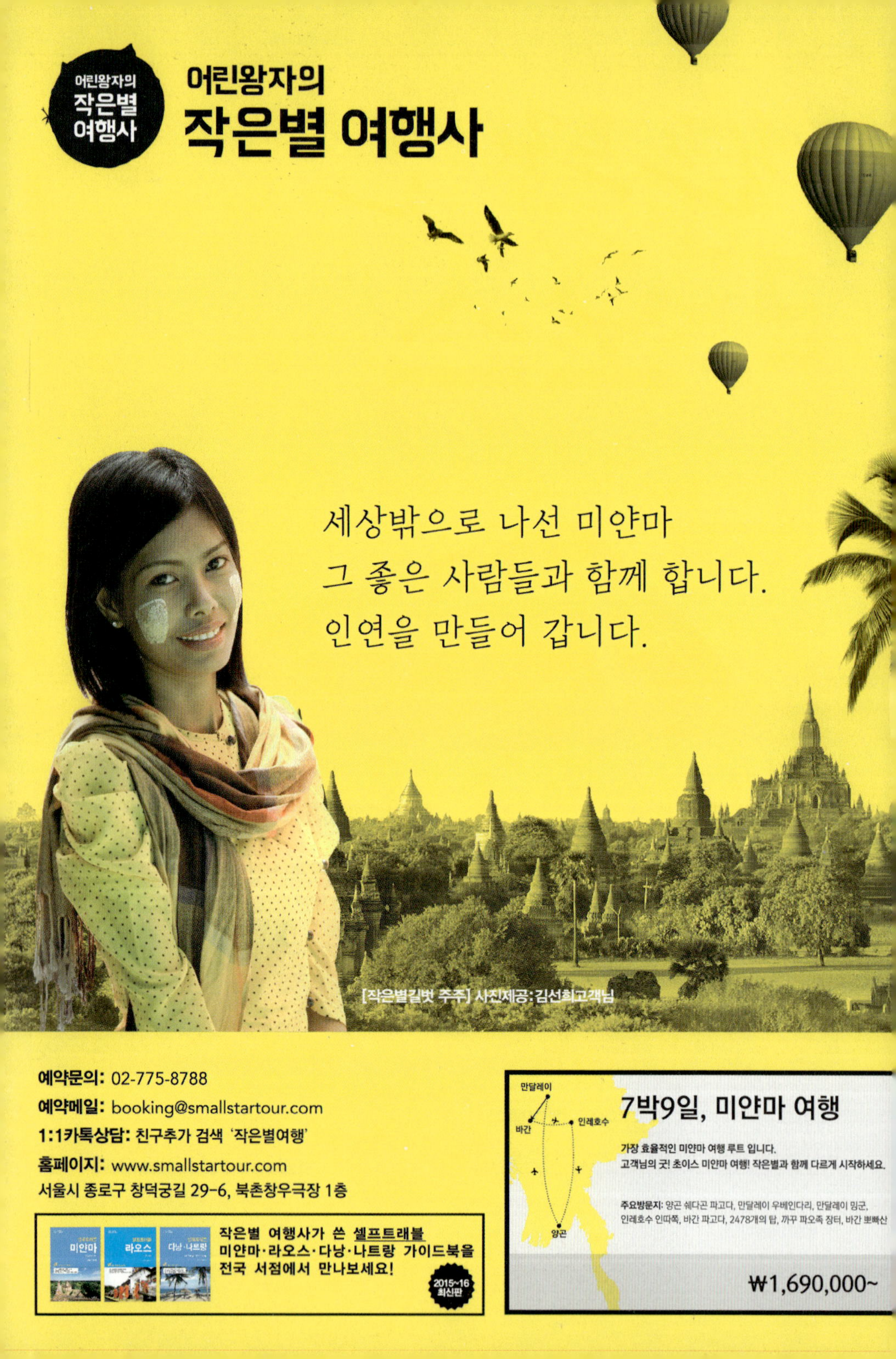

# 어린왕자의
# 작은별 여행사

세상밖으로 나선 미얀마
그 좋은 사람들과 함께 합니다.
인연을 만들어 갑니다.

[작은별길벗 주주] 사진제공: 김선희 고객님

예약문의: 02-775-8788
예약메일: booking@smallstartour.com
1:1 카톡상담: 친구추가 검색 '작은별여행'
홈페이지: www.smallstartour.com
서울시 종로구 창덕궁길 29-6, 북촌창우극장 1층

작은별 여행사가 쓴 셀프트래블
미얀마·라오스·다낭·나트랑 가이드북을
전국 서점에서 만나보세요!

2015~16 최신판

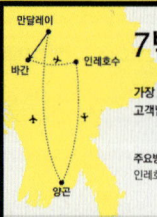

## 7박9일, 미얀마 여행

가장 효율적인 미얀마 여행 루트 입니다.
고객님의 굿! 초이스 미얀마 여행! 작은별과 함께 다르게 시작하세요.

주요방문지: 양곤 쉐다곤 파고다, 만달레이 우베인다리, 만달레이 밍군,
인레호수 인따쪽, 바간 파고다, 2478개의 탑, 까꾸 파오족 장터, 바간 뽀빠산

₩1,690,000~